Jim TAYLOR

Vos enfants deviennent ce que vous pensez d'eux

Les **9 messages fondamentaux** à leur transmettre pour les aider à bien grandir

LAROUSSE

Sommaire

01/14

Vos enfants deviennent ce que vous pensez d'eux

Ce livre a été publié pour la première fois en anglais aux États-Unis par The Experiment, LLC, sous le titre *Your Children Are Listening*.

Direction de la publication
Isabelle Jeuge-Maynart et Ghislaine Stora

Direction éditoriale
Catherine Delprat

Édition
Sylvie Cattaneo-Naves

Couverture
Véronique Laporte

Conception maquette et mise en page
Sophie Compagne

Fabrication
Marie-Laure Vaillé

ISBN : 978-2-03-589506-6

Pour les Éditions Larousse, le principe est d'utiliser des papiers composés de fibres naturelles, renouvelables, recyclables et fabriquées à partir de bois issus de forêts qui adoptent un système d'aménagement durable. En outre, les Éditions Larousse attendent de leurs fournisseurs de papier qu'ils s'inscrivent dans une démarche de certification environnementale reconnue.

Introduction

Prenez un bambin en âge de marcher. Il sort de la toute petite enfance – ces mois de vulnérabilité et d'impuissance quasi totales – pour aborder une étape radicalement nouvelle. Il apprend à se tenir debout (jolie métaphore, n'est-ce pas ?) et le voilà à la veille de faire ses premiers pas. Bientôt, il mangera tout seul. C'est l'âge où les petits commencent à explorer le langage et à se faire comprendre. Dans deux ans, une fois intégrés ces premiers apprentissages, ils réaliseront qu'ils sont des êtres vraiment distincts de leurs parents. Ils seront capables de dire « oui », « non », « merci », et même « je t'aime », en sachant ce que cela veut dire. Les voici à cet âge magique où ils apprennent à devenir des personnes.

Et puis prenez le même enfant, à l'âge préscolaire. À de nombreux égards, il a tout d'un petit adulte : il maîtrise désormais nombre des capacités de base de l'être humain. Il parle et sait se faire comprendre la plupart du temps ; son vocabulaire s'enrichit tous les jours ; il s'habille et mange seul, il marche, court, grimpe, saute… Pourtant, il n'est qu'au début du parcours qui le fera devenir une personne. Un chemin au fil duquel sa personnalité se précisera, à mesure que se formeront et s'affirmeront ses valeurs, ses attitudes et ses croyances sur lui-même et le monde extérieur.

Enfin, prenez cet enfant en âge d'aller à l'école primaire. Le voilà au seuil du vaste monde. Un monde qu'il n'est pas encore complètement préparé à explorer. Il se retrouve pourtant propulsé dans un maelström de perceptions et de messages, à la fois positifs et négatifs – alors qu'il est bien loin de pouvoir les assimiler sur un mode rationnel.

Encore quelques années, et sa personnalité, sa vision du monde et la façon dont il se perçoit et se situe dans son entourage se seront affermies, renforcées et donneront à sa vie une première direction.

C'est au cours de ces trois âges (les premiers pas, la phase préscolaire et les débuts de la scolarité) que vous avez le plus de chances d'avoir votre mot à dire sur le genre de personne que vous aimeriez voir votre enfant devenir. Soit une huitaine d'années au maximum. Ensuite, lentement mais sûrement, votre influence diminuera.

« Expert dans l'art d'être parent »

Je suis docteur en psychologie, j'ai déjà écrit deux ouvrages sur la parentalité, j'ai une activité de conseil qui implique de travailler avec des jeunes et leurs parents, et je m'adresse régulièrement à des assemblées de parents, éducateurs et étudiants du monde entier. On peut donc dire que je suis depuis longtemps « expert dans l'art d'être parent ». Seulement voilà : j'ai rédigé mes livres et je suis devenu cet expert en question avant d'avoir des enfants moi-même...

À la minute où Catie, ma première fille, est venue au monde, je suis passé de l'état d'autorité sur la question parentale à celui de parent ordinaire et complètement dépassé (un de plus...), essayant tant bien que mal de se débrouiller pour arriver à élever ses enfants. Dans quinze ans, j'écrirai peut-être un autre livre sur la question. Cette fois, il aura pour titre : « Désolé, à l'époque, j'avais l'impression d'avoir de bonnes idées ».

Cela dit, mes idées sur l'éducation des enfants ont victorieusement passé le test du « être-un-vrai-parent-dans-la-vraie-vie ». Et maintenant que je suis père de deux petites filles, Catie (5 ans) et Gracie (3 ans), mon vécu est venu étayer mes conceptions. Enfin, être parent m'a aidé à mieux comprendre ce qui marche effectivement (ou pas) dans le monde réel des parents et des enfants.

Comment les enfants deviennent-ils ce qu'ils sont ?

C'est la question clé qui m'intrigue à la fois en tant que père de famille et expert en parentalité. Il est certain que la génétique joue un rôle : l'intelligence, les caractéristiques physiques, le tempérament ont une forte composante héréditaire. Il est également prouvé que l'environnement a une importance essentielle. Il ne s'agit plus d'opposer l'inné à l'acquis, mais d'envisager une forme de « collaboration » entre nature et éducation : au fil de leur développement, la façon dont les enfants sont élevés et l'environnement dans lequel ils vivent favorisent l'émergence de telle ou telle prédisposition génétique.

Quels aspects de l'environnement contribuent à l'évolution d'un enfant ? Pour certains, les parents ont beaucoup moins d'influence que ce qu'ils se plaisent à croire, et ce sont les camarades de leurs enfants et la culture dominante qui sont déterminants. Pour ma part, je crois qu'une possibilité d'agir est offerte aux parents durant les premières années de leurs enfants, avant que ceux-ci ne s'intègrent à la vie sociale au sens large ; pendant cette période, leur influence sur eux dépasse celle des forces extérieures.

Pensez-y : c'est un temps où vos enfants se jettent voracement sur la plus petite parcelle d'information, et c'est vous qui avez la maîtrise quasi totale de la « nourriture » qu'ils absorbent. Vous contrôlez au jour le jour leur environnement physique et social, qui jouera un rôle de plus en plus important dans leur future évolution. C'est vous qui déterminez la maison et le quartier où ils vivent, la crèche ou l'école maternelle où ils sont inscrits. Vous qui décidez de ce qu'ils mangent, de l'heure du coucher et de leurs occupations quotidiennes. Vous qui choisissez leurs camarades de jeu et les enfants qu'ils fréquentent, ainsi que le type d'activités culturelles ou sportives qu'ils vont pratiquer et à quel rythme. En d'autres termes, pendant ces premières années, vous avez toute possibilité de contrôler les messages que reçoivent vos enfants. Profitez-en : bientôt, d'autres arriveront qui ne seront pas, loin de là, aussi importants ou positifs pour leur développement.

Pour qu'ils reçoivent les bons messages

À la base du présent ouvrage, il y a cette idée que *les enfants deviennent les messages qu'ils reçoivent le plus souvent*. Étant donné que vous avez le pouvoir de façonner vos enfants par le biais de ce que vous leur communiquez, la principale question à vous poser est : « Comment être sûr(e) d'envoyer les messages les plus salutaires à mes enfants ? »

La réponse se décline en deux parties : d'abord, il vous faut être au clair sur le type de messages que vous souhaitez leur adresser ; ensuite, vous devrez apprendre à développer vos capacités à véhiculer les messages en question.

Les messages que nos enfants perçoivent dans leurs toutes premières années sont particulièrement importants parce que, très vite, ils en recevront de partout – y compris de sources beaucoup moins contrôlées et bienveillantes. Entre leurs petits camarades et la culture populaire, nos enfants seront inévitablement exposés à toutes sortes d'informations et d'attitudes – du bon au mauvais, en passant par le carrément dangereux.

Face à cela, il vous reste à essayer de leur transmettre des messages positifs le plus tôt possible afin de les immuniser contre la déferlante de messages nocifs qu'ils recevront à mesure qu'ils grandiront.

Comme autant de cadeaux

Quelles valeurs, quelles croyances voulez-vous transmettre à vos enfants ? Quels genres d'adultes souhaitez-vous les voir devenir ? Comment les préparer au mieux à un avenir largement imprévisible ? Autant de questions fondamentales que tous les parents se posent. Ce sont les réponses que vous y apporterez qui détermineront votre façon à vous d'élever vos enfants.

Mon travail m'a appris que la grande majorité des parents expriment les mêmes désirs : nous voulons des enfants épanouis, généreux et gentils, qui parviennent à trouver succès, bonheur et sens à leur vie. Nous avons envie qu'ils se sentent bien dans leur peau, qu'ils soient animés de saines ambitions et réussissent à l'école, puis dans leur vie professionnelle. Nous les souhaitons attentionnés, respectueux et responsables. Nous espérons qu'ils noueront des relations saines, se sentiront en phase avec le monde qui les entoure, trouveront un grand amour… Bref, nous voulons tous que nos enfants deviennent des gens bien. Un des moyens de réaliser ces attentes est de leur envoyer les bons messages. Ces espérances, et les messages que nous leur envoyons, sont autant de cadeaux que nous pouvons faire à nos enfants chaque jour de leur vie.

Vos enfants sont des œuvres d'art

Les enfants sont comme des tableaux : à la naissance, ils se résument à quelques grands traits génétiques sur une toile blanche. Pendant les premiers mois, des formes et des couleurs plus distinctes ajoutent de la complexité à la toile. Puis, à l'âge des premiers pas, à la phase préscolaire et pendant les premières années d'école, les traits, les textures, les couleurs se font plus précis : une véritable vision de l'œuvre commence à se dégager. À ce stade, le peintre, c'est vous. Finalement, vos enfants prendront le relais et parachèveront la toile jusqu'à en faire un véritable autoportrait. C'est pourquoi les messages diffusés pendant les premières années de leur vie sont votre contribution la plus importante au chef-d'œuvre qu'ils deviendront.

Vous commencez à travailler au tableau dès les premiers échanges avec vos enfants, alors même que vous les pensez incapables de comprendre vos messages. Pourtant, pour des nouveau-nés d'un jour à peine, le regard, le ton de la voix, le contact physique, la tendresse et la réactivité à leurs besoins sont autant de signaux d'amour, la preuve qu'ils sont en sécurité et reliés au monde.

Le chef-d'œuvre devient plus intéressant à l'âge des premiers pas, lorsque l'enfant commence à marcher, accède au langage et développe des capacités motrices et cognitives complexes. C'est aussi le moment où il perçoit l'entièreté des messages de ses parents. D'un côté, c'est encore un bébé, démuni et encore mal préparé à affronter le monde. De l'autre, il intègre la complexité et développe sa compréhension de l'univers des adultes dans lequel il va grandir. Lorsqu'ils abordent cette étape, nos enfants sont encore de tout petits êtres désarmés ; lorsqu'ils l'ont franchie, ils ont acquis la plupart des instruments nécessaires pour devenir des adultes à part entière.

La toile gagne encore en richesse et en complexité à l'âge préscolaire et pendant les premières années d'école. Alors que nos enfants se préparent à entrer à l'école et à mesure qu'ils progressent de classe en classe, les capacités de base acquises à l'âge des premiers pas se transforment, elles deviennent plus sophistiquées et expriment ce qu'ils sont et ce qu'ils sont capables de faire.

Si vous lisez ceci alors que vos enfants ont déjà dépassé l'âge de l'école primaire, rassurez-vous : il n'est jamais trop tard pour leur communiquer des messages à la fois pertinents et convaincants. J'ai travaillé avec des parents qui avaient envoyé à leur progéniture des messages contradictoires, déroutants et même pernicieux – et ce, jusque tard dans l'adolescence. Même à ce stade apparemment tardif, alors que l'on pourrait penser que les jeunes ont achevé leur évolution et ne sont plus guère influençables, les parents qui ont modifié leurs messages ont vu leurs grands adolescents progresser et s'améliorer. Certes, du primaire au collège puis au lycée, votre influence sur vos enfants va régresser. Il n'empêche qu'elle restera considérable pendant de nombreuses années. D'où la nécessité de continuer à leur envoyer un maximum de messages salutaires pour les aider à résister à ceux nocifs qu'ils rencontreront forcément toute leur vie.

Les stratégies spécifiques que j'expose ici concernent davantage les enfants à l'âge des premiers pas, en phase préscolaire et au début de la scolarité. Elles ne sont pas toujours applicables à des enfants plus grands. En même temps, tout le reste de l'ouvrage (de la façon de communiquer avec vos enfants aux obstacles qui bloquent la compréhension, en passant par les messages essentiels à faire passer) reste pertinent pour les jeunes en général, quel que soit leur âge. Il ne faut jamais arrêter d'envoyer des signaux positifs à vos enfants, et mes conseils peuvent vous aider à adapter vos messages à leurs besoins à tel ou tel moment de leur développement.

Un monde de messages toxiques

Pour les générations précédentes, il était peut-être plus facile d'être un « bon parent ». La plupart des institutions constituant l'environnement des familles (écoles, quartiers, associations sportives, modèles et schémas culturels…) émettaient une majorité de messages « contrôlés », en phase avec ceux que répétaient les parents. L'ensemble produisait un effet cumulatif si bien que les enfants étaient bombardés de messages bénéfiques et constructifs, alors que les messages nocifs étaient de loin l'exception.

Les temps ont changé. À présent, confronté au manque de moyens et à des impératifs de performance, le système éducatif n'est plus en capacité de générer des messages positifs – quand il n'en produit pas de toxiques. À l'école, l'injonction faite aux enfants de grandir trop vite, la pression de leurs camarades, le cyber-harcèlement, l'importance accordée à l'apparence physique, à l'argent, à la popularité sont autant de messages nocifs. Les quartiers ou les villages, où régnait une vraie solidarité, sont souvent devenus des lieux de passage où personne ne connaît personne. Les clubs sportifs, où il était surtout question de plaisir, de forme et d'amour du sport, servent maintenant souvent à réaliser les ambitions frustrées des parents ou deviennent des pépinières à champions pour des jeunes qui ne rêvent que de succès et de fortune, sans voir combien ils sont déconnectés des réalités. Enfin, il fut un temps où les modèles et schémas culturels étaient autant d'éléments constructifs pour les enfants. C'était notamment le cas de la radio et de la télévision de « service public », à qui le cahier des charges imposait une programmation culturelle de qualité. Même si cette mission demeure en principe, la multiplication et la concurrence des chaînes privées ont fait passer cet objectif au second plan : désormais, la finalité première n'est plus que de faire de l'argent, sans guère se soucier des effets destructeurs de ce parti pris sur les jeunes publics.

La puissance de ces influences néfastes vous oblige à être en « mode message » 24 heures sur 24 et 7 jours sur 7. Si vous ne faites pas cet effort, vos enfants ne capteront pas ce que vous essayez de leur communiquer, mais recevront probablement 5 sur 5 les messages toxiques auxquels ils seront de plus en plus souvent exposés.

Planète messages

En fait, cette idée du pouvoir des messages ne m'est pas venue de mon travail ni de mes échanges avec les enfants. C'est simplement la réalité de notre quotidien : nous vivons dans un monde de messages constants. En politique par exemple, l'objectif est de maîtriser parfaitement sa communication. Pourquoi ? Parce que le parti qui fait le mieux passer son message est aussi celui qui a la plus grande influence sur l'électorat. Et les chaînes d'information, les radios ouvertes aux auditeurs, la blogosphère, les QG de campagne des partis politiques justifient leur existence même par celle des messages qu'ils diffusent et auxquels ils répondent.

Les nouvelles technologies de la communication du XXIe siècle ont rempli le monde de messages : vocaux, instantanés, tchats, e-mails, textos... Considérez un instant la quantité de messages que nous envoyons et recevons par jour, et vous comprendrez l'influence (parfois dérisoire, parfois considérable) qu'ils exercent sur nous. Et vous verrez comment ils arrivent aussi à façonner la personnalité de vos enfants – d'une façon à la fois prévisible et inattendue, salutaire et nuisible.

Besoin d'une boule de cristal ?

Comme tous les parents, nous voulons que nos enfants soient prêts à affronter l'avenir. Il fut un temps, pas si lointain, où les parents pouvaient, sans grand risque de se tromper, partir sur des hypothèses d'avenir et réfléchir à la meilleure façon d'y préparer leurs enfants pour qu'ils s'y épanouissent. Mais face au rythme toujours plus accéléré des changements dans notre société, pouvons-nous toujours nous fier à nos prévisions ?

Ce qui marchait dans le passé continuera-t-il à fonctionner ? Que faudrait-il intégrer dans nos messages qui préparerait nos jeunes à un avenir que personne ne peut prédire avec la moindre certitude ? De fait, face à tant d'incertitude, nous en arrivons parfois à nous sentir comme paralysés devant l'ampleur de la tâche qui est la nôtre et la gravité des conséquences d'un échec pour nos enfants.

Mais préparer ceux-ci à l'avenir ne devrait pas nous terrifier à ce point. En effet, malgré les changements profonds qui se succèdent à un rythme accéléré, élever des enfants aujourd'hui n'est pas si différent d'hier. Oui, c'est plus difficile, parce qu'il nous manque les soutiens que nous trouvions autrefois dans la société – d'où notre impression de devoir plus que jamais « y arriver tout seul ». Et oui, le monde continue à bouger (qu'il s'agisse de mutations technologiques, politiques ou sociales), et de façon imprévisible. Mais les fondamentaux de l'éducation ne sont pas si différents, parce que les gens eux-mêmes n'ont pas tant changé. Nous obéissons tous aux mêmes désirs et aux mêmes espoirs que nos ancêtres d'il y a des siècles, voire des millénaires : trouver du sens et du bonheur dans nos vies et nous sentir reliés au monde.

Et ce dont nos enfants ont besoin pour s'épanouir n'a pas beaucoup changé non plus. Ils ont besoin de se sentir aimés et en sécurité. Ils ont besoin de soutien, d'encouragements et de savoir se débrouiller dans la vie. Et ils ont besoin des conseils de leurs parents pour les aider à évoluer dans le monde où ils grandissent (et qui, admettons-le, est devenu beaucoup plus complexe). De fait, à cause des changements rapides et de la profonde incertitude auxquels ils doivent faire face au quotidien, nos enfants ont encore plus besoin de nous et de nos messages qu'autrefois. Si nous arrivons à leur communiquer ainsi des bases solides, ils auront la maturité et les capacités nécessaires pour affronter tous les changements imprévisibles qui les attendent.

Comment est né le présent ouvrage

Cet ouvrage s'appuie sur mes acquis professionnels et mon expérience d'expert en parentalité.

Qu'il s'agisse de mon passé d'universitaire ou de mon travail de chercheur, mon activité s'est toujours nourrie des théories et des recherches les plus récentes en sciences de l'éducation. La dernière décennie s'est révélée particulièrement fertile en la matière, et il en est ressorti maintes idées et connaissances nouvelles sur le développement des enfants. En fait, on pourrait dire que le présent ouvrage n'aurait pu être écrit plus tôt.

Mon ouvrage s'inspire tout autant de mon expérience de père de famille – et de ce que ma femme Sarah et moi-même avons vécu pendant la toute petite enfance de nos deux filles. Comme Catie est encore en maternelle et Gracie en plein dans l'âge préscolaire, nos souvenirs sont précis, nos questionnements encore tout frais et nos joies constantes. Ces expériences « en direct du front » m'ont fourni l'inspiration et les enseignements nécessaires à la rédaction. Je les ai complétées avec un questionnaire adressé à près de 5 000 parents, dans lequel je leur demandais de me raconter comment ils communiquaient avec leurs enfants. Leur réaction a dépassé mes espérances : j'ai reçu une abondance de témoignages relatant les stratégies inédites, intéressantes et parfois surprenantes mises en œuvre par des parents comme vous et moi, sur le pourquoi et le comment des messages qu'ils adressaient à leurs enfants.

Neuf messages essentiels

Vous trouverez dans cet ouvrage neuf messages essentiels à communiquer à vos enfants pendant leurs toutes premières années, pour les aider à se construire une vie heureuse, avec du sens, où ils auront le sentiment de réussir et d'être en harmonie avec le monde. Ce livre se divise en quatre parties.

La première partie, *Tout est dans le message*, vous conduira à réaliser l'importance de ce que vous faites passer dans vos messages ; toutes les façons que vous avez d'envoyer des messages à vos enfants, consciemment ou non ; et, au moins aussi important, ce qui empêche vos messages d'atteindre leur but.

La deuxième, intitulée *Pour que votre enfant « s'aime »*, traite des messages qui aident à construire et renforcer l'estime de soi, c'est-à-dire le fondement même de ce qui fera de votre enfant un adulte confiant en lui-même et en ses aptitude. Il y sera question du rôle que jouent, dans la construction de l'estime de soi, les messages qui disent à l'enfant que vous l'aimez, qu'il est en sécurité, qu'il a de nombreuses capacités. Et vous y trouverez les messages les plus efficaces pour inculquer à vos chères petites têtes cette image positive de soi qui leur sera un atout capital.

La troisième, *Pour que votre enfant aime les « autres »*, explore les messages qui aideront vos enfants à développer leurs aptitudes à nouer des relations et à vivre en harmonie avec les autres. Elle traite notamment de l'importance de sentiments comme la compassion, la gratitude, le respect de la nature.

Enfin, la dernière partie, *Pour que les « autres » aiment votre enfant*, analyse les messages que vos enfants doivent apprendre à déchiffrer pour permettre aux autres (au sens large) d'entrer en relation et d'être en phase avec eux. Ici, les mots clés seront respect, émotion et responsabilité.

1

Tout est dans le message

Comment communiquer de façon optimale avec votre enfant

Des messages : pourquoi, pour dire quoi ?

Réussir à faire passer à vos enfants les messages les plus constructifs possibles implique que vous adhériez pleinement à cette idée que *les enfants deviennent les messages qu'ils reçoivent le plus souvent*. Même si je pense que c'est un concept raisonnable et intuitif, il me paraît nécessaire de vous convaincre totalement de la valeur cruciale de vos messages pour le développement de vos enfants. Et pour vous rallier réellement à ma théorie, je voudrais vous expliquer pourquoi les messages sont essentiels et ce qu'ils doivent faire passer.

Pourquoi des messages ?

J'ai toujours été un peu *geek* et amateur de nouveautés technologiques et, depuis quelque temps, je blogue pour plusieurs sites Internet sur le thème psychologie et technologie. Une des notions souvent rencontrées dans l'univers virtuel est celle du « choix par défaut ». Pour celles et ceux d'entre vous à qui elle n'est pas familière, elle se définit comme une « option préréglée : c'est-à-dire automatiquement retenue par l'ordinateur si l'utilisateur ne fait pas un autre choix ». Même si j'ai été quelque temps sans comprendre pourquoi, cette idée de défaut a toujours trouvé en moi une résonance particulière et elle me paraissait très significative sur le plan psychologique.

Vous vous interrogez peut-être sur la relation entre une notion informatique et l'éducation. Vous ne le réalisez peut-être pas, mais en élevant vos enfants, vous les dotez d'un ensemble de choix par défaut applicables à tout instant de leur vie. Pour paraphraser la définition énoncée ci-dessus, ces choix « sont automatiquement retenus par l'enfant s'il ne choisit pas délibérément une autre option ». Les choix par défaut de vos enfants seront des réactions quasi réflexes à ce qui leur arrivera dans la vie, leur impulsion première en termes de pensée, émotion, décision ou action dans une situation donnée. Ces éléments, positifs ou négatifs, sont très importants : ils constitueront les premières options qui se présenteront à l'enfant lorsqu'il sera confronté à un choix. Si vous arrivez à « installer » les bons choix par défaut dans la tête de vos enfants, vous augmenterez leurs chances de les voir préférer des options conformes aux valeurs familiales.

L'importance du choix par défaut

Il y a plusieurs raisons pour lesquelles cette notion est si importante. Les sciences cognitives ont montré qu'en général les gens essaient d'être aussi efficaces que possible dans leurs choix et leurs modes d'action. C'est-à-dire que le mécanisme qui va permettre à un enfant de prendre très vite une décision va aussi probablement déterminer sa ligne de conduite. Or, le choix par défaut constitue un mécanisme très efficace.

Des recherches récentes en neuropsychologie ont aussi montré que le cortex préfrontal (la partie du cerveau associée aux fonctions exécutives, comme le contrôle des impulsions, la comparaison risque/rétribution, la planification et la prise de décision) continue à se développer jusque dans l'adolescence. Cela signifie que, sans un système correct de choix par défaut, l'enfant a davantage de risques non seulement d'agir sans réfléchir, mais aussi d'être plus vulnérable aux influences extérieures, comme la pression de ses camarades ou la culture populaire. En d'autres termes, il réagira automatiquement aux situations rencontrées au lieu d'opter pour une décision délibérée. C'est la présence (ou l'absence) de ce système de choix par défaut (positifs ou négatifs) qui, dans une large mesure, dictera les réactions d'un enfant.

Comment se crée le système de choix par défaut

Ce système se développe dès le début de la vie de vos enfants à partir de plusieurs sources. Ils y sont exposés très tôt par le biais des modèles fournis par les parents, les camarades et les autres personnes de leur entourage. Quand votre bambin voit les gens importants pour lui (et vous êtes, de loin, ceux qui ont le plus d'influence), agir de telle ou telle façon dans différentes situations, ils intériorisent ces réactions et en font leurs choix par défaut. Vous pouvez vous rendre compte facilement de la puissance du modèle que vous constituez, par exemple à travers les attitudes et le vocabulaire que votre enfant calque sur les vôtres. Une fois qu'il commence à parler, vous pouvez agir sur ses choix par défaut en discutant avec lui des façons dont il convient de se comporter chaque fois que l'occasion s'en présente au cours de situations ou de conversations données. Au final, c'est à force de répétitions que s'inculquent les choix par défaut : plus vos enfants verront et entendront les mêmes messages, plus ils agiront et réagiront eux-mêmes de la même façon, plus leur système de choix par défaut se gravera en profondeur et plus celui-ci sera à même de guider leurs comportements futurs.

Les types de choix par défaut

Les valeurs intégrées par l'enfant vont jouer le rôle de choix par défaut, parce qu'elles constituent le premier « passage obligé » pour choisir d'agir de telle ou telle façon. Disons, par exemple, que l'honnêteté, la responsabilité et la générosité figurent dans l'éventail de valeurs par défaut de votre enfant. Celui-ci, dans des situations faisant appel à ces valeurs, sera plus enclin à dire la vérité, accepter la réprimande et aider ses camarades.

Certes, compte tenu de la quantité de messages nocifs dont nos enfants sont bombardés de nos jours (*via* la culture de masse, notamment), entreprendre de leur inculquer des valeurs positives représente un immense défi. Malheureusement, une fois que nos petits auront quitté le nid familial, la plupart des valeurs auxquelles ils seront exposés ne seront pas des plus saines. Donc, plus tôt vous réussirez à leur inculquer les « bons » messages porteurs de valeurs positives, plus le système de choix par défaut dont vous les aurez dotés les mettra à l'abri des valeurs nocives qu'ils devront affronter une fois plongés dans le grand bain du monde (réel et virtuel).

Les attitudes que vos enfants développent vis-à-vis d'eux-mêmes (respect, estime et confiance en soi, goût du risque, patience, amour du travail…) deviendront autant de valeurs par défaut lorsqu'ils feront face aux difficultés de la vie, à l'école ou avec les autres, par exemple. Ces attitudes dépendent d'abord de la qualité de votre relation et des messages que vous leur adressez sur votre propre attitude envers eux.

Les choix par défaut relatifs à leur santé physique deviendront des habitudes qui régleront leur vie. Manger correctement (ou pas), dormir (ou pas), faire de l'exercice (ou pas) sont autant de moyens de leur préparer un avenir en bonne santé (ou pas). À voir les habitudes alimentaires malsaines et le manque d'activité physique qui prévalent aujourd'hui chez tant d'enfants, et les mauvaises options par défaut installées à un très jeune âge, on comprend pourquoi l'obésité infantile a pris les proportions d'une épidémie.

La façon dont les enfants occupent leur temps libre (lecture ou télévision), leurs jeux favoris (cache-cache dans le jardin ou jeux vidéo sur le canapé) annoncent comment ils occuperont leurs loisirs et tromperont leur ennui quelques années plus tard, à la fin de leur enfance. Un usage précoce (ou exagéré) de la télévision, des ordinateurs, smartphones et consoles de jeu (tous ces écrans qui se sont généralisés ces dernières années) génère un système de choix par défaut entièrement nouveau, absolument inimaginable pour les générations précédentes.

Les modèles sociaux acquis dans la petite enfance constituent aussi des valeurs par défaut qui influent sur les relations nouées à l'adolescence et à l'âge adulte. Ce que les jeunes enfants perçoivent de leurs interactions avec autrui détermine si leurs valeurs sociales par défaut s'appellent, par exemple, gentillesse, compassion, respect et coopération ou, au contraire, égoïsme, antipathie, grossièreté et agressivité.

Aucune garantie, mais...

Suffit-il que vos enfants soient dotés d'un bon système de choix par défaut pour garantir qu'ils ne feront jamais rien de stupide, méchant, malsain ? Bien sûr que non. Tout comme les ordinateurs, même correctement programmés et entretenus, tombent en panne, se plantent, ont des baisses de tension ou des bugs, vos enfants auront besoin d'être « mis à jour » et « actualisés » régulièrement. Mais s'ils sont bien « programmés » dès le départ, vous avez de bonnes chances de voir vos amours de petits PC chéris « fonctionner » avec bonheur de très nombreuses années.

Pour parents aussi

L'application de la notion du « choix par défaut » ne se limite pas aux tout-petits. Elle peut aussi vous aider à jouer votre rôle de parents à mesure que vos enfants grandissent. L'idée est la suivante : les premières années, vous envoyez un large éventail de messages à vos enfants par toutes sortes de voies différentes. Ce faisant, vous intériorisez aussi la qualité et la quantité de messages transmis, et les voies spécifiques par lesquelles vous les faites passer. Ils deviennent ainsi vos propres choix par défaut pour le contenu et le mode de transmission des messages adressés à vos enfants au fil du temps.

Soyons réalistes. À bien des égards, il est plus facile d'envoyer des messages positifs à de jeunes enfants parce qu'ils restent à l'intérieur de la bulle familiale, à l'écart d'influences extérieures susceptibles de les atteindre. Mais une fois qu'ils ont intégré l'univers scolaire, le nombre et l'intensité des messages issus du monde réel montent en courbe régulière, pour eux comme pour vous. Vos enfants sont désormais exposés à toutes sortes de messages, souvent pernicieux, émanant de leurs camarades ou de la culture dominante. C'est là, évidemment, que vos efforts précoces de communication positive prennent toute leur importance : ces messages qui ont permis d'installer un système de bons choix par défaut aideront vos enfants à résister aux messages toxiques qu'ils rencontreront par la suite.

Mais vous aussi, vous êtes exposé à de nombreux messages émanant de votre entourage ou de la culture de masse, messages également nocifs. Par exemple, vous vous sentez obligé de rester en contact avec X ou Y ou de pousser vos enfants dans la course aux diplômes ou la compétition sportive – et vous voilà plus vulnérable, prêt à leur envoyer des messages auxquels vous ne croyez pas vraiment. C'est là que vous recueillez les fruits d'avoir vous aussi intériorisé un système positif de valeurs par défaut pour chaque message adressé à vos enfants et son mode de transmission. Ainsi, vous vous êtes cuirassé contre les messages toxiques que vous ne manquerez pas de devoir affronter à mesure que vos enfants grandiront.

Pour dire quoi ?

Le plus important, pour vous assurer que vos enfants reçoivent les bons messages, est de savoir reconnaître ces derniers. Ce qui n'est pas évident pour les jeunes parents. Pas plus qu'ils n'y ont réfléchi pendant la grossesse, les couples qui sont parents pour la première fois ne pensent vraiment pas à cet aspect du développement de leurs enfants. Tout simplement parce qu'avec un bébé, il y a d'autres priorités plus urgentes – les nourrir, les calmer quand ils pleurent, veiller à ce qu'ils dorment et éliminent correctement. Ensuite, sans que les parents aient eu le temps de s'en apercevoir, les bébés sont devenus de jeunes enfants. Ceux-ci n'étant pas plus faciles à élever, d'autres priorités apparaissent, et les parents semblent toujours disposer d'aussi peu de temps et d'énergie à consacrer à ces questions de développement, pourtant essentielles. Résultat : faute d'avoir délibérément réfléchi aux messages que vous voudriez communiquer à vos bambins, au mieux vous émettrez au hasard des messages qui ne les atteindront pas, au pire vous leur enverrez toute une série de messages erronés.

La question que vous devez vous poser est la suivante : comment être sûr d'émettre les bons messages ? À quoi les reconnaît-on ? Avant de vous exposer une méthode qui vous aide à étoffer le contenu de vos messages, il m'a semblé intéressant de vous donner les résultats d'une enquête qui demandait à des enfants entre 4 et 11 ans ce qu'ils attendaient de leurs parents. D'abord, ces enfants veulent se voir accorder davantage d'attention et souhaitent que leurs parents soient plus disponibles. Ils ont envie de passer plus de temps en solo avec chacun de leurs parents et de choisir ce qu'ils vont faire avec eux. Ils affirment avoir absolument besoin de règles, même si c'est pour y résister souvent. Ils désirent que leurs parents les aiment et les protègent de façon plus évidente, afin de se sentir plus en sécurité dans un monde qu'ils ne maîtrisent pas. Par exemple, ces enfants adorent les manifestations d'affection spontanées, ils apprécient d'être surveillés le soir, mais pas que leurs parents leur crient dessus. Enfin, ils disent aimer beaucoup « les rituels, les habitudes, tout ce qui fait de la famille un lieu où les choses sont prévisibles ». Comme dit le proverbe : « La vérité sort de la bouche des enfants »...

Idéalement, c'est avant d'avoir des enfants (ou même avant de se marier !) que les couples devraient débattre en profondeur de leurs conceptions en matière d'éducation et du style de parents qu'ils envisagent d'être – ce devrait être un préalable indispensable. Plus sérieusement (il faut être réaliste), si vous avez ce genre de conversation avant que vos bambins n'atteignent l'âge des premiers pas, vous aurez plusieurs longueurs d'avance sur la majorité des parents ! Entre ma pratique professionnelle et mes groupes d'amis avec enfants, je suis stupéfait de constater le peu d'échanges que les couples consacrent à leur vision du métier de parent et leur absence de consensus sur la façon dont ils souhaitent élever leurs enfants.

Un bon moyen d'amorcer cette discussion est de vous raconter ce que chacun de vous a vécu dans son enfance. De fait, la plupart d'entre nous agissons envers nos enfants d'après la façon dont nos parents le faisaient à notre égard : soit nous reproduisons leurs comportements, soit nous essayons de faire le contraire... Repensez donc chacun de vous aux messages reçus dans l'enfance, voyez quel rôle ils ont joué dans la formation de l'adulte que vous êtes devenu et essayez d'analyser l'incidence qu'ils pourraient avoir sur votre comportement de parent.

- Sur le plan affectif et émotionnel, quel était le style de votre vie de famille ? Par exemple, était-il plutôt du genre calme et réservé, ou chaotique et expressif ?
- Quelles valeurs s'exprimaient dans votre famille (fidélité, charité, goût de la réussite, importance de la forme physique…) ?
- Quelles attitudes ou croyances allaient de soi (humilité, compassion, espérance…) ?
- Qu'avez-vous vécu ensemble, pratiquiez-vous des activités en famille et lesquelles (sports, jeux, jardinage…) ?
- Quels messages positifs avez-vous reçu que vous souhaiteriez transmettre à vos enfants ?
- Inversement, vous souvenez-vous de messages négatifs dont vous ne voudriez pas accabler votre progéniture ?

J'ai pris ci-dessus des exemples dans le registre positif, mais colère, sectarisme, égoïsme ou abus d'alcool pourraient aussi bien figurer sur la liste.

Dans un deuxième temps, parlez des messages que chacun de vous estime essentiel de transmettre à vos enfants. Posez-vous les questions suivantes :

- Quelles valeurs tenez-vous le plus à inculquer à vos enfants ?
- Quelles opinions d'eux-mêmes souhaitez-vous qu'ils aient ?
- Quelles attitudes envers les autres et le monde en général voudriez-vous les voir adopter ?
- De quelles valeurs, opinions et attitudes avez-vous envie de les protéger ?
- Qu'est-ce que vous aurez envie de vivre ensemble, par le biais de quelles activités familiales pourrez-vous transmettre des messages positifs et faire obstacle aux négatifs ?

Fondé à la fois sur mon expérience professionnelle et les réponses auxquelles Sarah et moi sommes arrivés à l'issue de ce questionnement, cet ouvrage présente ce que je considère comme neuf des valeurs les plus importantes à communiquer à vos enfants, celles qui leur sont absolument indispensables : amour, sécurité, confiance dans ses capacités, compassion, gratitude, respect, responsabilité, émotion, respect de la nature. En même temps, je vous invite à explorer d'autres messages qui seront peut-être différents. Même si je pense que les miens transcendent les différences individuelles et culturelles, la réalité fait que les valeurs, les croyances, les attitudes qui inspirent nos messages peuvent varier largement selon de nombreux facteurs, dont l'éducation, la culture ou les éventuelles convictions religieuses. À mesure que vous aurez une idée plus claire de ce que vous souhaitez communiquer à vos enfants, vous pourrez compléter la liste que je vous propose ou remplacer l'un de ses éléments. Quels que soient les messages sur lesquels vous décidez de mettre l'accent, les informations et les stratégies exposées ici vous aideront à les transmettre le plus efficacement possible.

Bien sûr, vous ne répondrez pas à toutes vos questions en une fois. Les échanges devront être constants, à mesure que vous recueillez d'autres informations, que vos perspectives se modifient, que vos idées se renouvellent, que vos positions évoluent et que vous voyez plus clairement vos priorités et les messages à privilégier. Votre objectif est d'aboutir à un accord sur un ensemble de messages pour constituer un front commun solide. Vous multipliez ainsi les chances que les messages que vous souhaitez communiquer soient effectivement bien reçus.

Un des avantages majeurs d'engager ces échanges très tôt et de les renouveler régulièrement est que ceux-ci aident souvent à désamorcer le conflit avant même qu'il se produise. Par exemple, avant la naissance de nos filles, Sarah et moi avions lu une quantité de livres sur l'éducation des enfants et demandé à de nombreux parents comment ils élevaient les leurs. Même si nous étions du même avis sur la plupart des sujets, au départ nous n'étions pas d'accord sur tout : par exemple, à quel degré exposer nos filles à la culture dominante. Quand nous constations des différences, nous en débattions jusqu'à trouver un consensus. Nous avons ainsi réussi à prévenir une foule de désaccords potentiels et à créer un front uni sur la façon d'élever nos enfants avant même leur venue au monde. Après la naissance, chaque fois que le conflit menaçait, nous nous rappelions l'un à l'autre nos échanges passés, en nous demandant si nous avions appris ou vécu des choses nouvelles, susceptibles de nous avoir fait changer d'avis. Nos désaccords se trouvaient ainsi réduits au minimum.

Sur cette question des messages à faire passer, il n'y a pas forcément toujours de terrain d'entente ni de compromis possibles. Dans ce cas, l'un des deux doit céder, sinon vos enfants percevront des messages confus, voire contradictoires, ce qui ne leur fera aucun bien. L'un de vous doit se rallier aux vues de l'autre au nom de la cohérence du message à faire passer si l'autre a vraiment le sujet à cœur et peut avancer des arguments suffisamment convaincants à l'appui de sa position. Ce genre de conflit peut se révéler particulièrement délicat lorsqu'il porte sur des messages fondamentaux, par exemple en lien avec une croyance religieuse (l'un des parents est chrétien, l'autre juif…), les préférences culturelles (l'un adore les jeux vidéo, l'autre les livres…) ou encore les habitudes alimentaires (l'un est végétarien, l'autre non…). Dans ce type de désaccord, il n'y a pas nécessairement de choix plus « juste » qu'un autre. L'important est de placer l'intérêt de l'enfant au-dessus du vôtre et d'examiner vos positions respectives en vous demandant laquelle lui sera la plus bénéfique pour sa santé et son évolution.

Sarah et moi avons ainsi découvert que, si nous acceptions de mettre un instant de côté et nos théories et notre obstination, l'un de nous finissait chaque fois par convaincre l'autre que tel ou tel message serait meilleur pour Catie et Gracie. Même s'il est toujours douloureux de « perdre » à la fin de ces discussions, il est aussi toujours plaisant de se dire que l'on fait ce qu'il faut dans l'intérêt des filles. Un débat impartial et réfléchi, un climat de respect mutuel, la volonté commune de vous mettre d'accord sur un message qui serve au mieux l'intérêt de votre enfant vous permettront de minimiser le conflit et d'optimiser vos chances de faire passer les bons messages.

Garder l'esprit ouvert vous permet aussi de vous adapter à des situations qui prennent un tour inattendu. En matière d'éducation, la théorie et la pratique ne concordent pas toujours, pour une raison simple : vous, vous avez lu toutes sortes d'ouvrages sur l'art d'être parent, mais vos enfants, non… La réalité a le chic pour doucher notre enthousiasme, qu'il s'agisse des messages spécifiques que nous voulons communiquer à nos enfants ou de la façon de les émettre. La déconnexion fréquente entre ce qui fonctionne dans les livres et ce qui marche dans la réalité exige de votre part une grande souplesse d'esprit.

Vos échanges vous donneront peut-être envie de définir des règles concrètes pour les messages que vous souhaitez communiquer. Par exemple, Sarah et moi sommes convenus de toujours nous parler avant d'autoriser quelque chose à l'une ou l'autre de nos filles, afin de savoir ce qui se passe et vérifier qu'elles ne sont pas en train de nous monter l'un contre l'autre. Nous avons aussi décidé qu'à chaque situation correspondrait un message spécifique. Par exemple, si Gracie frappe Catie, elle doit non seulement s'excuser, mais dire aussi clairement qu'elle est désolée (« Je regrette de t'avoir frappée, Catie ») et faire un câlin à sa sœur.

Vous pouvez aussi vous répartir les rôles, chacun selon son style et son tempérament. Si l'un de vous deux est davantage porté sur la fermeté (c'est moi, dans la famille…), il jouera le « méchant flic », et l'autre, plus patient et compréhensif, le « gentil flic » (Sarah, à la maison), comme dans les séries policières. En d'autres termes, appuyez-vous sur vos points forts. Si vous n'êtes pas doué pour passer le message dont vous êtes convenus tous les deux, mieux vaut vous abstenir et laisser faire l'autre. En effet, des conceptions différentes en matière d'éducation sont une force dans une famille : les parents peuvent ainsi jouer sur un éventail plus large de méthodes, de styles et de modes de communication.

« Bons » et « mauvais » messages

Bien sûr, vous aimez vos enfants et vous voulez leur inculquer ce qu'il y a de mieux, de plus sain, de plus positif en termes de valeurs, de croyances et d'attitudes à propos eux-mêmes et du monde extérieur. Mais comme beaucoup d'adultes le constatent en se remémorant leurs propres parents et la façon dont ils ont été élevés, « l'enfer est pavé de bonnes intentions ». Certes, les parents envoient une foule de merveilleux messages à leurs enfants, mais ils en émettent aussi souvent de beaucoup moins positifs. Il faut être réaliste. Nous ne sommes que des êtres humains, avec nos forces et nos faiblesses ; il faut donc nous attendre à communiquer du bon *et* du mauvais à nos enfants. Évidemment, le mauvais n'est jamais délibéré : nous voulons tous ce qu'il y a de mieux pour nos bambins. Mais un jour ou l'autre, par inconscience, maladresse, égocentrisme, à cause d'un passé trop lourd ou simplement parce que notre propre système de valeurs est défaillant, nous risquons d'envoyer à nos enfants des messages négatifs, susceptibles d'entraver une évolution harmonieuse. Le vrai souci étant que nos enfants s'en emparent et s'approprient des valeurs qui n'ont rien d'admirable.

Je réalise qu'ici je m'aventure en terrain sensible, parce qu'il est maintenant question de jugement sur les messages que nous adressons à nos enfants. Loin de moi l'idée de m'ériger en arbitre suprême de ce qui est bon ou mauvais, sain ou toxique pour eux. En même temps, je ne pense pas prêter beaucoup à controverse en disant qu'il existe des messages que nous sommes tous d'accord pour qualifier de positifs. Il semble qu'entrent parfaitement dans cette catégorie les messages portant les valeurs intégrité, compassion, goût du travail et sens des responsabilités. Je crois aussi qu'il y aurait un large consensus sur l'idée que certains messages sont nocifs – tels ceux qui véhiculent les notions de cupidité, égoïsme, dureté et mesquinerie. Et pourtant, j'imagine que je ne suis pas le seul à penser que les parents d'aujourd'hui communiquent souvent ces mauvais messages à leurs enfants.

Croyez-moi : il n'y a pas que vous qui envoyez parfois des messages négatifs. Une étude portant sur plus de 1 600 parents d'enfants de 5 à 17 ans montre que, pour une large majorité, il est « absolument essentiel » de leur apprendre à être honnêtes, autonomes, maîtres d'eux-mêmes, de leur enseigner les bonnes manières, de les convaincre de bien travailler à l'école et d'avoir de bonnes habitudes alimentaires. Pourtant, quand on demande à ces parents ce qu'ils ont réussi à transmettre, on constate un décalage entre leurs souhaits et leurs résultats : ce décalage va de 22 % (84 % des parents affirment qu'il faut apprendre la politesse aux enfants, mais seulement 62 % disent que leurs efforts ont été couronnés de succès) à 49 % (83 % des parents attachent une grande importance à la maîtrise de soi, mais seulement 34 % estiment être parvenus à inculquer cette valeur). Comme l'exprimait l'un des pères de famille interrogés : « Mon problème, c'est qu'il faudrait que je me concentre davantage sur la discipline et tout ça. Mais la vie est courte, j'ai envie de m'amuser ».

Au moment où vous lisez ces lignes, je vous propose de réfléchir aux messages que vous avez reçus dans l'enfance ou l'adolescence, et que vous êtes peut-être en train de transmettre par inadvertance à vos propres enfants. Cette « épreuve du miroir » peut se révéler douloureuse, parce que personne n'aime regarder en face ses propres faiblesses ni le poids hérité du passé. En même temps, accepter d'affronter ses démons pour le bien de ses enfants est un acte qui demande courage, détermination et générosité. Nombre des parents avec qui je travaille s'y engagent, et cela change tout. Vous ferez à vos enfants le cadeau de leur vie si vous ne les accablez pas des messages toxiques que vos parents vous ont peut-être adressés (ou que vous avez vous-même rencontrés ailleurs au cours de votre vie).

Pour jouer complètement mon rôle de modèle, je vais vous confier (avec la permission de Sarah) deux exemples de messages négatifs que nous redoutons de transmettre à nos filles. Pour ma part, j'ai des problèmes d'autorité. Sans vouloir tout régenter, je dois reconnaître que, lorsque les choses ne tournent pas comme prévu (nous sommes en retard, les filles nous résistent…), je stresse un maximum et j'en arrive à me montrer excessivement sévère. Les signaux que je renvoie alors s'appellent rigidité, frustration, désapprobation, avec sans doute un soupçon de colère (même si je ne suis pas du genre à crier).

Quant à Sarah, son problème est d'avoir peur du regard et du jugement d'autrui, surtout par rapport à sa façon d'élever les enfants.

Cette hypersensibilité à ce que les autres risquent de penser d'elle la conduit parfois à se mettre en colère et à se montrer trop autoritaire avec les filles, parce qu'elle redoute de les voir faire du bruit, parler trop fort ou être impolies, même si ce n'est absolument pas le cas. Mais ce comportement « incontrôlé » pourrait donner de Sarah l'image d'une mauvaise mère. Dans ce cas, ce qui est renvoyé aux filles, c'est la honte de décevoir leur mère et l'idée qu'elles doivent être parfaites pour que leur mère (ou d'autres personnes) les apprécie. Autant de messages qui risquent alors d'étouffer leur spontanéité et leur espièglerie.

Même si c'est douloureux pour nous, Sarah et moi avons conscience de ces travers lourds à porter (il y en a d'autres...) et nous faisons de notre mieux pour résister à nos démons personnels. Mais n'étant que de pauvres êtres humains imparfaits, nous avons accepté l'idée que, si nous réussissions à contenir nos messages négatifs à un faible niveau et à privilégier les positifs au maximum, non seulement nos filles iraient très bien, mais elles deviendraient aussi des personnes épanouies. Grâce à ces efforts, nous finirons peut-être même par trouver le moyen de nous débarrasser de nos défauts si encombrants, et la famille ne s'en portera que mieux !

L'avantage d'être conscient de ses problèmes, c'est que cela vous donne le pouvoir de travailler dessus et de modifier les messages adressés à vos enfants. Une fois accepté le fait que, comme tout le monde, vous avez des défauts susceptibles de vous amener à émettre des messages toxiques, vous pouvez apprendre à identifier ces derniers, à les maîtriser et réussir à ne plus en envoyer (ou, en tout cas, en envoyer moins).

Il n'existe pas de baguette magique pour repérer les messages nocifs que vous êtes peut-être susceptible de communiquer. Essayez, pour vous aider, de vous remémorer votre enfance et de vous souvenir combien vous trouviez pénibles certains messages, par exemple qu'il fallait être parfait pour mériter l'amour de vos parents. Instructif aussi, le spectacle d'un autre parent : très en colère quand son enfant fait une grosse bêtise, il lui envoie un message du genre des vôtres ; vous êtes alors horrifié par ce qu'il véhicule et consterné par la réaction de l'enfant. Autre piste encore : essayez de vous mettre à la place de votre enfant et observez ses réactions ; imaginez, par exemple, ce qu'il ressent lorsque vous corrigez constamment ses erreurs de langage. Dans tous les cas, ce que vous découvrirez vous paraîtra sans doute aveuglant d'évidence et vous poussera à communiquer autrement, pour l'amour de vos enfants.

Une autre chose que vous réaliserez à mesure que vous ferez davantage attention à ce que vous émettez, c'est que vous n'arriverez ni à repérer ni à éliminer totalement les mauvais messages. Je peux vous assurer que Sarah et moi avons régulièrement été choqués de nous apercevoir que nous adressions aux filles des messages dont nous nous pensions incapables et que nous n'avions prévu ni l'un ni l'autre dans nos nombreuses discussions. Il peut aussi arriver aux parents de dire des choses apparemment anodines et d'envoyer quand même à leurs enfants un message marquant que ceux-ci n'oublieront pas. Par exemple, à plusieurs reprises, tandis que nous faisions des courses dans le centre d'une ville voisine, Sarah a manifesté sa crainte d'avoir une amende de stationnement. Eh bien maintenant, chaque fois que nous retournons à cet endroit, Catie, à 5 ans, redoute que nous ayons une contravention.

Vous l'avez déjà constaté, j'en suis sûr : le métier de parent est parfois si stressant et si éprouvant qu'il en arrive à faire sortir ce qu'il y a de pire en nous et à mettre en lumière nos parts d'ombre. Mais ne culpabilisez pas outre mesure face à ce phénomène : c'est juste la preuve que nous sommes humains. Heureusement, la plupart du temps, être parent nous fait paraître sous notre meilleur jour, parce que la présence de ces petits êtres, nos enfants, nous conduit à nous montrer aimants, protecteurs et soucieux de bien faire.

Autre élément à considérer : ce qui constitue un « mauvais message » ne tient pas forcément à son seul contenu ; le problème peut venir de la façon dont vous le communiquez. Vous partez avec les meilleures intentions du monde et la volonté d'émettre un message très positif, mais la manière dont vous vous y prenez en change radicalement la teneur. Par exemple, vous avez envie de transmettre à votre enfant le goût du travail et l'envie de réussir. Mais votre méthode est de le harceler constamment pour le pousser à faire ses devoirs, lui faire des cadeaux quand il a des bonnes notes et lui exprimer votre déception et votre frustration quand il échoue à satisfaire vos attentes. Autant de signaux qui risquent de faire obstacle à votre intention première, masquée par ce que vous manifestez le plus clairement : colère, défiance et amour sous condition.

Ce qu'il est essentiel de retenir, c'est que votre influence sur vos enfants présente un double aspect : vous pouvez leur faire du mal en leur envoyant de mauvais messages, mais en même temps, grâce à de bons messages, vous pouvez opérer des merveilles. Si ce qui précède vous a fait l'effet d'un signal d'alarme, n'y voyez aucune mise en cause de ce que vous êtes ni de vos méthodes d'éducation. Prenez-le plutôt comme un encouragement à réagir dans l'intérêt de vos enfants.

Laissez tomber la perfection

Vous êtes peut-être en train de vous inquiéter de la pression qui pèsera sur vous si vous essayez de rester en « mode message » parfait 24 heures sur 24 et 7 jours sur 7. Heureusement, en matière de parentalité, je ne crois pas à la perfection (un idéal vraiment inatteignable), parce qu'avant d'être des parents, nous sommes des êtres humains pleins de défauts. En outre, les enfants ont une formidable capacité de résilience. Ils peuvent rencontrer beaucoup de difficultés et très bien s'en sortir la plupart du temps. Sérieusement, ils vivent et s'épanouissent depuis des lustres dans des conditions bien plus rudes que celles d'aujourd'hui ! Donc, acceptez votre humanité et dites-vous qu'une explosion de colère, un mouvement d'impatience, un soupçon d'opportunisme de temps en temps ne peuvent pas leur faire de mal. J'espère que vous voyez où je veux en venir : même s'il vous arrive de communiquer maladroitement, vous n'êtes pas de mauvais parents et vous ne blesserez pas vos enfants pour la vie. L'essentiel est de vous assurer que vous émettez davantage de bons messages que de mauvais. Si vous arrivez à envoyer un maximum des premiers et à réduire les seconds au minimum, vos enfants s'en sortiront très bien.

Messages et méta-messages

Chaque fois que vous adressez un message à un enfant, vous en émettez un second, qui va au-delà – un « méta-message ». Le premier est clair, et son contenu, manifeste. Par exemple, si vous dites : « Sois gentille avec ta sœur » ou « Range ta chambre », vous faites passer les valeurs « gentillesse » et « sens des responsabilités ». Le second, plus subtil, sous-tend le contenu manifeste et véhicule des principes fondamentaux. Ainsi, quand vous vous bagarrez avec les enfants pour leur faire apporter leurs assiettes dans l'évier après le dîner, votre premier message est : « Vous avez des responsabilités à remplir ». Et votre méta-message sera : « En définitive, c'est moi le chef, et vous devez faire ce que je vous dis même si vous n'en avez pas envie ». Autre exemple : quand vous demandez à vos enfants de donner un peu de leur argent de poche à une organisation caritative, le message manifeste est : « La compassion est l'une de nos grandes valeurs et nous nous efforçons d'aider les personnes moins favorisées que nous ». Et le méta-message sera : « Nous devons être reconnaissants pour ce que nous avons ».

Derrière chaque message manifeste, ou presque, il y a un méta-message. En réfléchissant à ce que vous souhaitez transmettre et à la façon de le formuler, il vous faut donc aussi penser aux contenus latents, les méta-messages cachés derrière les mots employés. Et il faut vous assurer qu'ils sont positifs et cohérents avec ceux du premier niveau.

Les enfants aussi...

Même si, dans le présent ouvrage, je m'attache à expliquer comment envoyer des messages positifs à vos enfants, les voies de la communication ne sont pas à sens unique. Vos enfants aussi vous adressent constamment des messages que vous recevez (ou pas) et interprétez correctement (ou pas). Votre capacité à percevoir et comprendre ce qu'ils vous disent vous aidera à émettre les bons messages de la façon la plus efficace (et inversement, vous permettra de juger le moment auquel vous arrêter ou modifier le contenu du message).

Les enfants sont incroyablement doués pour faire savoir à leurs parents comment ils vont à tel ou tel moment. Si les vôtres ressemblent un tant soit peu à nos filles, ils sont très doués pour montrer qu'ils sont grognons, mais les parents ne captent pas toujours le méta-message. Par exemple, quand Catie ou Gracie piquent une crise, il est facile de conclure de leurs braillements qu'elles se comportent en bébés ou en enfants gâtés. Mais le plus souvent, le méta-message est qu'elles ont peur ou qu'elles ont faim, ou qu'elles sont fatiguées, ou qu'elles trouvent qu'on ne s'occupe pas assez d'elles. Il est clair que la façon dont Sarah et moi interprétons ce message d'ordre émotionnel détermine notre mode de réaction : soit nous les grondons en laissant parler notre énervement, soit nous répondons avec tendresse et douceur, en leur montrant que nous comprenons ce qu'elles ressentent.

Vos enfants sauront aussi vous dire si vos messages leur parviennent correctement. Vous jugerez de l'efficacité de votre « transmission » si leurs paroles, leurs émotions ou leur comportement sont en phase avec le contenu de vos messages. Par exemple, s'ils disent « s'il vous plaît » et « merci », s'ils réagissent de façon constructive à une frustration ou s'ils mettent leurs assiettes dans l'évier après les repas, il est clair qu'ils captent ce que vous essayez de leur apprendre en termes de politesse, de maturité affective et de sens des responsabilités. À l'inverse, si leurs réactions sont plus ambiguës, voire en contradiction totale avec votre volonté, ils vous adressent à leur tour un message capital : quelque chose bloque la communication entre vous, ils ne comprennent pas ce que vous attendez d'eux, quelque chose les pousse à faire le contraire, ou bien vous ne le leur avez pas encore assez répété. À vous d'utiliser cette information pour modifier votre message de façon qu'il atteigne son but et produise en eux les effets désirés.

Vos enfants vous signifieront souvent qu'il est temps de « changer de disque ». Pensez-y : vous leur envoyez un message pour le leur faire entrer dans le crâne, mais si vous le répétez trop souvent, ils vont s'en trouver la tête encombrée, ce qui leur est très désagréable. De fait, quand je travaille avec des jeunes, je sais qu'ils ont capté mes messages lorsqu'ils me disent que je leur casse vraiment les pieds. Même chose avec mes filles. Je dois reconnaître que mon désir de communiquer me rend parfois lourd et sermonneur. Si j'envoie un message une fois de trop, Catie prend l'air exaspéré et me dit « Papaaaaaaa, je sais ! » Je comprends et j'arrête, ou je passe à autre chose. Son message manifeste est que je l'énerve, mais son méta-message me signifie : « J'ai compris, inutile de continuer à me le répéter ! »

Vos messages arrivent-ils à destination ?

À ce stade de la démonstration, j'espère que vous adhérez à l'idée du pouvoir des messages dans la vie de nos enfants. Et à présent, vous vous demandez peut-être : « O.K., mais moi, je m'y prends comment ? » Avant de passer à l'action pour de vrai, il est nécessaire de comprendre les différents moyens dont vous disposez pour communiquer ces fameux messages.

Une étude récente recense les dix éléments majeurs qui, selon des décennies de recherches, contribuent à un développement harmonieux de nos enfants – les aidant, en particulier, à entretenir des relations saines avec leurs parents, grandir en bonne santé, se sentir heureux et bien dans leur peau. Cette étude vient conforter ma thèse : ce qui compte, ce n'est pas seulement ce que vous faites pour vos enfants, mais aussi ce que vous êtes.

> **Les messages passent par**
> - Ce que vous dites
> - Ce que vous ressentez
> - Ce que vous faites
> - Ce que vous êtes
> - Ce que font vos enfants

Dans la catégorie du « faire », les recherches montrent – comme on pouvait s'y attendre – que l'amour et l'affection sont les deux facteurs clés d'une éducation réussie. De même, et ce n'est pas surprenant, l'étude constate que les parents savent généralement très bien exprimer cet amour. Elle fait aussi ressortir d'autres compétences parentales essentielles pour les enfants, par exemple : assurer leur sécurité, leur apprendre à être autonomes, insister sur l'importance du travail à l'école, recourir à des stratégies appropriées pour améliorer leur comportement et les former à des valeurs morales et spirituelles.

Pourtant, souligne l'étude, il y a au moins aussi important que ce que vous faites spécifiquement pour vos enfants : c'est ce que vous êtes, vous, et l'exemple que vous représentez. De fait, après l'amour et l'affection, ce qui fait de vous un « bon parent », c'est votre capacité à gérer le stress et la qualité de votre relation de couple. Il apparaît que la façon dont vous arrivez à traverser les crises et à faire durer votre relation constitue pour vos enfants des signaux forts. Ils y verraient la possibilité de développer à leur tour les mêmes talents. Plus inquiétante, cependant, est la constatation que les parents s'estiment assez médiocres dans ces deux domaines de compétences.

Entre autres éléments indispensables à vos enfants, l'étude rappelle la nécessité de satisfaire leurs besoins élémentaires, de les aider à se projeter dans l'avenir et de leur enseigner une bonne hygiène de vie combinant exercice physique et saines habitudes alimentaires. Enfin, une dernière conclusion valant d'être mentionnée est que les parents soucieux de se former à de « bonnes pratiques » éducatives tendent à obtenir de meilleurs résultats. Dans ces familles, les relations parent/enfant sont plus harmonieuses, et les enfants eux-mêmes se portent mieux, sont plus heureux et plus épanouis.

Vos messages passent par…

Ce que vous dites. Vos paroles sont votre premier moyen de communication, le plus direct. Par exemple : « Ce n'est pas gentil ce que tu as fait ! » ou « C'était généreux de ta part de prêter tes jouets ». Si vous avez un message important à faire passer, avant de parler, prenez le temps de réfléchir au contenu réel de ce que vous souhaitez communiquer et voyez si les mots que vous allez utiliser sont les plus appropriés. Par exemple, j'estime essentiel de dire très tôt et très souvent aux enfants qu'ils doivent participer aux tâches ménagères (pour en savoir plus, voir le message 8). Or, pour remercier leur enfant de les avoir aidés, la plupart des parents disent quelque chose comme « Tu es un bon petit garçon (ou une bonne petite fille) ». Quelle idée cette phrase transmet-elle ? Que lorsque vos enfants font quelque chose de bien, ce sont de bons enfants, et lorsqu'ils ne le font pas, ils sont mauvais ? Voilà un piètre message à faire passer parce qu'il est axé sur ce que l'enfant *est*, et non sur ce qu'il ou elle a *fait* pour mériter le compliment.

Le but de vos messages est d'encourager les attitudes et les comportements que vous souhaitez les voir intégrer et répéter à l'avenir. Si vous voulez que vos enfants apprennent à devenir serviables, il serait préférable de leur dire : « Tu m'as bien aidé(e). Merci beaucoup, j'apprécie vraiment ce que tu as fait ». Bref, essayez de faire passer des messages plus simples et directs. Attention cependant : les messages verbaux ont leurs limites avec les plus petits, qui ne disposent encore que d'un vocabulaire rudimentaire. S'ils n'ont pas encore une maîtrise suffisante du langage, ils ne comprendront pas ce que vous dites et ne capteront pas le message. Dans ce cas, il sera plus efficace de faire passer vos messages par d'autres voies, comme celles que nous décrivons ci-après.

Ce que vous ressentez. Vous communiquez aussi par le biais des émotions, le ton de la voix, les expressions du visage, les attitudes physiques (le « langage du corps »). De fait, vos messages émotionnels sont peut-être les plus percutants, parce que les enfants, faute de maîtriser totalement le langage, sont très réceptifs aux émotions de leurs parents. Ne vous y trompez pas : vos enfants capteront très bien et très vite les messages liés à vos affects. Si vous êtes en colère, ils le comprendront. Si vous êtes triste, ils le sauront. Si vous êtes content, ils le sentiront. Dans ce cas, peu importent les mots ! Même si vous dites ou faites quelque chose visant à masquer vos émotions, il est probable que vos sentiments transparaîtront. Et si, à un moment donné, vos mots, vos actions et vos émotions expriment des messages différents, ce sont les messages liés aux émotions qui prédomineront dans le psychisme de vos enfants.

C'est pourquoi il est si important de veiller à la cohérence de votre communication, qu'elle soit verbale, émotionnelle ou corporelle.

C'est d'autant plus vrai si vous vous adressez à de jeunes enfants, disposant d'un vocabulaire limité : si votre message a la composante affective appropriée, même s'ils ne comprennent pas les mots, ils en percevront le sens profond. Et si vous pouvez vous exprimer en même temps par différents canaux, c'est-à-dire associer les mots, les actions et les émotions, vous démultiplierez la force de votre message, et vos enfants ne risqueront pas de passer à côté.

Ce que vous faites. « Les actes en disent plus long que les mots ». Voilà une banalité qui s'applique encore davantage aux tout-petits qu'à n'importe qui d'autre. Les bambins sont incroyablement attentifs à ce que vous faites. Ils vous observent et vous écoutent même quand vous n'en avez pas l'impression. Vous avez certainement déjà fait l'expérience de voir vos enfants singer vos expressions, vos gestes, vos mots, sans réaliser tout de suite que c'étaient les vôtres et que c'était vous qu'ils imitaient ! Pour le dire simplement, vos enfants veulent tout faire comme vous. Une telle influence vous confère une puissance d'exemplarité extraordinaire. Mais comme on dit, plus grand est le pouvoir, plus lourde la responsabilité. Certes, réaliser cela risque de vous faire très peur : et si vos enfants captaient les moins recommandables de vos messages ? Dites-vous qu'en même temps, vous êtes aussi en position de constituer un exemple formidablement positif.

Ce que vous êtes. Lorsque j'évoque les messages que vous communiquez par le biais de vos paroles, vos émotions et vos actions, je ne parle pas seulement de ceux que vous destinez spécifiquement à vos enfants. Ce que vous leur communiquez sans vous en rendre compte, du seul fait de votre personnalité ainsi que de vos modes d'interaction avec le monde extérieur, est au moins aussi important. C'est le cas, par exemple, de vos relations aux autres dans la vie de tous les jours ; de votre travail, de vos loisirs, de vos centres d'intérêt ; de vos réactions sur le plan émotionnel ; sans oublier les conversations menées à portée d'oreille de vos bambins. Voilà autant d'éléments porteurs de messages forts pour eux.

Toute médaille a son revers : il en va de même de l'influence que vous exercez rien qu'en étant vous-même. Le « bon » côté, c'est celui qui vous donne la capacité d'être un modèle formidable. Par exemple, si vous êtes un époux affectueux, si vous lisez tout ce qui vous tombe sous la main, si vous gardez votre calme au plus fort d'un déferlement d'émotions, si vous êtes bénévole dans un centre d'accueil pour SDF… vous bombardez votre progéniture de messages vraiment positifs.

Mais l'autre face de la médaille est moins belle. J'ai déjà eu l'occasion de le dire : ce que les gens oublient souvent, c'est que les parents sont d'abord et avant tout des êtres humains. En tant que tels, ils abordent leur rôle de père ou de mère avec de nombreuses qualités, mais aussi, probablement, un passé plus ou moins encombrant qui pèsera sur leurs échanges avec leurs enfants et les empêchera d'être totalement constructifs. Ces messages dommageables s'expriment aussi par le biais de votre personnalité : votre conception du monde, les émotions qui dominent votre vie, votre comportement de tous les jours. Par exemple, si vous vous montrez critique et désagréable envers les autres, si vous criez quand vous êtes en colère ou si vous n'êtes pas gentil avec votre propre mère, vous ne communiquez rien de très salutaire à vos enfants. Votre objectif se doublera donc d'un enjeu important : mettre en valeur et communiquer les aspects positifs de votre personnalité et prendre conscience, pour les atténuer, des côtés moins plaisants – tous les parents en ont.

Les recherches récentes en neurosciences éclairent le formidable pouvoir d'exemplarité des parents, le pourquoi de leur influence si puissante et les aires du cerveau sur lesquelles elle s'exerce. Il est désormais admis qu'il existe dans le cerveau des « neurones miroirs » activés lorsqu'un individu en observe un autre. Ce système en miroir jouerait un rôle dans les phénomènes comme l'empathie, la communication non verbale, la reconnaissance affective, les comportements sociaux, les capacités motrices et le langage. Il a aussi été suggéré que des anomalies des neurones miroirs pourraient contribuer à certaines formes d'autisme. Ce que nous disent ces découvertes, c'est que les messages transmis à vos enfants ne sont pas juste d'ordre « psychologique » : ils s'ancrent dans leur cerveau et les affectent pour la vie.

Ce que font vos enfants. Vos actes en disent plus long que vos mots, mais les actes de vos enfants parlent à leur tour bien plus fort que ce que vous pouvez dire ou faire. Ce qui signifie que plus vous amènerez vos enfants à concrétiser, en paroles, émotions ou actions, le message que vous voulez leur transmettre, plus ils auront envie de l'adopter et de se l'approprier. En d'autres termes, quand vos enfants parlent, ressentent ou agissent de façon signifiante (par exemple, ils se montrent affectueux envers vous, échangent avec leur frère et sœur ou font le ménage dans leur chambre), ils s'adressent à eux-mêmes un message positif qui ne prête pas à confusion. Ces messages ont un poids d'autant plus important que les enfants en sont à la fois l'émetteur et le récepteur, et que les traduire en actes est le meilleur moyen de les intérioriser en profondeur.

Les stratégies à mettre en place

Je viens d'évoquer les différents canaux dont vous disposez pour communiquer. Dans ce cadre, il reste à mettre en place les stratégies spécifiques qui seront vos modes personnels de transmission, chaque stratégie ayant pour but de faciliter la compréhension des messages par vos enfants.

S'inventer des petites phrases. Pour à peu près chaque message que nous voulons faire passer aux filles, Sarah ou moi créons une petite phrase appropriée ; encore mieux, nous adoptons celle qu'elles s'inventent toutes seules – par exemple, pour les inciter à la patience : « Attendre un peu, c'est mieux ». Ces phrases sont souvent rigolotes, voire absurdes, faciles à mémoriser et concrètes ; rien de conceptuel ni de théorique dans ces devises familiales, mais des idées et des actions bien terre-à-terre. Nous essayons aussi qu'elles aient un côté jingle, pour que nos filles les retiennent encore mieux. Nos petites phrases se créent souvent spontanément à partir de ce que l'un

Les stratégies

- S'inventer des devises
- Entretenir des rituels familiaux
- Faire des choses ensemble
- Miser sur les soutiens extérieurs

de nous dit ou fait. C'est ainsi que Catie est à l'origine de « Pas le gros œil, papa ! » (pour en savoir plus, voir le message 7). Comme le résultat est drôle et facile à retenir, les filles jouent à les répéter en les déformant. Ainsi, « Attendre un peu, c'est mieux » est devenu : « Détendre un pneu, c'est mou », puis « Défendre un pou, c'est fou »...

L'idée est que nos filles retiennent nos petits slogans et fassent le lien avec ce que nous voulons leur transmettre. Chacun des neuf messages présentés dans cet ouvrage possède donc sa devise propre et j'en propose plusieurs autres, de façon qu'en avançant dans votre lecture, vous trouviez de nombreux exemples d'associations un message/une petite phrase.

Entretenir des rituels familiaux. Comme je l'ai déjà dit, la répétition est un élément essentiel de la communication. À cet égard, le rituel permet la répétition dans la cohérence. Les rituels familiaux (et les routines bien établies) aident à transmettre des messages non seulement par le biais de vos paroles ou de vos actions, mais aussi (et c'est leur force) par ce que vos enfants font d'eux-mêmes. En outre, y participer et en ressentir les effets bénéfiques aide vos enfants à s'approprier le contenu des messages, ce qui est essentiel pour qu'ils les intériorisent sur la durée.

Il existe une grande quantité d'ouvrages qui soulignent l'importance des rituels et autres habitudes familiales dans le développement des enfants, sur tous les plans – intellectuel, affectif, social, linguistique et scolaire. Créer des routines, par exemple à l'heure des repas et au coucher, comporte une dimension pratique qui implique d'accomplir tous les jours les mêmes tâches nécessaires. Cela donne aux enfants un cadre prévisible, qui les aide à s'organiser et donne du sens au monde de plus en plus vaste où ils évoluent. Ces habitudes leur permettent aussi de pratiquer des tâches importantes comme se laver, s'habiller et se préparer seuls, toutes compétences indispensables à acquérir. Enfin, elles donnent aux enfants un sentiment de familiarité, de maîtrise et de confort qui les installe dans une sécurité et une stabilité essentielles à un développement harmonieux.

Les rituels, comme le déjeuner du dimanche ou les fêtes organisées pendant les vacances avec la famille élargie, portent en eux un sens plus profond, conjuguant sentiment d'appartenance et valeurs spirituelles. Souvent perçus comme des activités propres à chaque famille en particulier, et donc uniques en leur genre, ils renforcent les liens affectifs, la proximité et le soutien. Les rituels donnent à chaque famille sa tonalité particulière, dont dépendra ensuite la façon dont les enfants appréhenderont, interpréteront et exprimeront leurs émotions. Aller camper en famille ou partager des activités culturelles sont autant de rituels qui illustrent les valeurs auxquelles les familles tiennent le plus.

À la maison, nous entretenons des rituels et des routines qui renforcent les messages que nous souhaitons transmettre à nos filles. Par exemple, nous voulons leur communiquer le sens de l'ordre et des responsabilités ; donc, tous les soirs, avant d'aller au lit, elles empilent proprement leurs livres sur la table basse du salon et rangent leurs jouets dans leur chambre. Entre autres habitudes du matin, il y a faire son lit et s'habiller avant le petit déjeuner les jours d'école. Messages transmis : ces matins-là, tout le monde est pressé, il faut se montrer actif et coopératif.

D'autres rituels, ceux-là particuliers à nos filles, incluent le mardi chez leur grand-mère ou des randonnées en montagne. Autant de façons de manifester l'affection que nous portons aux autres membres de la famille, notre respect de la nature et notre volonté de rester en forme !

J'ai remarqué que ces rituels, ces routines apparaissent, évoluent et finissent par se raréfier et disparaître, remplacés par d'autres. Sans véritable décision consciente de notre part, leur courbe de vie paraît liée à l'émergence de capacités nouvelles, d'autres processus de pensées ou d'expériences inédites qui impulsent des habitudes toutes neuves à la place des anciennes. Une fois admis que vos rituels familiaux ont une « durée de consommation limitée » et que d'autres apparaissent et évoluent naturellement, vous pouvez veiller à ce que les messages qui les inspirent gardent leur fraîcheur et leur force de conviction. Pour vous y aider, mon livre vous propose un large éventail de rituels familiaux propres à transmettre à vos enfants des valeurs importantes.

Faire des choses ensemble. Vis-à-vis de vos enfants, ce que vous faites (et ce qu'ils font eux-mêmes) a bien plus de poids que tout ce que vous pouvez leur dire. Un mode de communication efficace et direct consiste donc à leur faire pratiquer des activités porteuses de sens. Il y en a à tous les instants de votre vie de famille : préparer un repas, faire le ménage ou la lessive, jouer, lire, se promener ensemble sont autant d'occasions de communiquer. La liste en est pratiquement infinie. Chaque fois que vous donnez à vos enfants l'occasion de pratiquer ces activités, vous leur offrez à la fois l'expérience directe des valeurs dont elles sont porteuses et leurs bénéfices immédiats.

Miser sur les soutiens extérieurs. Vous ne pouvez pas, à vous tout seul, communiquer à vos enfants tout ce que vous avez envie de leur transmettre. Vous allez devoir mobiliser vos proches et le monde extérieur pour réussir à envelopper vos bambins d'un doux cocon protecteur avant de les laisser quitter le nid familial pour s'aventurer dans un univers foisonnant de messages pas toujours positifs. Ces appuis extérieurs peuvent venir de la famille au sens large, de vos amis, de l'école de vos enfants, de leurs activités extrascolaires... Plus il y aura de sources différentes véhiculant les mêmes valeurs, plus vos enfants auront de chances d'en comprendre la portée et de se les approprier. Diverses recherches confirment l'importance des soutiens extérieurs dans l'éducation.

Utiliser de multiples canaux de communication

Les recherches montrent aussi que les enfants possèdent différents modes de mémoire et d'apprentissage, classiquement définis ainsi : visuel (c'est le regard qui aide à apprendre et à retenir), auditif (par l'oreille), tactile (par le toucher) et kinesthésique (par le mouvement). Idéalement, pour vous assurer que vos messages atteindront leur but, il vous faut jouer sur les points forts de vos enfants et utiliser les voies de communication correspondantes. En même temps, quel que soit le mode d'apprentissage dominant de votre enfant, si vous lui adressez des messages par tous les canaux possibles (même ceux où il est moins à l'aise), vous multipliez vos chances de les faire passer. Il est certain qu'à force de communiquer *via* des circuits multiples et variés, votre enfant pourra les comprendre et se les approprier plus complètement.

Haut-parleur ou voie détournée ?

Pour communiquer avec vos enfants, vous avez le choix entre la voie directe ou la voie détournée. La méthode directe consiste à marteler votre message haut et clair, comme dans un haut-parleur, à pointer telle ou telle valeur chez d'autres personnes, ou à raconter des histoires qui vont dans le même sens. En allant ainsi droit au but, vous êtes sûr que vos intentions ne peuvent prêter à confusion, que vos enfants sont attentifs et concentrés sur le sens de votre message. En même temps, ils risquent d'en avoir vite assez d'entendre répéter la même chose et commenceront à s'irriter et à vous résister.

Au contraire, la voie détournée consiste à envoyer des messages « par ruse », sans que vos enfants fassent le lien entre ce qu'ils sont en train de faire et ce que vous voulez leur inculquer. Lorsqu'ils jouent ou participent à une tâche ménagère, ils croient seulement s'amuser ou vous aider. Mais vous, vous savez qu'à leur insu votre message du sens des responsabilités est en train de se frayer un chemin dans leurs chères petites têtes.

Acceptez l'aide de vos enfants...

Les enfants sont étonnamment doués pour signaler à leurs parents les moments où ils auraient besoin de recevoir tel ou tel message, ou leur indiquer le mode de communication auquel ils seraient le plus réceptifs. À vous de savoir « vous régler sur leur fréquence » de façon à capter leurs signaux. Restez en alerte : chaque jour, vos enfants vivront quelque chose, traverseront des difficultés et auront des réactions qui seront pour vous autant d'occasions de transmettre et d'échanger.

Pour optimiser la communication, laissez-vous guider par vos enfants. Écoutez-les, regardez-les, saisissez les occasions d'inventer des petites phrases, des routines, des rituels familiaux, et multipliez les activités porteuses des valeurs auxquelles vous tenez. Avec leur créativité et leur goût du jeu, ils savent s'amuser comme des fous avec le message le plus sérieux, ce qui augmente d'autant l'attention qu'ils lui portent et leur désir d'agir en fonction de lui.

Les quatre clés de la réussite

Votre principale difficulté est de réussir à leur faire vraiment assimiler vos messages. Pour affronter ce défi, vous disposez de quatre outils majeurs : la patience, la répétition, la persistance et la persévérance seront vos armes les plus efficaces. Pour qu'un message soit effectivement retenu, c'est-à-dire perçu, assimilé et restitué dans la forme désirée, il faut le répéter encore et encore. Je me suis rendu compte que le meilleur moyen de vérifier que nos filles ont bien reçu un message est de guetter le moment où elles s'énervent de cette répétition : leur irritation indique que nous avons leur attention et qu'elles ont compris. Bien sûr, lorsqu'elles nous envoient ce signal, nous y réagissons soit en y allant plus doucement, soit en passant à autre chose, pour éviter de les agacer outre mesure.

Les quatre clés

- Patience
- Répétition
- Persistance
- Persévérance

Mais d'abord, la patience. C'est le fondement, la clé de voûte de votre réussite. Lorsque vous vous engagez sur les voies de la transmission, commencez par vous mettre dans la tête que vous vous lancez dans une entreprise de longue haleine. Du reste, plus vous avancerez dans votre « carrière » de parent, plus vous réaliserez qu'avec les enfants, rien n'arrive du jour au lendemain (ni même en plusieurs jours...). Tout ou presque prend du temps, beaucoup de temps.

Malheureusement, nous vivons dans un monde où règne la tyrannie du court terme et de la facilité. Rien dans la vie ne doit être difficile ni demander plus de cinq minutes : « instantané » et « sans effort » sont les maîtres mots de l'époque (qu'il s'agisse des fours à micro-ondes, des recherches sur Internet...). Seulement voilà : si, devenu père ou mère de famille, vous adoptez cet état d'esprit, vous courez droit à l'échec et vous vous préparez une carrière parentale pleine de frustrations, de colère et de désespoir, pour la bonne raison que cette attitude n'est tout simplement pas compatible avec l'éducation des enfants.

Donc, tout commence avec de la patience. Il vous faut accepter d'attendre longtemps (des mois, voire des années) avant de voir votre travail récompensé, tout en gardant chevillée au corps la certitude que tant d'efforts et d'engagement finiront tôt ou tard par porter leurs fruits. Quand vous aurez réussi à trouver en vous cette faculté, vous accepterez les obstacles, les revers, les échecs et les résistances comme autant d'écueils inévitables sur cette traversée au long cours qu'est l'éducation d'un enfant. Même si (c'est humain) vous subirez forcément votre part d'émotions et de sentiments désagréables, vous réussirez à rester serein face aux nombreux défis qui accompagnent les parents au quotidien. Avec un résultat à la hauteur : détermination renforcée, sentiment d'empathie et égalité d'humeur améliorés, moins de frustration. Et surtout, un méta-message très clair à l'adresse de vos enfants : « Je ne renonce jamais, je ne lâcherai pas ! »

Deuxième clé de la réussite : la répétition. Pour la simple raison que vos enfants ne capteront pas vos messages la première, la deuxième, la dixième ni même la centième fois. J'ai lu, il n'y a pas longtemps, une étude selon laquelle il fallait 2 000 répétitions pour acquérir un geste sportif. Je ne sais pas si cette statistique s'applique à la communication parent/enfant, mais étant donné le nombre de fois où nous avons demandé à Catie et Gracie de mettre le couvert ou d'apporter leurs assiettes sales dans l'évier, ou de retirer leurs chaussures en rentrant à la maison, je suppose que ce chiffre de 2 000 est largement sous-estimé lorsqu'il s'agit de la quantité de répétitions nécessaire pour faire entrer ce type de messages dans leurs chères petites têtes.

Et je crois qu'il n'y a pas un parent sur terre pour dire qu'il est facile d'atteindre un si grand nombre de répétitions. De fait, je pense plutôt que beaucoup de parents renoncent avant d'arriver à ce chiffre magique. Pourquoi ? Imaginez-vous en train de vous cogner la tête contre un mur : ça vous parle ? Eh bien, c'est exactement l'impression que nous avons, Sarah et moi, lorsque nous nous évertuons à faire passer aux filles des messages qu'elles ne captent tout simplement pas. Dans ces moments-là, nous ressentons toujours la même chose : la frustration, la colère, l'épuisement, le désespoir résument assez bien la situation. Et quand vous en arrivez au désespoir apparaît la tentation de laisser tomber. Sauf qu'un parent ne doit jamais capituler, parce qu'en jetant l'éponge il renonce en réalité à attendre quoi que ce soit de ses enfants. Résultat ? C'est eux qui sont perdants. C'est à ce stade que persistance et persévérance entrent en jeu…

Persister. Vis-à-vis de vos enfants, c'est peut-être le seul outil de communication indispensable. Même lorsqu'ils ont l'air de ne pas vous écouter (alors qu'ils sont tout ouïe…), de ne rien comprendre (ce regard vide…), même lorsqu'ils font le contraire de ce que vous dites (juste pour tester vos limites…), c'est votre détermination, votre persistance et votre volonté de résister au découragement qui feront la différence. Mais pour que vos enfants finissent par vraiment capter vos messages, vous devrez vous y tenir obstinément, ne pas vous en écarter d'un iota, même s'il semble quasiment impossible de rien leur faire « entrer dans le crâne ».

Vos enfants ont l'air de ne rien écouter de ce que vous dites ? C'est plus qu'énervant et il est tentant de céder à la solution de facilité, pour tout lâcher : « À quoi bon perdre du temps et de l'énergie à essayer d'inculquer des valeurs positives à mes gamins s'ils n'y prêtent pas attention ? » Pourtant, croyez-moi, je vous l'assure, vos enfants écoutent, observent, et vos messages finissent par les atteindre. Cela prendra peut-être des années pour qu'ils les « comprennent » suffisamment pour agir en fonction d'eux, mais l'attente en vaut la peine.

Bien sûr, la persistance ne suffit pas. Plus souvent qu'à votre tour, vous vous heurterez à des obstacles qui mettront votre résistance à rude épreuve. Vous aurez l'impression que vos enfants ne se contentent pas de passer à côté de ce que vous essayez de leur inculquer, mais qu'ils comprennent exactement le contraire. Par exemple, vous leur avez répété pendant des mois « Sois gentil avec ton petit frère (ou ta petite sœur) » ou « S'il te plaît, ne m'interrompt pas quand je parle à ta mère », mais ils continuent imperturbablement à se montrer désagréables et à vous couper la parole. Ah ! Quelle frustration !

C'est le moment de faire appel à la persévérance. C'est différent de la persistance. Persister implique juste de répéter obstinément le même message dans des conditions normales, tandis que persévérer signifie continuer à envoyer le même message malgré les échecs et le découragement. Et il n'y a pas de recette magique. Cela commence par prendre l'engagement inébranlable de faire toujours au mieux pour vos enfants, aussi épuisant, frustrant ou énervant que l'exercice finisse par vous paraître. Cela continue avec une conscience toujours en éveil des moments où vos enfants vous poussent à bout (et le seul fait de les repérer vous aidera à ne pas céder), et la réaffirmation que vous poursuivrez dans la même voie, quoi qu'il arrive. Enfin, persévérer implique d'être intimement convaincu de la valeur de l'entreprise. Au bord du précipice, cette conviction absolue que vos efforts finiront par trouver leur récompense vous donnera la force intérieure de reculer d'un pas, de faire demi-tour et de poursuivre votre œuvre de transmission, au nom de l'amour que vous portez à vos enfants.

Cinq règles à retenir

Voici cinq règles simples pour vous aider à communiquer efficacement avec vos enfants :

- **Soyez clair :** assurez-vous que vos paroles, vos émotions et vos actes véhiculent le message que vous voulez faire passer sans aucune ambiguïté.
- **Faites simple :** ajustez votre message au niveau de développement de votre enfant.
- **Misez sur l'action :** ce que vous faites (et ce que font vos enfants) est le meilleur moyen de faire passer un message.
- **Écoutez vos enfants :** laissez-les vous indiquer quels messages faire passer et de quelle façon les transmettre.
- **Plongez vos enfants dans un bain de messages.** Multiplier les vecteurs de communication (paroles, émotions, actions, activités, influences extérieures…) démultiplie vos chances de voir vos messages reçus et intériorisés.

Qu'est-ce qui bloque la communication ?

Vous avez remarqué ? Parfois, il suffit de dire une fois quelque chose à un enfant pour qu'il retienne le message. Inversement, et c'est très énervant, vous pouvez répéter des dizaines et des dizaines de fois la même chose, et c'est comme si vous n'aviez rien dit. Bienvenue dans la vraie vie des parents, où rien ne va jamais comme on le prévoit, où ce qui est censé fonctionner ne marche pas (et vice versa), où ce qui fonctionne ne marche que par intermittence ou pour un temps limité. Il faut un vrai travail de détective et une véritable compréhension des enfants pour réussir à démêler pourquoi certains messages parviennent facilement à destination et pourquoi d'autres n'y arrivent jamais, malgré les efforts et l'énergie que l'on y consacre.

Même si vous avez une idée claire de ce que vous voulez communiquer à vos enfants, même si vous savez par quels canaux passer et même si vous avez arrêté vos stratégies, vous n'aurez jamais la certitude que vos messages leur parviennent effectivement. Chaque fois que vous enverrez un message, il devra probablement se frayer un chemin à travers un labyrinthe d'éléments « bloquants » susceptibles de dévier, affaiblir, contaminer, voire carrément détruire le sens de ce que vous voulez faire passer.

Si vous arrivez à identifier ces « empêcheurs de communiquer », vous pourrez réduire leur impact et augmenter vos chances de voir vos messages bien reçus.

Des messages trop complexes : « Hein ? »

Un de vos problèmes est de vous assurer que vos enfants comprennent effectivement ce que vous essayez de leur dire. La solution consiste à adapter le message et son mode de communication à leur niveau de développement. Je vois beaucoup de parents envoyer des messages qui leur semblent parfaitement clairs et ne pas comprendre pourquoi leurs enfants ne les captent pas. Pire encore, ils le leur reprochent. Le problème est que ces parents voient ces messages par leurs propres yeux, et non par ceux de leurs enfants. Mais ces derniers ne pensent pas de la même façon que nous. Vous avez derrière vous des années d'expérience qui vous ont permis d'affiner vos capacités d'analyse et de compréhension du monde. Au contraire, vos enfants sont encore relativement sous-équipés pour percevoir, interpréter, analyser, prendre des décisions par rapport à leur monde à eux, qu'ils fassent leurs premiers pas, arrivent à l'âge préscolaire ou à l'âge de l'école primaire, ou qu'ils l'aient dépassé.

C'est pourquoi vous devez essayer de vous mettre à leur place : si vous étiez votre fils ou votre fille, qu'est-ce que vous comprendriez ? Considérez les aspects particuliers de leur stade de développement et voyez ce qui peut

Les empêcheurs de communiquer

- Des messages trop complexes
- La déconnexion émission/réception
- Des messages trop peu fréquents
- Des messages trop nombreux
- Des messages incohérents
- Des messages contradictoires
- Dire une chose, en ressentir une autre
- La fatigue
- Les mariages malheureux ou les parents divorcés
- Les frères et sœurs
- La famille élargie
- Le monde extérieur
- La culture dominante

faciliter la communication. Par exemple, à quoi sont-ils le plus réceptifs ? La parole, les émotions, l'action ? Si vous arrivez à cerner leurs vraies capacités à tel ou tel âge, vous saurez adapter plus précisément le contenu de vos messages à leur niveau de développement du moment et vous optimiserez vos chances d'être parfaitement compris.

La déconnexion émission/réception : « Ce n'était pas ça que je voulais dire »

La rupture entre émission et réception peut se produire à plusieurs endroits. Ainsi, vous voulez envoyer un message précis et vous en arrivez à dire autre chose : le fil s'est rompu entre votre intention et votre action. Par exemple, vous voulez convaincre vos enfants de manger leurs légumes (ça les aidera à grandir, c'est bon pour la santé…), mais ce que vous communiquez, c'est : « Je suis très en colère contre vous quand vous ne mangez pas vos légumes ».

La déconnexion se produit aussi parfois entre ce que vous émettez et ce que vos enfants captent. Donc, ne pensez pas seulement à ce que vous allez communiquer, mais surtout à ce que vos enfants vont comprendre. Demandez-vous si votre message est assez clair : si vous aviez 3 ans, qu'est-ce que vous entendriez ? Voici un exemple. Votre métier vous oblige à travailler beaucoup, mais vous avez un bon salaire qui vous permet un train de vie confortable. Vous voulez faire passer l'idée que vous aimez votre travail et que vous trouvez important de prendre grand soin de votre famille. Mais vos enfants comprennent : « Maman ou papa s'intéresse plus à son boulot qu'à moi ». Les deux messages n'ont rien à voir, et ils auront des répercussions très différentes sur la façon dont vos enfants perçoivent votre travail et vos sentiments pour eux.

Pour clarifier les messages à propos de votre travail, insistez sur l'importance que vous accordez à votre famille. Expliquez à vos enfants pourquoi vous travaillez autant et combien vous trouvez difficile de ne pas être à la maison. Assurez-vous aussi de passer avec eux un maximum de temps agréable, de façon qu'ils reçoivent 5 sur 5 ce que vous voulez communiquer : vous les aimez plus que tout. En même temps, par votre exemple, vous leur faites passer un méta-message de fond sur la vie : quand on est grand, il y a les choses que l'on a envie de faire (être avec ses enfants) et il y a celles que l'on est obligé de faire (travailler pour gagner sa vie et celle de sa famille).

Ensuite, comme évoqué plus haut, les enfants ont des modes d'apprentissages différents qui affectent leur réceptivité. À mesure que les vôtres grandiront, vous verrez mieux quels sont leurs points forts et vous pourrez adapter votre communication en fonction. Imaginons, par exemple, que votre enfant a l'âge des premiers pas et que vous voulez lui faire apporter son bol dans l'évier après le repas. S'il est plutôt « auditif », vous lui expliquerez quoi faire, s'il est plutôt « visuel », vous le lui montrerez. Ne pas utiliser les bons canaux peut compromettre votre message avant même de l'envoyer.

Les enfants ont aussi des tempéraments différents, ce qui affecte leur façon de percevoir vos messages (quand ils les reçoivent effectivement). À vous de communiquer en fonction du caractère de chacun : est-il têtu et volontaire, a-t-il des difficultés à se concentrer ? Par exemple, un enfant très sensible au plan affectif risque d'être plus perturbé qu'un autre par des messages contradictoires, incohérents ou à forte composante émotionnelle.

Ces exemples illustrent l'importance d'utiliser tous les canaux de communication possibles. Il y a tant de facteurs susceptibles d'affecter le sens de vos messages que multiplier vos modes d'émission améliore vos chances d'être compris à l'arrivée.

Des messages trop peu fréquents : « Combien de fois faut-il te le dire ? »

Les messages peuvent avoir un fort impact sur les enfants, à condition d'être perçus. Certains sont si percutants qu'il suffit d'une fois ou deux pour qu'ils soient retenus. Par exemple, les enfants n'ont pas besoin de toucher un four brûlant deux fois de suite pour s'en écarter. Mais pour la plupart des messages, plus vous « cliquez sur Envoi », plus vos enfants auront de chances de les capter. Donc, si vous ne le faites pas à une fréquence suffisante, vos messages risquent de ne pas être assimilés.

Or, pour la plupart des parents, la vie quotidienne est incroyablement chargée, avec une longue liste de priorités – le travail, les repas, la maison, la famille, les courses… Et vous êtes si occupé que vos messages passent facilement à la trappe. Vous courez dans tous les sens, avec trop de choses à faire et trop peu d'heures dans la journée, et vous pensez à ces fameux messages en coup de vent, en vous disant qu'il faut vous y mettre. Mais jour après jour, comme le rythme de la vie de famille ralentit rarement, ils descendent d'un cran de plus sur votre liste de priorités, jusqu'à ne plus y figurer du tout.

Voici ce qu'il faut faire pour garder un cap cohérent : ne laissez jamais vos messages sortir de votre écran radar. Débarrassez la porte du réfrigérateur et affichez tout ce que vous avez à dire à vos enfants. Créez des alertes sur votre téléphone portable pour vous rafraîchir la mémoire. Demandez à votre conjoint(e) de vous les rappeler régulièrement et faites-en autant avec lui ou elle.

Grâce à ce que je vous propose dans les pages qui suivent (petites phrases, routines, rituels et autres activités familiales), vous vous constituerez une « boîte à outils » immédiatement disponible chaque fois que vous en aurez besoin. Ces outils vous aideront aussi à intégrer si finement vos messages à la trame de votre vie de famille que communiquer vous deviendra automatique : vous n'aurez plus besoin de rappels constants. Vous n'aurez même plus besoin d'y penser : vous le ferez, un point c'est tout.

Des messages trop nombreux : « Fais ci, fais ça, et puis ça aussi... »

Lorsque vous vous lancerez dans votre entreprise de communication, l'une des choses dont il faudra vous méfier est le risque de surcharge : en d'autres termes, n'essayez pas de faire passer trop d'idées à la fois. Dans votre enthousiasme de leur inculquer tout ce qui vous tient à cœur, vous pouvez être tenté de les « bombarder » sans attendre d'une énorme quantité de messages. Cet excès de zèle peut provoquer plusieurs problèmes. D'abord, au lieu de rester distincts les uns des autres, les messages se fondent en une sorte de magma incompréhensible qui perd toute sa valeur. Ensuite, pris sous cette quantité de messages, vos enfants risquent de ne pouvoir se concentrer sur aucun. Le pire scénario étant que, pour éviter d'être submergés, ils se lancent dans la résistance active et fassent exactement le contraire de ce que vous leur dites.

La meilleure stratégie est de choisir quelques messages bien adaptés au niveau de développement de vos enfants et à la situation, et de vous y tenir. La vie n'a pas son pareil pour faire savoir aux parents ce que les enfants ont besoin d'apprendre à tel ou tel moment. Par exemple, si votre fils ne veut rien partager avec sa petite sœur, ou si votre petite dernière frappe sa sœur aînée, vous voilà avec un superbe « moment pédagogique » prêt à l'emploi – l'occasion de transmettre quelques notions sur la générosité et la gentillesse.

Des messages incohérents : « Pour cette fois, c'est d'accord »

Même si nous répugnons à l'admettre, nous autres parents ne sommes pas toujours aussi cohérents que nous devrions l'être. Trop souvent, nous laissons nos enfants faire des choses à certains moments (par commodité, généralement) et les leur interdisons à d'autres. Que leur inspire cette incohérence ? Au mieux, ils n'en font rien. Au pire, ces messages contradictoires les embrouillent tellement qu'ils retiennent celui qui les arrange, même si ce n'est pas celui que vous vouliez leur transmettre. Ou, pire encore, ils captent le méta-message qu'être incohérent, c'est bien.

Pour vous aider, demandez-vous dans quelles situations vous vous montrez incohérent. Ce peut être sous l'effet du stress, le matin, quand vous essayez de faire partir vos enfants à l'heure, quand la dernière fait la comédie parce que vous ne lui donnez pas ce qu'elle veut, ou le soir, quand vous essayez de préparer le dîner pour une heure raisonnable. Rien que cette prise de conscience peut déclencher un signal d'alarme intérieur qui vous rappellera la nécessité absolue d'être cohérent avec vous-même. Vous pouvez aussi vous créer une stratégie personnelle : par exemple, prendre une grande inspiration ou vous répéter un mot clé qui vous aide à traverser ces situations difficiles. L'une comme l'autre viendra utilement étayer votre détermination dans ces moments critiques où il serait tellement plus facile d'envoyer un message inconsistant (ou pas de message du tout).

Des messages contradictoires : « Mais papa a dit que... »

Si les parents disent le contraire l'un de l'autre, ils sont à peu près certains de ne pas être entendus de leurs enfants. Non seulement le message n'est pas clair, mais la contradiction entre deux sources aussi crédibles l'une que l'autre sera à l'origine de confusion supplémentaire, et l'incertitude se révélera paralysante pour vos bambins : qui croire, quel est le message, que voulez-vous obtenir d'eux ?

Au-delà du manque évident de clarté, vous contredire pose un autre problème : les enfants sont extraordinairement doués pour repérer celui de vous deux qui leur cédera. Dès l'âge de 2 ans, ils peuvent se révéler incroyablement manipulateurs et habiles à monter chaque parent l'un contre l'autre pour arriver à leurs fins. À tout le moins, s'ils n'obtiennent pas ce qu'ils veulent de leur mère (« Non, tu n'auras pas de bonbon »), essaieront-ils d'amadouer leur père (« Tiens, mon chéri »).

Il y a plusieurs raisons à ces attitudes contradictoires. Chacun possède son propre schéma mental de ce qui constitue un « bon » parent, d'où des styles et des philosophies divergentes en matière d'éducation et de parentalité. Les parents peuvent avoir des personnalités et des tempéraments dissemblables : par exemple, l'un est très décontracté, l'autre plutôt sérieux. Ils peuvent aussi avoir des valeurs différentes : l'un accordera une importance capitale à tel ou tel message, et l'autre pas. Ou bien l'un ou l'autre sera simplement incapable de comprendre le pourquoi d'un tel message. Le pire étant que les parents fassent ou disent ce qui les arrange à un moment donné plutôt que d'agir en fonction du strict intérêt de l'enfant.

Pour limiter les messages contradictoires, il faut parler de vos visions respectives en matière de parentalité et remonter au point de départ de vos divergences. Comme je l'ai évoqué dans le premier chapitre, des échanges approfondis sur votre philosophie et vos conceptions du métier de parent sont indispensables pour repérer et résoudre les conflits potentiels dans les messages que vous adressez à vos enfants. Dans un monde idéal, vous devriez arriver à un accord longtemps avant d'avoir à élever des enfants. Dans le monde réel, plus vous commencerez tôt à travailler la cohérence de vos messages, mieux ce sera.

Dire une chose, en ressentir une autre : « Fais ce que je te dis, pas ce que je ressens »

Consciemment ou non, nous communiquons par plusieurs canaux différents. Le premier qui vient à l'esprit est la parole, parce que c'est le principal moyen d'échange entre adultes. Mais les bambins n'en sont encore qu'aux premiers stades de la maîtrise du langage. Même s'ils comprennent une grande partie de ce que vous dites, ils sont loin d'arriver à saisir tous les mots que vous prononcez dans leur complexité. En même temps, ils sont très intuitifs et dotés d'un radar affectif qu'ils perfectionnent depuis leurs premiers jours. De fait, cette finesse de perception intuitive remonte aux tout premiers êtres humains. Au temps de l'homme des cavernes, quand notre vocabulaire se limitait à des grognements plus ou moins modulés, les parents communiquaient de façon non verbale avec leurs enfants : la survie des petits dépendait donc de leur capacité à capter et déchiffrer le ton, les expressions et les attitudes des adultes. Cette aptitude existe toujours et joue un grand rôle dans ce que vos enfants perçoivent et comprennent de vos messages.

Cette hypersensibilité aux émotions implique que, si vos paroles contredisent ce que vous ressentez, il y a de grandes chances que vos enfants perçoivent d'abord le « message émotionnel ». Imaginons, par exemple, qu'un matin votre petit ange traîne des pieds pour se préparer ; s'il continue, c'est sûr, vous allez être en retard pour le déposer à la maternelle avant d'aller travailler. Mais vous essayez de vous montrer calme et patient alors, avec un sourire forcé, vous lui dites doucement (en tout cas, c'est votre impression) : « Dépêche-toi un peu, mon chéri, il ne faut pas être en retard à l'école… » Sauf qu'intérieurement, vous êtes une boule de stress en pleine ébullition. À votre avis, que capte votre bambin ? « Bon sang, on va être en retard ! Dépêche-toi, mais dépêche-toi donc ! Tu me rends dingue ! »

Le seul moyen de prévenir cette rupture entre ce que vous dites et ce que vous ressentez consiste à reconnaître et à accepter vos émotions. Vous avez peut-être envie de dissimuler celles-ci parce que vous ne voulez pas que vos enfants réalisent à quel point vous êtes énervé ou bouleversé. Mais que cela vous plaise ou non, vos émotions transparaîtront. La meilleure façon de mettre en phase vos mots et vos sentiments est donc de vous montrer sincère. Non seulement il est positif de communiquer à vos enfants que vous êtes en colère ou énervé, mais c'est bénéfique pour eux. Vos messages contradictoires ne les plongeront pas dans la confusion. Ils comprendront ce qu'ils doivent comprendre, c'est-à-dire que vous êtes énervé et en colère contre eux, parce qu'ils ne se montrent pas coopératifs.

Bien sûr, mieux vaut ne pas leur crier dessus. Le message serait alors entièrement différent – à savoir que c'est bien de crier quand on est en colère, avec le méta-message que c'est bien de perdre le contrôle de ses émotions. Mais votre honnêteté affective aura aussi d'autres avantages vis-à-vis de vos enfants. Ils apprendront qu'il est normal de ressentir de temps en temps des sentiments négatifs et de les exprimer de façon adaptée, et ils en tireront un enseignement très important : ce qu'ils font (ou pas) a des conséquences pour les autres.

La fatigue : « Je suis crevé(e) »

Un aspect inévitable du métier de parent, c'est l'épuisement physique et mental. Manque de sommeil, pratiquement pas de répit, pas le temps de vous occuper de vous, tout cela contribue à un état de fatigue profonde qui vous rend, au mieux, léthargique et sans entrain et, au pire, vous plonge dans la dépression ou la maladie. À ce point d'épuisement, vous n'avez certainement pas l'énergie d'entamer une campagne de « communication positive ».

Pire encore, la fatigue conduit à la tentation de la facilité (l'un des mots les plus désastreux en matière de parentalité) : c'est-à-dire faire ce qui vous arrange vous plutôt que d'agir dans l'intérêt de l'enfant. Malheureusement, « intérêt personnel » et « être un bon parent » ne vont pas bien ensemble. Éreinté(e) comme vous êtes, vous êtes naturellement tenté(e) de faire ce qui vous demande le moins d'effort et d'énergie. Mais céder à la facilité signifie renoncer probablement à faire passer les bons messages à vos bambins. C'est, par exemple, donner un cookie à votre petite dernière avant le dîner pour qu'elle s'arrête de pleurnicher, même si cela doit lui couper l'appétit. Ou, au supermarché, acheter un jouet à votre fils en faisant la queue à la caisse pour éviter qu'il fasse une scène. Bonne solution à court terme ? Absolument. Bonne base d'éducation à long terme ? Certainement pas.

Le vrai test, pour tous les parents, est de savoir s'ils sont capables de garder leur cap quand ils n'en ont pas envie, qu'ils sont fatigués, stressés, bousculés. Il n'est pas souhaitable de jouer le « messager des bons jours », c'est-à-dire d'être celui qui fait passer les bons messages seulement quand ça l'arrange. Car dans ce cas, le méta-message est que vous agissez selon vos convictions et faites ce qu'il faut seulement quand c'est facile ou commode pour vous. Et ce n'est certainement pas un message à transmettre à vos enfants. L'étude sur les 1 600 parents dont je parle au premier chapitre montre qu'environ 17 % d'entre eux se trouvent « trop coulants ». Ils l'expriment ainsi : « Je suis parfois trop fatigué pour rester ferme avec mon enfant même quand je le devrais », « Je laisse aller trop souvent », « Je cède trop vite »... 54 % disent qu'ils laissent leurs enfants gaspiller l'argent, 48 % pensent qu'ils les gâtent trop, 81 % les « soudoient » et 53 % redoutent d'en faire des jeunes mal élevés.

Un autre méta-message que vous faites passer lorsque l'épuisement vous pousse à choisir la solution de facilité, c'est que vos besoins sont plus importants que ceux de vos enfants. Ces derniers se jetteront sur cette idée comme un chien de chasse sur une piste fraîche parce qu'au fond d'eux-mêmes, ils se sentiront négligés et dépréciés. Enfin, à vous voir agir par commodité, ils risquent d'en conclure que, face aux difficultés, c'est bien d'emprunter la voie de la moindre résistance.

Comment lutter contre cette immense fatigue ? Il n'y a pas de réponse simple. Hélas, elle est là et sera encore là dans un avenir proche : la fatigue fait partie du lot des parents. En même temps, il n'est pas possible d'être un bon père ou une bonne mère dans un état d'épuisement chronique ; à parent claqué, enfant malheureux. Il est donc impératif de trouver des moyens de recharger vos batteries. Accordez-vous, chacun votre tour, de faire la grasse matinée une fois par semaine ou de vous garder un moment rien qu'à vous pour souffler ou faire de l'exercice, ou de sortir un soir avec des ami(e)s. Cet « égoïsme » peut aider à tenir la fatigue à distance (tout comme l'espoir que vous aurez un jour une bonne nuit de sommeil, quand vos enfants seront au collège peut-être !).

À ce degré de fatigue profonde, il est difficile de penser clairement, de peser le pour et le contre, et de faire les bons choix. En d'autres termes, il est juste trop dur de réfléchir : vous vous raccrocherez donc probablement à vos choix par défaut. Si vous n'avez pas une idée claire des valeurs que vous voulez transmettre ou si vous n'y êtes pas résolument attaché, votre choix par défaut consistera à ne rien faire passer du tout dans les moments d'épuisement. Mais si vous avez longuement mûri ce que vous voulez inculquer à vos enfants, si vous êtes animé d'une détermination inébranlable et si vous faites passer vos messages si souvent qu'ils sont devenus une seconde nature, alors votre choix par défaut sera de continuer à communiquer, et c'est choisir la commodité qui vous coûtera davantage de réflexion et d'effort. Savoir ce qui est juste vous insufflera une saine dose de culpabilité à la seule idée d'agir dans votre intérêt à vous et vous donnera la dose de détermination nécessaire à envoyer le bon message, même dans un état de fatigue avancée.

Je ne suis pas en train de dire que vous avez le devoir d'envoyer des messages exemplaires tout le temps : voilà un fardeau qu'aucun parent ne pourrait jamais assumer. Parfois, il est nécessaire de choisir la facilité pour sauvegarder votre santé physique et mentale (sans l'une et l'autre, vous ne pourriez pas être un bon parent de toute façon). C'est très bien tant que cela reste l'exception et non la règle. Inutile donc de vous sentir coupable si vous vous laissez aller de temps en temps : bienvenue dans la vraie vie de parent ! De fait, un des méta-messages essentiels à faire passer à vos enfants est qu'ils ne constituent pas toujours le centre du monde et que, vous aussi, vous avez des besoins. Tant que vous leur communiquez une majorité de notions positives, ils y trouveront ce qu'ils doivent y trouver, messages et méta-messages compris.

Les mariages malheureux ou les parents divorcés : « Choisis ton camp, mon chéri »

Les couples qui ont des problèmes conjugaux ou les parents divorcés rencontrent des problèmes particuliers à communiquer de façon claire et cohérente avec leurs enfants. Alors qu'en matière d'éducation il est si important de parler d'une seule voix, il devient très compliqué de maintenir cette unité quand son ménage bat de l'aile ou se brise. Il reste que vous avez en commun un devoir d'éducation partagé. Il faut donc commencer par vous dire ceci : quels que soient vos sentiments l'un envers l'autre, il vous appartient de faire passer les besoins de vos enfants avant les vôtres et de travailler ensemble à leur transmettre des valeurs positives de cohésion et de cohérence. C'est important de commencer très tôt, parce que cela aura des incidences sur leur vie entière. Si vous vous retrouvez sur le contenu de ce que vous voulez leur inculquer, les difficultés conjugales ou le divorce auront sans doute un effet moins négatif sur vos enfants.

Il est difficile pour des parents en conflit de recréer un front uni vis-à-vis de leurs enfants. C'est pourtant essentiel, parce que la qualité de leur relation a des incidences importantes sur la santé et le bien-être de leur progéniture. Des recherches montrent que des enfants confrontés aux difficultés conjugales de leurs parents jugent ces derniers moins aimants et moins disponibles ; ces enfants ont une moindre estime d'eux-mêmes, davantage de problèmes affectifs et ils se sentent moins armés que les autres. En outre, la mésentente génère un stress qui altère leur santé physique : ils mangent et dorment mal, et tombent plus souvent malades.

Il vous faudra donc accepter de discuter avec votre conjoint (ou ex-conjoint) pour arriver à trouver chacun le moyen de séparer vos propres besoins et enjeux de ceux de vos enfants. Même si vous n'êtes plus uni en tant que couple, il vous incombe de maintenir cette unité en tant que parents, au nom de l'intérêt supérieur de vos enfants. Si, pour faciliter ces échanges, vous avez besoin de l'aide d'un professionnel extérieur, cherchez-en un. Tout ce qui doit vous importer, à vous parents, est d'inculquer à vos enfants les meilleures valeurs possibles. Cet objectif doit reléguer au second plan vos difficultés de couple.

Les frères et sœurs : « Je parlais à ton frère »

Considérant que la famille moyenne en France compte 2 enfants, les vôtres ne grandissent probablement pas dans un désert familial ! Ils sont sûrement exposés à toutes sortes de messages adressés à leurs aînés ou à leurs cadets. Non seulement ils captent ce que vous essayez de faire passer à leurs frères et sœurs, mais ils perçoivent aussi ce que ces derniers vous renvoient et se communiquent entre eux. Résultat : une quantité de messages différents circulent dans la maison, dont certains concernent tous vos enfants, mais d'autres pas.

Cette abondance de messages, souvent contradictoires, pose plusieurs problèmes. La réalité est que vos enfants, qu'ils soient petits ou grands, ont des personnalités, des tempéraments, des modes d'apprentissage distincts et se trouvent à des niveaux de développement différents. Ils captent donc nombre de messages qui ne leur sont pas adaptés. En outre, ils ne sont peut-être pas assez mûrs pour faire spontanément le tri entre ceux qui les concernent et les autres. Sans oublier que les aînés ne prêtent pas ou peu attention à ce qu'ils communiquent aux plus jeunes, même si ce n'est pas toujours très recommandable ; ils prennent même parfois un malin plaisir à « corrompre » les plus petits. Comme tous les parents le savent, dans une fratrie, les plus jeunes vénèrent souvent leurs aînés et se laissent volontiers convaincre par ce qui vient d'eux.

Mais les cadets peuvent aussi bloquer la communication ou envoyer de mauvais signaux aux plus grands. Par exemple, comme un nourrisson a besoin d'une attention de tous les instants et qu'on s'occupe de lui dès qu'il pleure, ses frères et sœurs peuvent en conclure qu'il leur suffit de se mettre à hurler pour attirer votre intérêt.

Face à cette communication chaotique, votre sensibilité joue un rôle primordial. Mettez-vous à la place de vos enfants : vous vous rendrez compte à quel point tout cela leur paraît injuste. Le dernier-né est le centre de toute votre attention : il n'a qu'à se mettre à pleurer et maman (ou papa) arrive en courant. Les plus grands pensent : « Pourquoi pas moi ? » Ou bien c'est l'aîné qui obtient de se coucher plus tard ou de jouer dehors plus longtemps, et c'est alors les plus petits qui se disent : « Pourquoi pas moi ? » Certes, vous avez de bonnes raisons de vous énerver lorsque vos enfants restent sourds à vos messages, voire les rejettent en bloc. Mais essayez de vous placer de leur point de vue et imaginez comme c'est frustrant pour eux aussi.

Alors, que faire pour gérer cette confusion ? Commencez par poser des notions de base valables pour l'ensemble de la fratrie : honnêteté, sens des responsabilités, gentillesse, par exemple, concernent les enfants de tous âges. De même que ce qui touche au comportement, comme « Ne donne pas de coups » (gentillesse) ou « Range tes jouets » (sens des responsabilités). Vous pouvez recourir à la totalité de votre boîte à outils pour faire passer cette « communication minimale » à tous vos enfants. En l'occurrence, vos aînés peuvent vous faciliter la tâche : par leur exemple, ils vous aideront à faire passer les bons messages à leurs jeunes frères et sœurs. Ainsi, Gracie s'est vite initiée aux tâches liées aux repas en voyant Catie mettre le couvert et apporter son assiette dans l'évier quand elle a fini de manger. Les valeurs positives que vous inculquez aux aînés figurent donc très tôt sur les écrans radars des plus jeunes ; au minimum, ils commencent à les intégrer et, au mieux, ils les assimilent complètement.

Vous pouvez aussi adopter une communication ciblée en vous adressant en particulier à chacun de vos enfants lorsque vous voulez leur faire passer un message spécifique. Si les plus petits ne sont pas là au moment où vous parlez aux aînés, il ne peut y avoir aucune confusion quant au destinataire visé. Évidemment, dans le brouhaha habituel d'une vie de famille bien remplie, il n'est pas toujours possible de s'isoler. À vous de préciser à qui vous vous adressez, et pourquoi. Appeler l'enfant par son nom et le regarder dans les yeux est un bon moyen de vous assurer qu'il comprend que c'est à lui que vous parlez.

Mais la réalité fait que, si vous avez plus d'un enfant, vous n'éviterez pas un peu de confusion dans votre communication. Il faut accepter que, jusqu'à ce que les plus jeunes soient vraiment à l'aise pour parler et comprendre ce qu'on leur dit, ils ne sont pas forcément capables de distinguer ce qui leur est destiné de ce qui concerne leurs frères et sœurs. À vous donc de veiller à la clarté de vos messages, de donner davantage de temps à vos enfants pour en assimiler le contenu et de vous montrer patient s'ils ne comprennent pas aussi vite que vous le souhaiteriez.

La famille élargie : « Je n'aurais pas le droit de gâter mes petits-enfants ? »

Il y a des familles où toute la parenté (grands-parents, oncles et tantes, cousins...) est sur la même longueur d'onde quant aux valeurs à transmettre aux enfants. Mais c'est loin d'être le cas partout. Dans votre propre famille, oncles, tantes et cousins présument peut-être simplement que vous partagez leurs attitudes et leurs points de vue. En conséquence, ils ne réalisent pas qu'ils font passer des idées que vous n'approuvez pas forcément : par exemple, laisser vos enfants trop longtemps devant la télévision ou leur donner trop de bonbons.

D'autres membres de la famille, essentiellement les grands-parents, ne se sentent absolument pas obligés d'aller dans votre sens, parce qu'ils estiment avoir fait leur part en vous élevant vous et qu'ils ont bien le droit de faire ce qu'ils veulent avec vos enfants.

Il est sûr que les grands-parents ont la belle vie avec vos enfants. Ils ont les bons côtés, sans aucune des corvées qui vous échoient à vous, les parents. À eux, les moments agréables avec leurs petits-enfants, qu'ils vous ramènent le soir fatigués, affamés et grognons. Et ils s'estiment le plus souvent exonérés de toute responsabilité en matière de discipline ou de limites (« J'ai gagné le droit de gâter mes petits-enfants », revendique l'une des grands-mères de nos filles).

À quel degré votre famille élargie risque-t-elle de peser sur l'éducation de vos enfants ? Tout dépend de leur plus ou moins grande proximité. Si les grands-parents, oncles, tantes, cousins vivent loin et que vous ne les voyez pas souvent, il n'y a pas grand mal. Lorsqu'ils vous rendent visite, mieux vaut, au nom de la paix des familles, accepter de laisser vos enfants capter quelques messages peu recommandables : dites-vous que, par leur constance, vos enseignements l'emporteront probablement sur ce qu'ils entendent au cours de ces rares réunions de famille.

Si, toutefois, les membres de votre famille habitent près de chez vous, ils sont très présents dans la vie de vos enfants. Et si vous les surprenez à faire passer des idées que vous désapprouvez, vous allez être confronté à un choix délicat : soit vous laissez faire, en espérant que vos messages à vous finiront par l'emporter, soit vous osez vous lancer dans une discussion potentiellement difficile, en expliquant à vos proches qu'ils inculquent à vos enfants des idées contradictoires avec ce que vous souhaitez leur apprendre. La conversation risque d'être tendue, parce que tous les parents croient envoyer des messages positifs aux enfants, les vôtres inclus (qui ferait délibérément l'inverse ?). La suggestion que vous êtes d'avis contraire ne sera sans doute pas acceptée sous son meilleur jour ; en d'autres termes, votre parent risque d'en prendre ombrage.

La conversation va donc exiger de votre part une bonne dose de sensibilité et de respect vis-à-vis des valeurs familiales. Il faudra aussi accepter de transiger un peu, pour que vos proches ne se sentent ni jugés ni mis en cause dans leurs opinions. Le but de la discussion est de montrer le prix que vous attachez à leur présence dans la vie de vos enfants, en arrivant à les convaincre de n'envoyer que de bons messages, de façon que les visites familiales se passent au mieux pour chacun.

Avec les seuls grands-parents, la discussion a des chances d'être plus facile, parce que vous ne heurtez pas leur susceptibilité d'éducateurs : c'est un passé qui est loin derrière eux. J'ai découvert que la meilleure façon de s'y prendre consiste à montrer d'abord à vos parents combien vous appréciez qu'ils passent du temps avec leurs petits-enfants (et qu'ils vous permettent de souffler !). Ensuite, expliquez les valeurs que vous souhaitez inculquer à vos enfants : ils trouveront probablement difficile de les contester. Enfin, tout en leur laissant une certaine latitude d'action pour les remercier de tout ce qu'ils font pour vos enfants, demandez-leur de se conformer aux messages que vous voulez envoyer à ces derniers (par exemple, ne pas leur donner trop de bonbons ni de cadeaux et leur enseigner à se montrer respectueux et coopératifs).

Le monde extérieur : « Dehors, c'est la jungle ! »

Hors de chez vous non plus, ce n'est pas le désert. Il existe un vaste monde, où vous n'êtes plus le seul pôle d'influence. À peine franchie la porte d'entrée, vos enfants reçoivent toutes sortes de messages en provenance de leur environnement immédiat – leurs camarades, les autres enfants, les autres parents, les personnes qui s'occupent d'eux, leurs camarades d'école, leurs professeurs… Tout ce petit monde peut bloquer vos messages, parce que vous n'avez pas le pouvoir de contrôler absolument qui vos enfants fréquentent en dehors de chez vous.

Vous ne pouvez pas protéger vos enfants de leur environnement immédiat, mais vous pouvez faire de votre mieux pour les exposer le moins possible aux messages que vous jugez indésirables. Le meilleur moyen est de leur créer un entourage mûrement réfléchi, qui leur communique ce que vous voulez leur inculquer. Vous pouvez y arriver en choisissant avec soin les personnes qui s'occupent d'eux (nounou, baby-sitter…), puis leurs écoles (maternelle et élémentaire), leurs activités extrascolaires et leurs camarades de jeu. Vous aurez ainsi l'assurance que la majorité (la totalité, ce n'est pas réaliste) des personnes influentes proches de vos enfants relaieront vos messages.

De l'entourage que vous aurez créé émergera le cercle d'amis que vos enfants se trouveront. Ils viendront en majorité de la crèche, de l'école et du quartier. En vous montrant délibérément sélectifs sur l'environnement de vos enfants, vous augmentez les chances de les voir fréquenter des gens (leurs camarades et leurs familles) qui véhiculent aussi des valeurs positives. Vous pouvez ensuite vérifier la qualité des messages qui circulent dans le réseau de vos enfants en faisant la connaissance de leurs camarades et des parents de ces derniers. Vous verrez ainsi s'ils relaient vos efforts ou s'ils les battent en brèche.

Je ne dis pas qu'il vous faut rejeter tel ami de vos enfants juste parce qu'il (ou ses parents) aura dit ou fait quelque chose qui vous déplaît. En même temps, mieux vaut être clair et indiquer aux autres parents ce que vous souhaitez inculquer ou non à vos enfants et leur demander de respecter vos désirs. Par exemple, quand nos filles vont jouer chez des camarades, nous prévenons les parents ou la baby-sitter qu'elles ne mangent pas de bonbons et nous leur demandons de ne pas leur en donner. Jamais personne n'a mal réagi à notre requête et nous n'avons jamais entendu dire qu'elle avait été ignorée.

La culture dominante : « Non, tu n'auras pas une autre Dora l'Exploratrice... »

La société actuelle peut constituer un autre obstacle de taille entre vous et vos enfants. Entre les médias traditionnels (magazines, télévision, DVD...) et l'explosion de la communication (portables et Internet), vos enfants sont soumis à un pilonnage intense, continuel et généralisé, une bonne partie de ces messages étant plutôt toxiques (sur la malbouffe ou encore ceux qui ne vantent que beauté, richesse et célébrité).

La culture populaire offre aussi un éventail de divertissements qui véhiculent de saines valeurs aux jeunes enfants. Par exemple, la série Dora l'Exploratrice exalte la gentillesse, la diversité, l'exploration, la famille, l'amitié, la compassion et l'activité physique. En même temps, à peu près toutes les émissions de télévision et les DVD pour les enfants sont liés à de puissants marchés de produits dérivés qui encouragent la consommation. Et, tandis que Dora et ses amis explorent le vaste monde, les enfants qui la regardent (elle ou une autre émission) sont avachis devant un écran. De fait, une étude a montré que deux tiers des enfants de moins de 2 ans passent plus de 2 heures par jour devant des écrans (télévision, DVD, jeux vidéo...), alors qu'on recommande habituellement qu'avant l'âge de 2 ans, les enfants ne devraient être placés devant *aucun* écran. Et le nombre de ces heures d'écran augmente de façon spectaculaire à mesure que les enfants avancent dans leur scolarité, de la crèche à l'école primaire, en passant par la maternelle.

Contrairement à ce qui est communément admis, une exposition précoce à la technologie (par exemple, à l'ordinateur de la maison) entrave la réussite scolaire. Ainsi, une étude menée sur des écoliers du primaire a montré que leurs résultats chutaient lorsque l'on installait un ordinateur chez eux et que ceux ayant un accès facile à l'ordinateur avaient de moins bons résultats que leurs camarades qui ne l'utilisaient pas régulièrement. L'étude concluait que le manque d'accompagnement et de contrôle parental, et le temps passé devant des jeux ou des programmes récréatifs étaient les principales raisons des disparités de résultats.

Au-delà des produits culturels spécifiquement destinés aux jeunes enfants, le paysage s'assombrit singulièrement. En analysant les messages destinés aux adolescents et aux jeunes adultes, on découvre des valeurs peu reluisantes : superficialité, matérialisme, irrespect, irresponsabilité, avidité, égoïsme et voyeurisme. Vous pensez peut-être : « Mais mes enfants sont si petits. Ils n'ont pas de contact avec cette sorte de culture... » En fait, vos bambins peuvent être exposés à des produits culturels pour adultes bien plus souvent que vous ne l'imaginez, à la fois chez vous et à l'extérieur. Par exemple, à la maison, ils sont probablement témoins de ce qui vous intéresse vous, comme les émissions de télévision ou les films que vous regardez, la musique que vous écoutez, les magazines que vous lisez. La même chose vaut pour leurs aînés.

À l'extérieur, vos enfants sont bombardés de messages publicitaires sur les panneaux, les enseignes, les étalages. Par exemple, au supermarché, les produits destinés aux enfants (comprendre « malbouffe ») sont délibérément placés à leur hauteur. De fait, des recherches récentes montrent que les enfants savent reconnaître les marques (et les choisir) dès l'âge de 3 ans. Les parents sont souvent très conscients des dangers de cette culture bas de gamme, mais ils luttent rarement contre elle. Dans l'étude déjà mentionnée sur les 1 600 parents, une écrasante majorité pense que ces formes de communication véhiculent des messages vraiment toxiques. Ainsi, près de 75 % se déclarent préoccupés par l'influence négative qu'exercent sur les enfants leurs réseaux d'amis et les médias. Et nombre de ces parents s'inquiètent davantage des répercussions néfastes de la culture populaire sur leurs enfants et des efforts à faire pour leur inculquer des valeurs positives que d'éventuels soucis pratiques comme les factures à payer. Comme l'exprime une mère de famille : « C'est absolument épuisant. Ce qui est dur, c'est (...) de tenir le monde extérieur à distance le temps nécessaire pour former nos gosses, les préparer à décider par eux-mêmes et à vivre dans le monde réel ».

Ces messages précoces peuvent avoir un effet profondément négatif sur le comportement des enfants. Plusieurs études montrent que les enfants exposés très tôt à des contenus pour adultes ont une tendance plus marquée à la recherche de sensations fortes et de pratiques à risque. Selon d'autres recherches, les enfants que les parents protègent des médias adultes sont plutôt moins enclins à boire, fumer, avoir une activité sexuelle précoce ou se montrer violents que les enfants qui ont un libre accès à ces médias, sans limite fixée par les parents.

Vous me rétorquerez peut-être que vous ne pouvez pas garder vos enfants sous cloche pour la vie, et qu'il faut bien qu'ils aient un minimum de contact avec cette culture populaire. Certes, à petites doses, cela ne leur fera pas de mal. Et oui, il arrive un moment où les enfants doivent apprendre à se défendre par eux-mêmes contre elle. Mais les très jeunes sont à une phase cruciale de leur développement, où ils sont si impressionnables que les exposer si tôt peut être vraiment préjudiciable. Ne préférez-vous pas lancer vos enfants dans ce monde-là seulement après les y avoir préparés ?

Parce qu'elle est omniprésente et qu'il est impossible d'y échapper, la culture populaire est l'empêcheur de communiquer le plus puissant que vous ayez à affronter. De fait, vous n'arriverez jamais à protéger totalement vos enfants des messages toxiques qu'elle véhicule. Votre seul espoir est qu'ils y soient exposés suffisamment tard pour vous donner le temps de les y préparer. Dans l'intervalle, vous pouvez travailler à les immuniser à force de messages positifs de façon qu'au fil des années, ils auront assimilé assez de saines valeurs par défaut pour les protéger des manifestations de la culture de masse lorsqu'ils s'y trouveront confrontés.

Vous pouvez limiter les contacts en repérant d'abord à quels exemples de cette culture populaire vos enfants se trouvent exposés dans leur vie quotidienne. Ensuite, analysez les messages qu'ils peuvent en retirer et voyez si vous les trouvez acceptables ou non. C'est une décision qui n'appartient qu'à vous, en fonction de vos propres valeurs et centres d'intérêt. Je vous recommande de vous documenter sur l'impact de la culture de masse sur les enfants et de décider ensuite, en connaissance de cause, de ce que vous estimerez approprié pour eux ou non.

2

Pour que votre enfant « s'aime »

Comment renforcer l'estime de soi de votre enfant pour qu'il devienne un adulte confiant dans ses capacités

Message 1

« Je t'aime »

L'amour est la source
d'épanouissement
de votre enfant

« Je t'aime »

L'amour est la source, le fondement de tout le devenir de votre enfant. C'est le socle sur lequel il va construire ses convictions de base sur lui-même et le monde, celles qui guideront ses pensées, ses émotions et son comportement dans l'enfance et jusqu'à l'âge adulte. Et l'amour est la force la plus puissante dont vous disposez pour façonner le développement de votre enfant.

Sur l'échelle de l'amour parental

À une extrémité, il y a les enfants qui reçoivent l'amour dont ils ont besoin. Ceux-là grandissent en accord avec eux-mêmes, avec un sentiment de sécurité qui constitue le fondement de leur estime de soi et de leur capacité à explorer leur univers, prendre des risques, s'efforcer d'atteindre des objectifs et nouer des relations. Les enfants qui sentent qu'on les aime apprennent que leur monde est un endroit aimable et sûr, sur lequel ils peuvent compter pour les protéger et répondre à leurs besoins. Cela se traduit ensuite de façon très concrète : amour de soi (au bon sens du terme) et des autres, bonheur, relations saines, réussite scolaire et professionnelle. Une des conclusions les plus solides des recherches sur la relation parent/enfant est que les enfants les mieux dans leur peau disent qu'ils se sentent très aimés par leurs parents.

À l'autre bout, il y a les enfants qui grandissent sans se sentir aimés, quand ils ne sont pas négligés ou maltraités. Ils apprennent à concevoir le monde comme un endroit menaçant, inhospitalier, qu'il faut redouter. Les enfants mal-aimés souffrent d'une myriade de problèmes, comme une faible estime de soi, des désordres liés au stress, des relations malsaines, une prise plus fréquente de stupéfiants et des accidents de parcours scolaire et professionnel.

Et au milieu, il y a les enfants dont les parents expriment leur amour d'une façon assez peu positive. Ces enfants, que je rencontre très souvent dans ma pratique et mon environnement, se forgent une conception contradictoire du monde. Comme ils sont aimés de leurs parents, ils en retirent quelques bénéfices. En même temps, comme cet amour est souvent imprévisible, incohérent et assorti de conditions, ces enfants se disent que le monde fonctionne de la même façon. Résultat : ils sont incapables de se sentir véritablement en sécurité ni à l'aise, ou d'avoir une vraie foi en eux-mêmes et dans leur univers.

Ces parents sont certainement bien intentionnés. Ils comblent leurs enfants d'amour, les complimentent constamment et exagérément (« Tu es le plus merveilleux enfant du monde »), les récompensent de façon disproportionnée et tentent d'accélérer leur développement, tout cela au nom de l'intérêt de leurs enfants et de l'amour qu'ils leur portent. Malheureusement, leurs efforts se révèlent souvent contre-productifs et finissent par faire plus de mal que de bien. Ces enfants-là rencontrent maintes difficultés : ils se sentent nuls, sous l'emprise d'une force intérieure qui les pousse à réussir, avec des bouffées de tristesse, de colère, de culpabilité ou de honte. Cela se traduit de façon apparemment positive (par exemple, ils accumulent les prouesses universitaires ou sportives), mais au fond d'eux-mêmes, ils vivent dans l'angoisse et le trouble. La triste réalité est que, si on n'aime jamais trop ses enfants, il arrive qu'on les aime mal.

L'amour « moderne »

Depuis quelques années, l'amour parental est au banc des accusés. Les parents qui ne quittent jamais leurs enfants des yeux, les papas entraîneurs sportifs, les mamans imprésarios qui sont prêtes à tout pour faire réussir leurs enfants sur scène sont autant d'exemples d'un amour inadéquat et potentiellement malsain. Au cœur de cet amour « moderne », plus communément appelé « conditionnel », on trouve un surinvestissement parental dans la vie des enfants. Les parents placent leur estime de soi dans leur progéniture ; l'imbrication est telle que leur image d'eux-mêmes devient étroitement dépendante des résultats de leurs enfants. Si ces derniers satisfont leurs attentes, les parents les comblent d'amour, d'attention, de louanges et de cadeaux, sans forcément se rendre compte de ce lien de cause à effet. Mais s'ils ne réussissent pas, soit les parents se montrent moins aimants, deviennent froids et distants, soit ils expriment ouvertement déception, frustration et colère. Dans l'un ou l'autre cas, le message capté par les enfants est que l'amour de leurs parents dépend de leurs réussites. Cette imbrication si étroite fait peser sur les enfants un fardeau écrasant, particulièrement dans notre société des hyper-objectifs et de l'hyper-réussite.

Les messages d'amour conditionnel restent souvent discrets lorsque les enfants sont petits. Ils se manifestent par la déception des parents de voir leurs bambins un peu moins avancés que d'autres du même âge (même si un développement précoce n'augure pas forcément de plus grands accomplissements par la suite). À mesure que les enfants grandissent et s'immergent dans l'univers scolaire, artistique et sportif, le danger est de voir le surinvestissement parental se combiner à la vulnérabilité des enfants aux messages qui prônent la plus grande réussite. Le pur amour inconditionnel des parents pour leurs tout-petits risque alors de tourner au bouillon toxique de l'affection sous condition lorsque les enfants atteignent l'âge scolaire et intègrent ensuite l'univers centré sur la performance qui est le nôtre.

Les recherches ont montré et démontré à maintes reprises les conséquences néfastes de ces formes d'amour conditionnel. Ainsi, les enfants persuadés que leur valeur dépend de leurs performances sont excessivement critiques vis-à-vis d'eux-mêmes, manifestent de fortes émotions négatives, jugent sévèrement leurs résultats et se montrent moins enclins à persévérer après un échec. En outre, les enfants exposés à cet amour parental sous condition disent ne tirer qu'un plaisir éphémère d'une réussite, alors que leurs défauts leur inspirent des sentiments considérables de honte et de culpabilité. Pour couronner le tout, ces enfants aiment moins leurs parents et leur en veulent d'avoir été traités de cette façon. Et les effets toxiques se transmettent d'une génération à l'autre : les mères qui se plaignent d'avoir été aimées sous condition par leurs parents se sentent toujours nulles une fois à l'âge adulte et, malgré les souvenirs douloureux qu'elles en ont gardé, se montrent plus susceptibles que les autres de traiter leurs propres enfants de la même façon !

La « part d'ombre » des messages d'amour

Avec des tout-petits, la difficulté pour vous n'est pas tant de les récompenser délibérément en vous montrant plus aimant et attentif lorsqu'ils s'assoient ou marchent pour la première fois par exemple, ou de les punir d'un échec en les rejetant ou en vous mettant en colère. La difficulté, c'est de prendre conscience des messages d'amour inconscients, et souvent toxiques, que vous pouvez être enclin à leur faire passer. Votre objectif est de leur communiquer votre amour sur un mode positif, sans leur transmettre ce que vous inspire votre « part d'ombre », ce côté de vous-même entraîné par le poids du passé.

Il est bien naturel de se réjouir de voir son enfant franchir une étape importante de son développement, surtout s'il y parvient avant les autres… Et vous ressentirez probablement une pointe de déception ou de frustration à constater que votre enfant n'en est pas encore arrivé au même stade que ses petits camarades.

Là encore, c'est la réaction banale des parents qui veulent que leur enfant soit le meilleur ! En outre, très peu d'entre nous réussissent à se garder de l'idée que les autres nous jugeront sur nos enfants, ou à résister à la culture parentale dominante selon laquelle plus les choses se font tôt et vite, mieux c'est. Mais si vous avez des réactions extrêmes dans un sens ou dans l'autre, il est probable que vos enfants percevront ces messages venus de votre part d'ombre. Le but, c'est d'arriver à exprimer votre amour de façon adaptée à la situation et à l'intérêt de vos enfants, sans manifestation excessive ou déconnectée de ce qu'ils ont fait.

J'ai rencontré ma propre part d'ombre le jour où j'ai essayé d'apprendre à ma fille Catie, alors âgée de 4 ans, à faire de la bicyclette sans les petites roues. Je la tenais par la selle pour l'aider, mais elle pédalait droit devant, sans regarder où elle allait. Je lui ai rappelé plusieurs fois gentiment de faire attention, et puis à force, ce que je percevais comme un manque d'effort de sa part a fini par m'irriter, je me suis mis en colère et lui ai parlé sur un ton furieux. En quelques minutes, Catie était en pleurs et j'expérimentais le pire moment de ma vie de père de famille. J'avais fait exactement le contraire de ce que je conseillais aux autres ; j'avais laissé mon mauvais côté, à savoir mon perfectionnisme, prendre le dessus et dicter mon discours à Catie. Bien sûr, je me sentais absolument horrible d'avoir fait de la peine à ma fille. Et je craignais d'avoir marqué son apprentissage de la bicyclette au point de l'en avoir dégoûtée à jamais. De fait, Catie est restée plusieurs semaines sans monter sur son vélo, jusqu'au jour où elle m'a demandé si je voulais bien aller faire un tour avec elle. En allant au garage, elle s'est arrêtée, m'a regardé dans les yeux et, avec un sérieux dont seuls les enfants sont capables, m'a demandé si j'allais être gentil avec elle cette fois-ci. La gorge nouée et les larmes aux yeux, je l'ai prise dans mes bras, lui ai promis d'être très gentil… et j'ai tenu ma promesse.

Cette période de la vie de vos enfants est très importante, parce que vos choix par défaut pour leur exprimer votre amour vont probablement déterminer le type de messages que vous leur transmettrez si, un jour, ils montent dans le train fou de la réussite à tout prix – qui jouera peut-être un rôle crucial dans leur vie. Vos enfants capteront ces premiers messages, qui les aideront à se constituer un solide socle d'amour pour l'avenir. De votre côté, vous ferez vôtres ces messages précoces : ils deviendront vos choix par défaut et vous éviterez plus facilement de laisser s'exprimer votre part d'ombre, pour donner à vos enfants cet amour solide et sain dont ils auront besoin lorsqu'ils s'aventureront dans le vaste monde…

Amour et technologie

Entre les téléphones portables, les boîtes vocales, les e-mails et les textos, les nouvelles technologies de communication permettent aux parents d'envoyer toutes sortes de messages (au sens propre et au sens figuré) à leurs conjoints, à la famille, aux amis. En théorie, ces avancées technologiques rendent les parents plus efficaces, les autorisent donc à passer davantage d'un temps précieux avec leurs enfants. Mais la réalité n'a rien à voir avec la théorie. En fait, pouvoir rester connecté 24 heures sur 24 et 7 jours sur 7 a fait émerger une nouvelle espèce de parents, qui semblent accorder plus d'attention à leurs portables qu'à leurs enfants (d'accord, j'exagère un peu).

La prochaine fois que vous irez sur une aire de jeux, vous promener ou faire vos courses, regardez le nombre de parents qui téléphonent, consultent leurs e-mails ou répondent à un texto… en ignorant totalement leur progéniture ! Quel message adressent-ils à celle-ci ? Ce que l'enfant comprend (même si ce n'est pas vrai), c'est le message suivant : « Mon téléphone et toutes ses fonctionnalités sont plus importants que toi ». Ce qui, dans le ressenti de l'enfant, se traduit par le méta-message suivant : « Je ne t'aime pas vraiment, parce qu'autrement, je ne ferai pas passer mon portable avant toi ».

L'amour par les yeux de vos enfants

Aimer vos enfants ne se résume pas en une formule aussi tranchée que « l'amour sous condition c'est mal, l'amour inconditionnel c'est bien ». Lorsque, devant des parents, j'avance que l'inverse peut être vrai (« l'amour inconditionnel c'est mal, l'amour sous condition c'est bien »), je provoque de très fortes réactions. Les parents présents n'imaginent même pas comment ils pourraient un jour faire passer le message qu'ils n'aiment pas leurs enfants de tout leur cœur et sans réserve. Leur erreur, cependant, est de considérer leur amour avec leurs yeux d'adultes, et non avec les yeux (et le cœur) de leurs enfants. Ils confondent leurs sentiments avec ce qu'ils sont susceptibles de communiquer effectivement, et ce qu'en retiennent leurs enfants à propos d'amour.

Du point de vue de vos enfants, vous utilisez constamment l'amour pour récompenser ou punir tel ou tel comportement. Lorsque vos enfants se comportent mal, par exemple s'ils pleurnichent, se montrent égoïstes, méchants ou peu coopératifs, je suppose que vous ne leur prodiguez pas des flots d'amour et d'affection. En fait, je parie que vous êtes drôlement contrarié, voire en colère après eux. Vous pouvez même aller jusqu'à leur crier dessus (attention, ce n'est pas conseillé !). Est-ce que vous leur enlevez votre amour dans ces situations ? Bien sûr que non : vous les aimez toujours, et vous considérez votre réaction comme une simple expression de désapprobation.

Mais souvenez-vous qu'il est ici question non pas de ce que vous croyez ou pensez faire, mais de ce que vos bambins perçoivent et ressentent. Tant qu'il n'a pas atteint l'âge du collège, votre enfant n'a pas un raisonnement assez sophistiqué pour faire la différence entre « Je désapprouve ta conduite » et « À cause de ce que tu as fait, je te retire mon amour ». Ce qu'il perçoit, lui, c'est qu'il est temporairement privé de votre amour. Ce qu'il ressent, c'est « J'ai fait quelque chose de mal et, en ce moment, mes parents ne m'aiment pas ». Pourquoi croyez-vous que les experts en parentalité vous répètent qu'après ce genre d'épisode, vous devez dire à vos enfants combien vous les aimez ? Voilà où je veux en venir : que vous l'admettiez ou non, du point de vue de vos enfants, vous êtes constamment en train de leur donner et de leur retirer votre amour. Donc en lisant ce chapitre, pour retenir mon propos sur l'amour conditionnel ou inconditionnel, surtout placez-vous du point de vue de vos enfants, pas du vôtre.

L'amour inconditionnel

L'idée sous-jacente à la notion d'amour inconditionnel paraît tout à fait simple et raisonnable. Il vous faut aimer vos enfants pour ce qu'ils sont, indépendamment de ce qu'ils font. Vos bambins ne devraient jamais craindre que vous les aimiez moins à cause de telle ou telle action de leur part. Quoi qu'ils fassent, ils doivent pouvoir compter sur votre amour.

Mais si vous y réfléchissez davantage, vous voyez pourquoi cette notion d'amour inconditionnel n'est pas aussi fantastique qu'il y paraît. Sans une dose d'amour sous condition, vous perdez votre capacité d'influence sur vos enfants. L'amour inconditionnel vous prive de la possibilité d'approuver leur bonne conduite (ou de réprimander leurs bêtises). Cela revient à donner carte blanche à vos enfants, parce que vous croyez à tort que cette liberté les aidera à construire leur estime de soi et favorisera leur maturité et leur indépendance. Mais en réalité, cette liberté en fait des êtres immatures, irresponsables, mal dans leur peau et mal préparés à vivre dans le monde des adultes.

L'amour conditionnel

À un certain point, de nombreux parents ont réalisé que l'amour inconditionnel ne marchait pas. Leurs enfants étaient paresseux, indifférents, irrespectueux et incontrôlables. Ces enfants élevés à l'amour inconditionnel n'étaient pas des gens bien, ils n'étaient ni heureux ni épanouis. Il était clair qu'il fallait que ça change. Nombre de parents ont alors décidé de revenir à l'amour sous condition.

Malheureusement, c'est une mauvaise version que ces parents-là ont rétablie : ce que j'appelle « l'amour au résultat ». Est-ce à cause des incertitudes économiques de l'époque ou du diktat de la performance et de la concurrence dans la société actuelle ? Ces parents ont décidé de mesurer leur amour aux succès de leurs enfants dans telle ou telle activité, en pensant que cette attitude les pousserait à travailler dur pour réussir. Ils ont donc commencé à faire dépendre leur amour des réussites de leurs enfants, à l'école, en sport ou en art. Si Lucas a une bonne note ou gagne un match de tennis, ou devient premier violon dans l'orchestre de l'école, ses parents le comblent d'amour, d'attention et de cadeaux. Mais s'il n'a pas la moyenne, perd le match ou n'intègre pas l'orchestre, ils lui retirent leur amour et lui manifestent leur déception, leur gêne, leur douleur ou leur colère. En conséquence, l'estime de soi des enfants commence à dépendre exagérément de leurs résultats, et les efforts à faire deviennent effrayants, puisque l'amour de leurs parents est intimement lié à un succès ou à un échec.

En même temps, ces parents ont continué à prodiguer un amour inconditionnel à leurs enfants, quels que soient leur comportement et leur personnalité. Ils leur ont laissé la bride sur le cou sans leur demander grand-chose ni les considérer responsables de leurs actes. Ils n'ont distribué aucune sanction, ne leur ont transmis aucune valeur (ni bonne ni mauvaise) et ont continué à leur manifester leur amour, tant qu'ils réussissaient à l'école, en sport ou en art. L'erreur de ces parents est d'avoir fait les choses à l'envers.

Le bon dosage

Mais oui, l'amour conditionnel peut avoir du bon ! Comme la plupart des choses de la vie, l'un comme l'autre ne sont ni bons ni mauvais : c'est ce que vous en faites qui les fait pencher d'un côté ou de l'autre. Votre amour peut constituer un formidable outil au service de la croissance harmonieuse de votre enfant ou une arme redoutable susceptible de nuire à son développement. L'amour étant la récompense suprême, récompenser un enfant quoi qu'il fasse le prive d'un enseignement capital, à savoir que ses actes ont des conséquences. Y a-t-il une incitation plus puissante à bien faire que le risque de perdre votre amour ?

L'amour inconditionnel pour la réussite

C'est pour leurs réalisations que vous aimerez vos enfants d'un amour inconditionnel : ils seront ainsi délivrés de la crainte que vous leur retiriez votre amour s'ils manquent à satisfaire vos attentes. Qu'ils perdent ou qu'ils gagnent, qu'ils réussissent ou qu'ils échouent, vous continuerez à les soutenir et à les stimuler (étant entendu qu'ils ont fait de leur mieux – j'y reviendrai). Cet amour inconditionnel libère vos enfants du spectre de la perte de votre amour ; il les encourage à se dépasser, à prendre des risques et à donner le meilleur d'eux-mêmes.

L'amour conditionnel pour les valeurs

L'amour devrait s'assortir de conditions. Dans la vie, les choses importantes se méritent, qu'il s'agisse de la confiance ou du respect, ou d'éléments plus substantiels comme une bonne éducation ou une carrière. Pourquoi en serait-il autrement de l'amour ? Le secret étant de trouver les bonnes conditions…

Au lieu de l'amour « au résultat », misez sur l'amour « à la valeur » : il s'agit de conditionner votre amour au fait que vos enfants intègrent des valeurs essentielles et agissent de façon socialement adaptée. Ce type d'amour permet le développement d'un comportement moral et favorise une croissance harmonieuse. Vous pouvez inculquer le respect, le sens des responsabilités, l'empathie, la compassion et la générosité en manifestant votre approbation (c'est-à-dire votre amour, du point de vue de l'enfant), chaque fois qu'il les met en œuvre, et votre désapprobation, dans le cas contraire (ce que votre enfant percevra comme une privation d'amour).

Vous encouragerez aussi votre enfant à faire des efforts par le biais d'un amour conditionnel qui ne soit pas « au résultat ». Vous y arriverez en conditionnant votre amour à des valeurs et aptitudes qui serviront ses aspirations universitaires, sportives ou artistiques, par exemple le goût du travail et de la discipline, le sens de la décision et de la gestion du temps, la patience et la persévérance.

Il existe des différences importantes entre ces deux formes d'amour. La première, c'est que l'amour « à la valeur » joue en faveur du développement global et du bien-être de l'enfant. Grâce à lui, vos enfants deviendront des adultes équilibrés et capables. Alors que l'amour « au résultat » risque d'avoir l'effet inverse. Certes, un enfant élevé dans ce type d'amour connaîtra probablement un certain niveau de réussite (il y a intérêt, ou ses parents ne l'aimeront plus !). Mais parce que ses parents se seront crispés sur sa réussite plutôt que sur sa personne, cet enfant risque de passer à côté des grandes valeurs et des aptitudes qui font les gens bien, tout simplement.

Deuxième différence : l'enfant n'a aucun moyen d'action sur l'amour « au résultat ». Il ne maîtrise pas toujours ce que ses parents rêvent de le voir accomplir : peut-être n'est-il simplement pas capable de sauter si haut lors d'une compétition sportive ou un autre enfant est meilleur que lui dans cette épreuve, et ce n'est de la faute de personne. À l'inverse, l'enfant a un pouvoir sur les valeurs et aptitudes favorisées par l'amour « à la valeur » : celui d'agir dans le bon sens et d'en retirer des bénéfices, ou ne pas le faire et à en subir les conséquences.

Troisième différence : avec l'amour « au résultat », les enfants sentent que leurs parents agissent au nom de leurs propres intérêts au lieu de privilégier ceux de leur progéniture. Ce ressenti a plusieurs conséquences néfastes. Il provoque des conflits entre parents et enfants ; ces derniers en conçoivent de la colère et du ressentiment, et résistent à leurs parents. Ceux-ci, à leur tour, probablement inconscients de l'usage malsain qu'ils font de leur amour conditionnel, en veulent à leurs enfants ; ils les trouvent ingrats alors qu'ils font tant d'efforts pour les aider à réussir ! Et en définitive, les enfants en arrivent parfois à saboter leurs propres résultats pour se venger de leurs parents. La relation parent/enfant s'en trouve alors gravement détériorée, parfois irrémédiablement.

Enfin, les enfants élevés à l'amour « au résultat » intériorisent ce mode de relation et en font un critère de leur estime de soi. En d'autres termes, ils se trouvent aimables si et seulement s'ils répondent aux attentes qu'ils ont intégrées et se détestent lorsqu'ils n'y parviennent pas. Alors que les enfants élevés à l'amour « à la valeur », l'ayant intégré pour eux-mêmes, peuvent s'apprécier indépendamment de leurs réussites ; ils se forgent un amour de soi sain et solide sur la base des valeurs qu'ils portent en eux.

Des messages d'amour

Les messages d'amour que vous envoyez très tôt à vos tout-petits sont essentiels. Parce que l'amour, ce sentiment complexe et puissant, source d'émerveillement et de souffrance, célébré par tant de livres, poèmes, films, chansons et pièces de théâtre, jouera un rôle central dans leur vie. Ce que vous leur transmettrez en exprimant votre affection modèlera leur propre relation à l'amour : leur estime de soi, leurs sentiments pour les autres, leur aptitude à en donner et à en recevoir, et leur volonté de le manifester à vous et à d'autres. Littéralement, vos premières expressions d'amour sont des données de base pour votre enfant, celles qui vont former l'opinion qu'il a de lui-même : « Suis-je aimé ? Est-ce que j'en vaux la peine ? Suis-je en sécurité ? » Votre amour façonne ainsi sa conception du monde : « L'univers est-il sûr ? Est-il hospitalier ? Est-il bienveillant ? » Vos premiers messages d'amour constituent aussi le fondement à partir duquel vous lui inculquerez les valeurs, attitudes et croyances essentielles pour l'aider à devenir un adulte généreux, responsable et attentionné.

C'est dès ses premiers jours qu'un enfant capte vos premiers messages. Le contact physique, le regard, la chaleur d'un corps, votre voix, le lait maternel, la satisfaction de ses besoins élémentaires sont autant d'expressions d'amour. Ce sentiment initial, si simple et pur, pose les bases de l'affection que vous porterez à votre enfant à mesure qu'il grandira et que l'amour (et la vie !) gagnera en complexité. Au final, c'est votre capacité à maintenir la simplicité et la pureté de votre affection pour lui, au fil d'une vie de plus en plus exigeante, qui déterminera la qualité de sa propre relation à l'amour.

Il faut que vos enfants sentent l'amour que vous leur portez ; que cet amour les protège chaque jour de leur vie. Faites que votre vie de famille déborde d'amour, que vos enfants le sentent dans tout ce que vous faites pour et avec eux. Vous leur constituez ainsi un socle solide, fait de bien-être et de sécurité, qui les rend libres d'éprouver de l'amour au plus profond d'eux-mêmes, de répondre au vôtre et d'exprimer leur amour pour les autres.

Donc, aimez vos enfants pleinement et sans retenue, mais ne leur manifestez pas votre affection de façon inappropriée, à tort et à travers. Il n'est jamais trop tôt pour commencer à leur montrer que vous les aimez, pourvu que ce soit de la façon la plus saine possible. Dès leur âge le plus tendre, vous leur donnerez ainsi un modèle de ce que devrait être l'amour. Tout aussi important, de votre côté, vous apprenez à leur communiquer une saine affection. Si bien que, lorsqu'ils grandiront et que la vie se fera plus compliquée et exigeante, vous continuerez à leur envoyer des messages d'amour qui leur seront aussi forts que lorsqu'ils étaient bébés.

Les petites phrases d'amour

Presque dès leurs premiers jours, tous les soirs, avant de mettre chacune de mes filles au lit, je leur murmurais à l'oreille : « Je t'aime grand comment ? » Évidemment, tant qu'elles étaient bébés, je n'attendais pas de réponse et la question était purement rhétorique ; j'espérais seulement qu'elles sentent la force de mon affection. Et puis, un soir, Catie m'a répondu, du haut de ses 2 ans et demi. Elle m'a dit : « Beaucoup, beaucoup ! » Le message était passé ! Et depuis, « Beaucoup, beaucoup » est devenu notre petite phrase d'amour.

Les petites phrases

- « Beaucoup, beaucoup ! »
- « Plus grand que la Terre »
- « Grand comme le soleil »
- « Une explosion d'amour »
- « Mamour, Miss Mamour, Mamourette »
- « Je t'aime »

Chez Sandrine, la formule est : « Plus grand que la Terre ». Cette mère de famille voulait donner à son amour une dimension concrète que ses enfants pourraient saisir, à la fois au sens propre et au sens métaphorique. Chez eux, dans le salon, il y a un globe terrestre énorme aux yeux d'un bambin. Quand ses enfants étaient tout petits, Sandrine le leur montrait en disant : « Je vous aime plus grand que la Terre ». Alors ils étendaient les bras autour de l'objet, pour sentir concrètement la taille de l'amour de leur mère. Puis les enfants ont grandi ; ils ont réalisé l'immensité de l'Univers et appris des choses sur l'espace et le Système solaire. La formule est devenue un jeu. Sandrine disait « Plus grand que la Terre », et c'est à celui qui gagnerait le concours du « plus grand que… » : par exemple, « Plus grand que Saturne », « Plus grand que le ciel », « Plus grand que les étoiles »… En concrétisant ainsi son affection, Sandrine la rendait tangible dans son immensité.

Nicolas est père de deux garçons. C'est aussi un grand joueur de basket – un sport qui a son vocabulaire propre (comme smash) et une façon très physique de manifester ses émotions (par exemple, se frapper la poitrine après un joli coup). Après un panier réussi, les joueurs de son club crient *Big shot* (« Super coup ! ») et se tapent la poitrine. Un jour qu'il s'entraînait devant chez lui sous les yeux de ses garçons, Nicolas réussit un beau smash et cria : *Big love !*, le poing sur le cœur, pouce dehors et index levé dessinant le « L » de la langue des signes. Les garçons riaient de joie et *Big love !* est devenu leur formule d'amour. Ils ont à présent 7 et 9 ans, et sont des joueurs passionnés de basket ; chaque fois qu'ils marquent un panier à la maison, ils crient *Big love !* et se frappent le cœur en signant la lettre « L ».

Ces petites formules ne s'expriment pas forcément en mots, mais parfois seulement par des sons. Sébastien, un autre père de famille, m'a raconté ceci : la première fois qu'il a vu sa fille, tout de suite après sa naissance, il a pensé exploser d'émotion (et il a fait le bruit qui allait avec). Quand elle est arrivée à la maison après la maternité, il tenait sa formule : « Une explosion d'amour ». Tant qu'elle était bébé, il la prenait dans ses bras et faisait un petit bruit d'explosion avec la bouche. Plus tard, il se plaçait devant elle, se posait la main sur le cœur et, avec un large sourire, ouvrait grand les bras et imitait un fort bruit d'explosion. En entendant son histoire, je me suis demandé si cette « explosion » ne risquait pas de faire craindre à la petite fille que son père avait une crise cardiaque ; mais apparemment, ça lui faisait plutôt plaisir, alors... qui suis-je pour en juger ? Maintenant elle a 4 ans et c'est elle qui mime ses petites explosions d'amour pour son papa.

Les mots tendres sont aussi très utiles pour faire passer vos messages d'amour. Olivier, papa de deux petites filles, donne des noms proches mais différents à chacune des femmes de sa vie : il appelle son épouse « Mamour », sa fille aînée, « Miss Mamour », et la petite dernière, « Mamourette ». Ces mots doux traduisent l'amour qu'il leur porte à toutes les trois, en offrant une expression unique pour chacune.

Enfin, n'oubliez pas la formule la plus efficace, qui a victorieusement résisté à l'usure du temps : « Je t'aime ». Peut-être un brin démodée et sentimentale ? Mais on n'a pas encore trouvé mieux pour exprimer ses sentiments d'une façon directe, forte et sans ambiguïté. Dire « Je t'aime », c'est tout doux et chaud. Murmurez-le souvent à votre époux ou épouse et très tôt à vos enfants, de préférence en les prenant dans vos bras et en les embrassant (vous multipliez ainsi les modes de communication) : la formule deviendra partie intégrante de votre vocabulaire familial.

Les routines et rituels d'amour

Le jeu du « Je t'aime grand comment ? – Beaucoup, beaucoup » est devenu chez nous un rituel qui dure. À l'heure d'aller dormir, Catie et Gracie inversent les rôles : c'est elles qui posent la question et moi qui réponds. Cet échange appartient désormais à notre routine du soir. Mais parfois, dans la journée, l'une ou l'autre des filles me demande à brûle-pourpoint : « Papa, je t'aime grand comment ? » Je réponds : « Beaucoup, beaucoup », ce qui les fait éclater de rire. En s'appropriant la formule et le rituel, les filles contribuent activement à renforcer l'amour au sein de la famille. Elles apprennent à exprimer leur amour pour moi, pour Sarah et l'une pour l'autre.

Dès que nos filles ont commencé à comprendre ce que nous disions, tout en étant encore loin de savoir parler, nous leur avons enseigné des notions rudimentaires de langue des signes pour les aider à manifester, par exemple, qu'elles avaient sommeil, faim ou soif. Nous leur avons aussi appris à signer « Je t'aime ». À 15 mois environ, les deux petites étaient capables de nous répondre. Je doute qu'elles aient su précisément ce que signifiaient nos gestes, mais je suis sûr qu'elles comprenaient que nous « disions » quelque chose de gentil, par ce que nous faisions passer de doux et de tendre dans nos mimiques et nos attitudes.

La langue des signes est un autre moyen d'envoyer et de recevoir des messages d'amour, en particulier pour les petits qui ne savent pas encore assez parler pour exprimer leurs sentiments. Et comme l'amour est si profondément viscéral, la dimension physique de la langue des signes ouvre un chemin d'accès direct aux sentiments. Enfin, cette langue permet de faire passer des messages quand on n'est plus à portée de voix. Ainsi, nos filles continuent de signer « Je t'aime » en nous regardant partir, Sarah et moi, depuis la fenêtre du salon, ou lorsqu'elles parlent sur Skype avec leurs grands-parents.

Routines et rituels

- Répéter ses formules à l'heure du coucher
- Utiliser la langue des signes pour dire son amour
- Écrire des mots doux
- Donner des doudous d'amour
- Jouer à courir dans les bras
- Exprimer son amour à son époux ou épouse
- Communiquer par Skype avec la famille élargie
- Manifester souvent et spontanément son amour

Lorsque Céline, la maman de la petite Amanda, est retournée travailler à l'issue de son congé maternité, son bébé lui manquait terriblement. Pour montrer à la petite fille qu'elle était toujours dans son cœur, Céline a commencé à lui donner tous les matins un Post-it sur lequel elle dessinait un cœur rouge et écrivait « Je t'aime », avec des variantes… Voilà maintenant plus de cinq ans que cela dure. La grand-mère d'Amanda, qui s'occupe de l'enfant pendant que sa mère travaille, a gardé les Post-it sans rien dire. Et au dernier anniversaire de

Céline, Amanda lui a offert un petit livre confectionné (avec l'aide de sa grand-mère) en reliant la totalité des Post-it ! Inutile de dire qu'à cette fête d'anniversaire, il y a eu bien des larmes.

Frédéric et Sophie ont donné des carrés de tissu pelucheux en guise de doudous à chacun de leurs jumeaux (un garçon et une fille) dès leur naissance. Les enfants ont maintenant 4 ans, et ces doudous sont toujours pour eux une source constante de réconfort et de bien-être. Ils servent aussi aux enfants à exprimer leur amour pour leurs parents, d'abord de façon spontanée puis sur un mode ritualisé. Frédéric m'a raconté que chaque soir, quand sa femme et lui mettent les enfants au lit, les jumeaux leur caressent la joue avec le coin le plus usé du tissu. Et voilà une autre illustration de la puissance du rituel : quand l'un des jumeaux a du chagrin, l'autre lui caresse la joue avec son doudou pour le réconforter (ou celui qui pleure se passe lui-même son doudou sur la joue pour se calmer).

David a trois enfants (2, 4 et 6 ans). Le matin, il n'est pas autorisé à partir travailler tant qu'il n'a pas sacrifié au rituel du « courir dans les bras ». Il s'accroupit devant la porte d'entrée, ses enfants à environ trois mètres ; ils comptent jusqu'à trois et, à trois, lui foncent dessus pour qu'il les prenne dans ses bras et les embrasse. Ils ont inventé maintes variantes très créatives du rituel : outre le « courir dans les bras », il y a, entre autres, le « danser jusque dans les bras », « sauter dans les bras » et « ramper dans les bras ».

Ces rituels d'amour ne doivent pas se passer seulement entre vous et vos enfants. Ils peuvent (et doivent) se pratiquer entre vous et votre époux ou épouse ou avec d'autres personnes, qui constituent ainsi autant de modèles. Chaque fois que nous quittons la maison ou y revenons, Sarah et moi nous donnons un baiser – un rite relevant davantage de notre amour l'un pour l'autre que d'une décision consciente. Nous avons d'autres habitudes semblables pour le reste de la famille et nos amis proches. Nos filles ont ainsi divers exemples des façons d'exprimer nos sentiments selon les personnes ; elles apprennent que l'amour est quelque chose qui peut se manifester envers les personnes pour qui nous éprouvons une profonde affection.

Comme je viens de le suggérer, il est très recommandé d'élargir le cercle de l'amour au-delà du seul noyau familial. Une de nos voisines a ainsi instauré un rituel pour son fils : tous les dimanches, il communique sur Skype avec ses grands-parents paternels et maternels. Cette technologie, qui permet de se voir et de se parler en même temps, est une aubaine pour les grands-parents éloignés, qui peuvent de cette façon rester en contact étroit avec leurs petits-enfants par la voix et l'image. Cela permet aussi aux enfants de tisser et d'entretenir des liens d'affection avec des proches qu'ils ne pourraient pas voir souvent. Avec un mérite supplémentaire : transmettre le méta-message que la famille est importante.

Au-delà de ces formes ritualisées, les manifestations d'amour spontanées ont un effet spectaculaire sur les enfants. Un mot gentil, une étreinte, un baiser, s'ils sont inattendus, ou juste une petite caresse rassurante suffisent à faire briller leurs yeux, leur donner le sourire et les mettre de bonne humeur. Considérez ces gestes d'amour spontanés comme l'inverse du jeu qui consiste à faire peur. Je m'explique : vous savez quel effet cela fait lorsque quelqu'un surgit de derrière une porte en criant « Bouh ! » Votre cœur s'arrête une fraction de seconde, puis s'accélère fortement et vous sentez l'adrénaline monter dans tout votre corps. Au contraire, vos expressions d'amour inattendues provoquent des réactions d'apaisement, de joie et d'amour en retour. C'est offrir à vos enfants un joli cadeau qu'ils n'attendaient pas, une surprise particulièrement agréable.

Faire des choses ensemble

Une des façons les plus fortes de montrer votre affection à vos enfants est de leur offrir ce cadeau, hélas chichement mesuré aux familles : du temps. Quand vous êtes totalement présent, ce que vous leur communiquez, c'est que vous les aimez assez pour les faire passer avant tout le reste : ils sont votre première priorité. Malheureusement, chez nous comme dans la plupart des familles, la vie est parfois si bousculée que nous avons l'impression, Sarah et moi, d'avoir très peu de temps pour nos filles. Donc, nous nous arrangeons pour dégager à tour de rôle des moments spécialement consacrés à chacune, pour faire avec elle quelque chose qu'elle aime particulièrement. La nature de l'activité importe moins que le fait d'être ensemble, mais si elle sort un peu de l'ordinaire, le message d'amour en est renforcé. Ainsi, ces dernières années, soit Sarah soit moi emmenons Catie voir le ballet *Casse-Noisette* et accompagnons Gracie au zoo (où elle adore aller).

Mais il n'est pas indispensable que ce temps soit consacré chaque fois à une grande occasion. Il peut être passé à jouer ensemble, à se promener ou à faire des câlins. Sarah laisse Catie et Gracie décider de la façon d'occuper ce temps particulier. Catie adore dessiner avec Sarah et Gracie jouer avec ses peluches pendant que Sarah lui fait la lecture. De mon côté, comme mon travail est très prenant, je redouble d'efforts pour dégager du temps pour les filles. Quand je pars courir, je les emmène chacune à leur tour dans la poussette. Ou bien je prends Catie en remorque derrière mon vélo et nous partons dans la montagne ; quant à Gracie, elle fonce autour de nous sur son vélo. Mais, à mes yeux, le temps le plus précieux est encore celui que nous passons simplement à nous promener dans le quartier et à explorer les environs, main dans la main, en bavardant.

Les activités

- Passer du temps en tête-à-tête avec chacun de ses enfants
- Instaurer des traditions familiales
- Faire des choses spécialement pour ses enfants
- Inventer des histoires qui parlent d'amour
- Renoncer aux activités qui envoient des messages négatifs

Les activités qui deviennent autant de traditions familiales sont un excellent moyen de communiquer votre affection à vos enfants. Une de nos amies a ainsi instauré l'habitude d'emmener ses filles prendre le thé le jour de la Saint-Valentin. Elles se mettent sur leur trente et un, leur mère leur écrit une carte à chacune et elles passent l'après-midi à fêter cette journée vouée à l'amour.

Vincent n'a certainement rien d'un artiste, mais un jour que son fils Hugo faisait de la peinture, il s'y est mis aussi. Lorsqu'il a montré son « tableau » à son petit garçon, celui-ci était fou de joie. Et Vincent a constaté que, malgré son talent très limité, il prenait grand plaisir à ses créations. À présent, avant de partir en déplacement, il fait un dessin, une peinture ou même une petite sculpture en pâte à modeler qu'Hugo trouvera après son départ. Hugo adore les œuvres de son père ; il les garde précieusement sur une étagère réservée à sa collection.

La mère de Ludovic était une conteuse née. Quand il était petit, elle lui inventait des histoires extraordinaires qui le tenaient en haleine pendant des heures. C'est de là, pense-t-il, qu'il tient son goût d'en raconter à son tour à ses deux enfants. Il a réalisé que c'était aussi un moyen fantastique de leur manifester son amour. Il imagine des récits pleins d'aventures et de mouvement, où ses fils sont les personnages principaux, pour bien capter leur attention. Il y intègre des épisodes où les garçons et leurs parents sont amenés à prouver leur affection et leur solidarité les uns pour les autres. Bien sûr, à la fin, ils remportent une victoire triomphale sur les méchants, et toute la famille s'embrasse.

Renoncer à une activité qui envoie des messages négatifs est aussi une preuve d'affection. Isabelle se montrait très critique vis-à-vis de ses amies qui restaient pendues à leur téléphone portable quand elles étaient avec leurs enfants. Jusqu'au jour où elle a eu deux enfants à son tour et, sans même s'en apercevoir, a commencé à se comporter comme ces mères-là. Elle a compris alors l'attrait des portables. Malgré son amour pour ses filles, elle trouvait souvent ennuyeux d'être avec elles à plein-temps. Pour se distraire, elle appelait ses amis ou leur envoyait des SMS, consultait ses e-mails ou surfait sur Internet.

Jusqu'au jour où elle a continué à papoter au téléphone avec sa mère, alors que ses deux filles de 1 et 3 ans réclamaient son attention. Après avoir essayé plusieurs fois, mais en vain, de capter le regard de leur mère, les petites filles se mirent à pleurer, et l'aînée s'écria : « Tu aimes plus ton téléphone que moi ! » Ce cri du cœur fit à Isabelle l'effet d'une gifle. Elle se donna alors pour règle de ne pas se servir de son portable quand elle était avec ses enfants, sauf pour de brèves communications indispensables.

Pour ce qui nous concerne Sarah et moi, l'activité indésirable consistait à consulter nos e-mails ou à faire des recherches sur Internet à partir de l'ordinateur portable de la cuisine, alors que nous étions avec les filles. Cela se passait souvent pendant qu'elles mangeaient : nous nous figurions ainsi avoir une gestion très efficace de notre temps. Mais au bout d'un moment, les filles se sont plaint que nous les ignorions. Et elles avaient raison. Nous avons réalisé que nous étions peut-être présents physiquement, mais que nous avions l'esprit ailleurs.

Comme ni Sarah ni moi ne savons résister au chant de sirène de l'ordinateur portable quand nous entrons dans la cuisine, nous avons pris des mesures radicales. Nous l'avons déplacé du plan de travail en haut d'une étagère, à côté des livres de cuisine. Il reste à portée de main, soit de Sarah quand elle veut chercher une recette en ligne, soit de l'un de nous deux quand nous voulons consulter nos e-mails ou surfer sur Internet en l'absence des filles. Mais il est assez loin pour ne plus exercer de tentation irrésistible. Nous sommes partis de l'idée que « loin des yeux, loin du cœur », et ça a marché !

Message 2

« Tu vas réussir,
car tu en es
capable »

C'est la confiance
en ses aptitudes
qui fait la force
d'un enfant

« Tu vas réussir, car tu en es capable »

Aptitudes et capacités sont les composantes les plus méconnues de l'estime de soi. Durant longtemps, on a tellement mis l'accent sur l'importance de se sentir aimé dans la construction de cette forme de confiance que le rôle de l'aptitude à faire a été minimisé, détourné, voire totalement ignoré.

Les capacités sont pourtant essentielles à prendre en compte : elles fournissent les bases à partir desquelles un enfant se sentira en mesure d'agir et de maîtriser son univers. À de nombreux égards, c'est ce qui différencie les adultes et les enfants. Ces derniers n'ont pas acquis une « boîte à outils » assez équipée, et leur survie dépend encore largement des autres, à savoir essentiellement de leurs parents. À l'inverse, les adultes possèdent la plupart des capacités nécessaires pour tracer leur chemin dans le monde.

Se sentir capable de faire quelque chose est un élément essentiel, qui touche toutes les dimensions (personnelle, physique, sociale…) de l'univers de l'enfant. S'il a le sentiment de pouvoir y arriver, l'enfant aura assez confiance en lui pour quitter le cocon familial, explorer le monde, prendre des risques, surmonter des difficultés et lutter pour atteindre ses objectifs. Alors que, faute d'une foi bien ancrée dans ses aptitudes, l'enfant se montrera irrésolu, doutant de lui dans les circonstances peu sûres et redoutant les situations peu familières qu'il répugnera à affronter. Une solide confiance en soi lui donnera la force et la détermination nécessaires pour se mesurer sans se décourager aux nombreux défis (physiques, intellectuels, affectifs et sociaux…) qu'il rencontrera sûrement au cours de sa vie. En outre, des recherches ont mis en évidence un lien étroit entre bonheur et croyance en ses capacités. Voilà pourquoi il est si important de faire passer très tôt et souvent à vos enfants les messages propres à les convaincre de leurs aptitudes.

La conviction d'avoir le pouvoir d'agir

Les enfants ont besoin de sentir qu'ils ont des capacités ; ils doivent comprendre que leurs actions comptent et qu'elles ont des conséquences : « Si j'agis bien, il arrive de bonnes choses, si j'agis mal, il arrive des choses désagréables, et si je ne fais rien, il n'arrive rien ». Cette confiance et l'estime de soi qui l'accompagne sont les deux faces d'une même médaille. Si les enfants n'acceptent pas leurs échecs et leurs erreurs, ils ne peuvent pas tirer profit de leurs réussites et de leurs succès. Oui, ils se sentiront mal lorsqu'ils se tromperont ou échoueront. Mais il faut que ce soit le cas, sinon comment apprendront-ils ce qu'il leur faut faire ou ne pas faire pour améliorer les choses ?

Avoir foi en ses aptitudes permet à l'enfant de se fixer des objectifs élevés, de ne pas se décourager devant les obstacles et les revers, et de se bagarrer pour réussir sa vie dans toutes ses dimensions. Faute de quoi, l'enfant se sent impuissant à maîtriser et à surmonter les nombreuses difficultés auxquelles il va se trouver confronté. Des recherches montrent que les enfants présentant une moindre confiance en soi sont moins enclins à se lancer dans des activités et à y persévérer. Ils ne parviennent jamais vraiment à se sentir bien dans leur peau, ni à trouver du sens et du plaisir à faire des efforts. Dépourvus de confiance en soi, ces enfants sont vraiment des victimes : ils se croient impuissants à changer le cours des choses. Alors que les enfants convaincus de leurs capacités apprennent que, lorsque les choses vont de travers, ils ont le pouvoir de redresser la barre et d'améliorer la situation.

Attention aux messages décourageants

Toujours nourris de bonnes intentions mais souvent mal avisés, de nombreux parents ont des attitudes et des exigences qui aboutissent en réalité à saper la confiance en soi de leurs enfants. En mettant la barre trop haut sous prétexte de renforcer les aptitudes de votre progéniture, vous les amenez à penser qu'ils ne réussiront jamais à la franchir. À force de se dire : « Je n'y arriverai jamais... », vos enfants finissent par croire que leurs aptitudes (sans doute largement suffisantes pour devenir un adulte heureux et bien dans sa peau, apportant sa contribution à l'édifice social) sont bien pauvres en comparaison des buts impossibles à atteindre qui leur ont été fixés.

Ces messages décourageants ont une triple origine : les attentes irréalistes des parents, la perfection prise comme étalon et la peur de l'échec qui gagne les enfants une fois qu'ils ont réalisé qu'ils ne seraient jamais à la hauteur de ce qu'on attend d'eux.

Attentes et espérances

Il incombe aux parents de se projeter dans l'avenir et de nourrir des attentes pour leur progéniture ; c'est l'une de leurs responsabilités essentielles. C'est aussi un moyen de montrer à vos enfants ce qui compte pour vous, en leur montrant un but à atteindre. Mais si ces espérances sont irréalistes, le message est à double tranchant. Soit elles se révèlent très stimulantes et bénéfiques pour le développement de l'enfant, soit elles lui deviennent un fardeau écrasant qui détruit son estime de soi. Tout dépend du genre d'attentes que vous fixez.

Mais ce qui compte, ce n'est pas seulement ce que vous communiquez de vos espérances : la façon dont vos messages sont reçus et interprétés est aussi essentielle. Comme je l'évoquais précédemment, il peut y avoir déconnexion entre ce que vous voulez faire passer et ce que captent effectivement vos enfants. Et des recherches illustrent les dommages provoqués par les incohérences entre ce que perçoivent les enfants et ce que les parents souhaitent effectivement leur communiquer. Ainsi, une étude a montré le degré d'anxiété des jeunes qui doutaient de leur capacité à obtenir de bons résultats scolaires ou universitaires (ce qui entamait d'autant leur estime de soi et compliquait encore davantage l'adaptation à la scolarité). Mais en l'occurrence, ces étudiants avaient une perception faussée des attentes réelles de leurs parents par rapport à leur réussite scolaire et les surestimaient largement.

Les attentes à éviter

Il y a deux types d'attentes à éviter pour votre enfant : celles qui touchent à ses dons et celles qui impliquent des résultats. Les premières font entendre à l'enfant que vous espérez de lui tel ou tel accomplissement à cause de ses capacités naturelles : « Tu es tellement intelligent, tu ne peux avoir que de très bonnes notes ! » ou « Tu vas gagner, forcément, tu es le meilleur ! » Le problème, c'est que les enfants ne maîtrisent pas forcément ces qualités : ils sont nés avec ou sans, et tout ce qu'ils peuvent faire, s'ils en ont, c'est travailler à les optimiser. Un autre problème avec ce genre d'attentes est que, si vos enfants tiennent le même raisonnement (« J'ai eu 18 parce que je suis très intelligent »), ils attribueront forcément leurs échecs à un manque de leur part (« J'ai raté parce que je suis stupide »).

La société actuelle martèle qu'il n'y a que le résultat qui compte. En conséquence, les parents fixent souvent des « obligations de résultats » – les enfants devant absolument atteindre tel ou tel but : « Nous espérons bien que tu vas gagner » ou « Nous sommes sûrs que tu seras soliste dans le prochain spectacle de l'école ». Le problème est que, une fois de plus, les enfants sont chargés d'une attente sur laquelle ils n'ont aucune prise. Ils peuvent faire de leur mieux sans arriver pour autant à satisfaire les exigences de leurs parents, tout simplement parce que d'autres ont fait encore mieux qu'eux. Même si leur résultat est bon, ils en arriveront à se considérer comme incapables. Fixer une obligation de réussir fait aussi passer le méta-message qu'au fond, vous n'attachez de valeur qu'aux résultats, ce qui conduira vos enfants à s'évaluer avec les mêmes standards. Contrairement à ce que vous pouvez penser, les attentes impliquant des résultats ou liées à des « dons naturels » entravent l'épanouissement des qualités de vos enfants.

Mais si, les résultats comptent !

Je vous entends penser ici : « Alors comme ça, je ne pourrais pas pousser mes gamins à avoir de bonnes notes ou à faire de leur mieux à l'école, en sport ou dans leurs autres activités ? Pas question ! » Avant que vous me sautiez dessus, laissez-moi le temps de reconnecter toutes ces idées au monde réel.

Il existe dans notre société actuelle une réalité simple à laquelle nous adhérons tous : les résultats comptent ! Le fait est qu'à chaque niveau de notre société ou presque, les enfants comprennent que l'on juge leurs capacités à l'aune de leurs résultats, des notes au classement, en passant par les tests ou les victoires sportives. Ce serait génial que les enfants soient récompensés pour leurs efforts ou leurs bonnes intentions, mais le monde ne marche pas comme ça. Malheureusement, cette forme de pression sociale incite les parents à préférer voir leurs enfants exceller à court terme plutôt que d'essayer de leur inculquer des aptitudes utiles sur la durée. Ils entravent ainsi plutôt qu'ils n'encouragent le développement harmonieux de leurs enfants.

Ce que je vous recommanderais, c'est de renoncer totalement aux obligations de résultats pour simplement proposer à vos enfants des buts à atteindre. Cela n'a rien à voir. Les obligations de résultats sont souvent fixées par les parents sans consulter les enfants. Ceux-ci se retrouvent alors devant le fait accompli, sans adhérer aux attentes de leurs parents, par exemple : « On compte sur toi pour avoir de bonnes notes partout » ou « On espère bien te voir gagner le championnat régional de tennis ». L'ombre d'une menace plane presque toujours derrière de telles demandes : « Si tu n'y arrives pas, on ne t'aimera plus… » Et les enfants se sentent traînés de force vers la réussite, tout en résistant parfois vigoureusement, à coups de pieds et de colères bruyantes. Faute de s'approprier ces attentes, ils n'ont aucune motivation à les satisfaire, sauf la menace implicite proférée par leurs parents. Quand j'interroge des enfants dans cette situation, ils font la grimace et leur réponse est claire : « Là, mes parents ne rigolent plus, et je sais qu'ils vont me mettre la pression » ou « Ils me disent ce que je dois faire et j'ai intérêt à obéir, ou j'aurai des ennuis ». Nous ne sommes pas exactement dans la ligne de « L'important, c'est que tu sois bien dans ta peau, mon chéri »… Sans oublier qu'avec ce type de message, c'est tout l'un ou tout l'autre : soit l'enfant satisfait les attentes de ses parents, soit il échoue à le faire. Ce qui laisse très peu de chances de réussir et une large place à l'échec.

Avoir des buts à atteindre, c'est très différent. Les êtres humains sont faits pour ça : c'est un instinct fondamental qui a largement contribué à notre survie. Se fixer un but, y travailler et réussir à l'atteindre constitue l'une des grandes joies de l'existence. Les enfants ont ainsi la maîtrise des buts qu'ils se donnent et s'efforcent d'y arriver par eux-mêmes, sous la houlette de leurs parents, de leurs professeurs ou de leurs entraîneurs. Exemples : « Je vise d'avoir des 15 pendant tout le trimestre » ou « Je vais faire tout ce que je peux pour avoir le premier rôle dans la pièce qu'on joue à l'école ». Ce qui est formidable avec les buts, c'est qu'ils n'obligent pas à être dans le tout ou rien, mais dans le degré de réalisation. Tous les buts ne seront pas atteints, mais il y aura presque toujours un progrès, et c'est ce qui définira le niveau de réussite. Donc, si l'enfant fait vraiment de son mieux, il y a peu de risque d'échec et toutes les chances de succès. Quand j'interroge des enfants sur leurs buts, ils réagissent de façon beaucoup plus positive. Leurs visages s'éclairent et ils disent des choses comme : « Ça veut dire que je décide de faire quelque chose et que je travaille vraiment dur pour y arriver » ou « Je sens que mes parents sont vraiment derrière moi et je suis vraiment motivé pour y arriver ».

Par exemple, imaginons des parents qui fixent à leur enfant l'obligation de passer sa moyenne en maths de 8,5 à 12 au cours de l'année : s'il n'arrive qu'à 10, il aura le sentiment d'avoir échoué. Mais s'il s'agissait d'un but à atteindre, le 10 lui paraîtra un succès, puisque c'est une nette amélioration de sa moyenne précédente.

Nombre de parents croient que des réussites précoces sont impératives pour le bien de leur enfant. Ils lui fixent donc des obligations de résultats en insistant sur l'importance de ceux-ci. Pourtant, l'enfance est le temps de l'apprentissage ; il s'agit pour l'enfant d'apprendre à s'améliorer, à se développer et à se doter des valeurs, des attitudes et des capacités nécessaires pour réussir. Quand vous privilégiez les buts à atteindre plutôt que de fixer des obligations de résultats à vos enfants, vous favorisez le développement de leurs aptitudes sans les entraver.

Mais attention aux buts assortis de résultats ! Ce n'est pas non plus l'idéal. Beaucoup de parents croient qu'insister sur le résultat augmente les chances de le voir se concrétiser, mais en réalité, c'est le contraire. Voici pourquoi : quand connaît-on le résultat d'une épreuve (examen ou compétition sportive, par exemple) ? À la fin, bien sûr. Et si l'enfant se focalise sur cette issue, que se passe-t-il ? Il ne se concentre pas sur les moyens d'y arriver. C'est tout le paradoxe. Car s'il mettait plus d'énergie sur les moyens à mettre en œuvre que sur la fin à atteindre, il augmenterait ses chances de réussir et d'arriver ainsi au résultat que vous souhaitiez à l'origine. De même, pourquoi les enfants ont-ils le trac et sont-ils anxieux avant un examen, une compétition sportive ou un récital ? Parce qu'ils redoutent le résultat ; plus exactement, ils ont peur de l'échec. En se focalisant sur le résultat, la nervosité les gagne et ils ont moins de chances que l'épreuve se passe bien et d'arriver au résultat que vous escomptiez.

Donc, pour que vos enfants pensent en termes de buts à atteindre, évoquez les résultats, mais insistez davantage sur la nécessité de se concentrer d'abord sur le parcours, c'est-à-dire sur ce qu'ils ont à faire pour déployer au mieux leurs capacités : la réussite sera au bout du chemin.

Privilégier l'effort

Pour aider vos enfants à se forger cette confiance essentielle dans leurs aptitudes, faites-leur comprendre que vous attachez surtout de l'importance aux efforts qu'ils font. Comme ils ont la maîtrise de ces efforts, cela les incitera à tout mettre en œuvre pour aboutir aux résultats que vous espérez. S'ils sentent qu'ils possèdent les bons outils pour exploiter leurs capacités, ils oseront se fixer des buts et mettre leur énergie à les atteindre. Pensez aux qualités dont ils ont besoin pour développer leurs aptitudes et encouragez-les à les cultiver : sens de l'engagement et des responsabilités, attitude positive, goût du travail, discipline, patience, concentration, persistance et persévérance. Dites-leur : « Toute la famille compte sur toi pour faire de ton mieux » ou « Toute la famille espère que tu vas donner la priorité à tes études ». Ainsi, vous communiquez aussi un autre message : ce qui compte le plus, c'est de travailler dur.

Vous avez remarqué que j'ai fait référence à « Toute la famille » au lieu de « Nous, tes parents ». Cette nuance de langage paraît minime. Pourtant, elle est riche d'implications importantes : elle déplace l'origine du message (les parents n'en sont plus la source unique) ; elle en centre le contenu sur l'enfant ; elle instaure une coopération parent/enfant. Cette forme de communication permet à l'enfant de s'approprier les attentes du groupe familial dont il fait partie, sans avoir le sentiment qu'on les lui impose. Vous voulez que votre enfant comprenne le lien entre ses aptitudes et les efforts à fournir pour les renforcer : c'est le message de base à lui transmettre. Le méta-message, c'est que toute la famille est partie prenante et que chacun de ses membres est derrière lui et assume.

Si les efforts de vos enfants répondent à vos attentes, la réussite est plus que probable : ils en récolteront les fruits, progressant en expérience et en confiance en soi. À l'inverse, si leurs efforts sont insuffisants, ils n'auront pas ce sentiment de maîtrise et seront déçus (enfin, ils devraient l'être). Mais au lieu d'être accablés par l'échec, ils sauront qu'ils peuvent redresser la barre : c'est eux qui en ont le pouvoir.

Gare au perfectionnisme

C'est l'un des messages les plus destructeurs à faire passer aux enfants, et ils l'entendent de plus en plus de nos jours : « La perfection ou rien ». Le problème est que la tentation du perfectionnisme a beaucoup d'attraits pour les parents, en particulier aujourd'hui, quand être bon ne suffit plus et que sévit la dictature de la perfection. Qui ne rêve pas d'avoir des enfants parfaits ? D'autant qu'en ces temps économiques incertains, la perfection peut paraître aux parents le seul moyen d'être assuré de réussir sa vie.

Malheureusement, c'est peu dire que cette idée est à double tranchant. D'un côté, elle conduit les parents à pousser leur progéniture à être parfaite en tout. Voilà des enfants qui collectionnent les meilleures notes, deviennent des athlètes de haut niveau et sauvent le monde chaque week-end – autant d'efforts prodigieux pour démontrer leurs incroyables aptitudes. Mais il y a le revers de la médaille : dans la réalité, la perfection est un idéal impossible à atteindre. Si bien que de telles attentes sont forcément déçues. Et les enfants qui en sont l'objet ne peuvent qu'en tirer la même conclusion : peu importent leurs capacités et les efforts qu'ils s'imposent, ce ne sera jamais assez.

Qu'est-ce que le perfectionnisme ?

C'est « la recherche excessive de la perfection en toute chose ». Pour des parents, cela implique de fixer si haut la barre de la réussite que les enfants ne pourront jamais l'atteindre : c'est la perfection ou rien (car rien d'autre n'est acceptable à leurs yeux). Lorsque les enfants qui intériorisent de tels messages (relayés et popularisés par la société actuelle) échouent à répondre à ces attentes ridicules à force d'irréalisme, ils se montrent impitoyables envers eux-mêmes. Ils se jugent nuls et sombrent dans l'autodénigrement systématique, quand bien même leurs condisciples les trouvent extrêmement brillants. Même si, objectivement, ils accumulent les réussites et les bons résultats, les enfants perfectionnistes ne sont jamais satisfaits d'eux-mêmes et se punissent de n'être pas parfaits. Je viens d'en voir un exemple dans un groupe de lycéens rencontré récemment. Une des jeunes filles présentes m'a raconté avoir passé un test noté sur 100, avec la possibilité de remporter 10 points supplémentaires, soit un maximum de 110 ; or, elle n'avait obtenu *que* 107 points, et ces 3 points manqués l'ont empêchée de dormir pendant des jours, tant elle se trouvait stupide !

Au cœur du perfectionnisme, on trouve un message très menaçant pour les enfants (et que les parents envoient presque toujours involontairement) : s'ils ne sont pas parfaits, leurs parents ne les aimeront pas. La menace surgit parce que les enfants associent perfection et estime de soi : « Si je suis parfait, alors je suis digne d'amour et de respect ». Ce lien est parfaitement clair pour les enfants perfectionnistes : « Si je ne suis pas parfait, je n'arriverai à rien, et si je n'arrive à rien, mes parents ne m'aimeront pas ». Le prix que ces enfants sont persuadés d'avoir à payer pour leur « imperfection » est exorbitant, et les recherches en montrent les conséquences dévastatrices : anxiété, dépression, troubles de la nutrition, toxicomanie et suicide.

Perfection et culture dominante

Nous baignons dans une société qui révère la perfection. Le niveau d'exigence y atteint des hauteurs si absurdes qu'il ne suffit plus d'être bon dans ce que l'on fait. Il ne suffit plus non plus de faire des études : il faut intégrer une université prestigieuse ou une grande école, puis devenir riche, avoir une grosse voiture et une belle maison. La société actuelle voue aussi un culte à la perfection physique. Les enfants, et surtout les filles, sont bombardés d'images de gens parfaits, avec des corps parfaits, des visages parfaits, des cheveux et des dents parfaits – en témoignent le succès grandissant de la chirurgie esthétique et les émissions de télé-réalité où toutes les filles sont minces et belles.

D'où vient ce perfectionnisme ?

À l'issue de chacune de mes conférences ou presque, un parent vient me dire : « Je vous jure que mon enfant est un perfectionniste né ». Pourtant, il n'existe aucune preuve scientifique d'une tendance innée au perfectionnisme. De fait, les recherches montrent qu'un enfant devient perfectionniste à force de toujours capter le même message de ses parents, très souvent de la part du père si c'est un garçon, de la mère pour les filles. En paroles, en émotions ou en actions, le message parental est le même : si ces enfants veulent être aimés, ils doivent être parfaits.

Les parents font passer leur désir de trois façons. Les parents perfectionnistes créent des enfants perfectionnistes en récompensant la réussite et en punissant l'échec. Si l'enfant réussit, les parents le comblent d'amour, d'attention et de cadeaux. S'il échoue, ils lui enlèvent leur affection en se montrant froids et distants, ou lui manifestent leur colère ou leur immense déception. Heureusement, en vingt-cinq années de pratique, je n'ai rencontré que très peu de parents aussi ouvertement perfectionnistes.

Deuxième type de parents : ceux qui font passer leur désir de perfection involontairement, par leur exemple. Si les parents sont perfectionnistes, les enfants comprennent qu'ils doivent l'être aussi. Les enfants perçoivent combien leurs parents s'en veulent de leurs propres imperfections ; ils se disent donc qu'ils doivent être parfaits pour que leurs parents ne les détestent pas. Sans le faire exprès, ces parents font comprendre à leur progéniture que, dans la famille, on ne tolère que la perfection et rien d'autre.

Enfin, les parents du troisième type ne sont pas perfectionnistes du tout : ils sont même le contraire. Mais ils vont s'efforcer de rendre leurs enfants parfaits à leur place ! Projetant leurs défauts sur leur progéniture, ces parents pensent qu'un moyen de les faire disparaître consiste à manifester plus d'affection à leurs enfants quand ils se montrent exemplaires, et à leur battre froid dans le cas contraire. Malheureusement, ils arrivent au résultat inverse : loin de rendre leurs enfants parfaits, ils leur transmettent leurs propres imperfections sans s'en corriger pour autant.

L'excellence comme antidote

Le mieux, c'est de rayer le mot « perfection » de votre vocabulaire. Il ne sert à rien d'autre qu'à rendre vos enfants malheureux à force de se sentir nuls. Remplacez-le par le mot « excellence ». Une qualité que je définis comme « faire bien presque tout le temps » (je reprends ici la façon de parler des enfants). La notion d'excellence comporte tous les bons côtés de la perfection (goût de la réussite, exigence, déception devant l'échec), sans les aspects malsains (coupler réussite et estime de soi, se fixer des attentes irréalistes, redouter l'échec…). La barre reste haute, mais sans jamais lier les capacités de vos enfants à l'amour que vous leur portez (ou qu'ils ont d'eux-mêmes). De fait, donner le goût de l'excellence à vos enfants les incite vraiment à explorer, expérimenter, prendre des risques et, oui, échouer de temps en temps, parce que vous leur communiquez en même temps un autre message essentiel : sans échec, pas de progrès possible ni de vraie compétence.

La crainte de l'échec

Aujourd'hui, la crainte de l'échec chez les enfants prend les proportions d'une épidémie. Cette peur paralysante sème en eux le doute et l'anxiété dès qu'ils se trouvent confrontés à une situation susceptible de dépasser leurs capacités ou de les exposer à un revers. Résultat : ils évitent toute difficulté, ne prennent aucun risque, font peu d'efforts, renoncent sans essayer de lutter et, pour finir, se privent d'occasions de progresser.

Les parents ont leur responsabilité…

Les parents contribuent à cette peur de l'échec. Beaucoup envoient ainsi à leurs enfants de pénibles messages sur le thème « Si tu échoues, je ne t'aime plus ». Les enfants en arrivent donc à considérer l'échec non seulement comme la menace de perdre l'amour de leurs parents, mais aussi, et c'est pire, comme une atteinte fondamentale à leur valeur personnelle. Des recherches montrent que les parents hantés par la crainte de l'échec punissent leurs enfants sans jamais récompenser leurs réussites. D'autres études prouvent que les parents qui imposent des attentes irréalistes et cessent de manifester leur affection aux enfants quand elles ne sont pas satisfaites créent en eux la peur de l'échec. La conclusion est que, chez les enfants qui redoutent l'échec, cette crainte n'est pas innée : elle leur a été enseignée par leurs parents.

... et la culture dominante aggrave les choses

Les messages toxiques sur la peur de l'échec sont omniprésents dans notre société actuelle – à la télévision, au cinéma, sur Internet ou dans les magazines. Et ces messages viennent renforcer ceux des parents. L'idée de base transmise de nos jours aux enfants par l'ensemble des différents médias est que « Si tu échoues, tu es un loser ». Ce genre de message alimente la crainte et l'évitement de l'échec qui empêchent les enfants de se forger la confiance indispensable dans leurs capacités, seule à même de réduire considérablement les risques d'échec.

Éviter l'échec à tout prix

Une fois intériorisé le message qu'échouer est inacceptable, les enfants sont conduits à éviter l'échec à tout prix. Ils ont trois moyens de s'y prendre.

Avec le premier, l'enfant refuse simplement de se lancer dans une activité qu'il risque de ne pas réussir. S'il n'essaie pas, il ne peut pas rater. Chez les tout-petits, cela se traduira par un refus pur et simple. J'ai vu des enfants d'à peine 3 ans qui ne voulaient même pas essayer de faire quelque chose d'apparemment aussi peu effrayant que marcher sur la poutre du terrain de jeu ou reconstituer un puzzle facile.

À mesure qu'ils grandissent, quand ils ne refusent pas tout net de participer, les enfants se fabriquent des raisons qui les en empêchent, par exemple : ils sont malades, ils se sont fait mal, leur équipement est abîmé, ils ont oublié ou perdu leurs affaires, ça ne les intéresse pas, ils ne sont pas motivés... Malheureusement, en évitant même le plus minime risque d'échec, les enfants se privent d'occasions essentielles de développer leurs capacités. C'est un cercle vicieux : plus ils résistent, plus ils minent leur confiance en eux et plus ils répugneront toujours davantage à essayer.

Le deuxième moyen d'éviter l'échec est de se comporter justement de façon à ne pas réussir : paradoxalement, l'enfant provoque l'échec, mais se trouve une excuse qui le protège de la honte du fiasco : « J'y serais certainement arrivé, mais je n'avais pas envie de faire trop d'effort » ou « J'aurais dû avoir une bonne note, mais le prof est totalement injuste ». Comme ce n'est pas de sa faute s'il a raté, l'enfant ne se sent pas responsable ; il ne peut donc pas être catalogué comme perdant ni subir les répercussions personnelles et sociales qu'il croit liées à l'échec.

Nombre d'enfants plus âgés ne peuvent se payer le luxe de refuser de participer ou de s'inventer des excuses ; par exemple, ils ne peuvent pas ne pas aller à l'école. Donc, pour éviter de se retrouver en situation d'échec, certains ont trouvé un troisième moyen. Ils travaillent à développer leurs capacités pour réussir aussi souvent que possible. Mais les enfants qui sont dressés à fuir l'échec (au lieu de faire des efforts pour réussir) se retrouvent coincés dans un flou entre insuccès et vraie compétence, dans ce que j'appelle la « zone de sécurité » où ils ne redoutent plus d'échouer : par exemple, ils ont toujours juste la moyenne ou stagnent dans les dix premiers au sport. Personne ne peut donc les traiter d'incapables, puisque leurs résultats n'ont rien d'un ratage. Mais ils répugnent à intensifier leur effort et à prendre des risques pour arriver à démontrer pleinement leurs capacités et réussir vraiment, parce que cela aggraverait d'autant le risque d'un échec qu'ils doivent absolument éviter.

La valeur de l'échec

Pour les enfants taraudés par la peur d'échouer, l'échec est une bête vorace qui les poursuit à chaque instant de chaque jour. Sans jamais pouvoir s'accorder un moment de répit, ils fuient perpétuellement devant le spectre de l'échec, et leur motivation première est d'éviter d'échouer à tout prix, tant ils sont persuadés que les conséquences en seraient dévastatrices.

Le problème est que ces enfants qui redoutent tant l'échec en ont une image faussée. La réalité est que l'échec est une part inévitable (et essentielle) de la vie, riche de bien plus de profits que de pertes. La motivation de l'enfant à surmonter les obstacles à l'origine d'un échec en sort renforcée ; il voit les erreurs qu'il a faites et peut ainsi rectifier le tir pour la suite. L'échec aide l'enfant à faire le lien entre ses actes et leurs conséquences, et cette connexion l'aide à mieux organiser et maîtriser son effort. C'est encore l'échec qui enseigne les qualités essentielles à l'existence comme l'implication, la patience, la détermination, la prise de décision et la résolution de problèmes. Il aide à réagir positivement à la frustration et aux déceptions qui attendent inévitablement chacun dans la poursuite de ses objectifs. Enfin, l'échec apprend à l'enfant à rester humble et à apprécier les chances qui lui sontoffertes.

Bien sûr, des échecs trop nombreux découragent. Il faut à l'enfant des occasions de déployer et démontrer ses capacités, et l'expérience de la réussite est aussi nécessaire pour renforcer la motivation et la confiance, augmenter son effort et en tirer davantage de plaisir. À mesure qu'il se fixera des buts dans la vie, il aura besoin d'un juste équilibre entre réussite et échec pour se doter d'une foi solide en ses capacités.

Reconsidérer l'échec

Pour protéger vos enfants des messages destructeurs sur l'échec, il vous faut communiquer de façon positive sur le sens qu'il peut prendre. À vous de définir l'échec d'une façon qui incite vos enfants à le valoriser plutôt qu'à le craindre et qui les encourage effectivement à développer et à maîtriser leurs capacités pour mieux l'éviter à l'avenir. Quand un enfant rencontre un échec, par exemple une mauvaise note à un examen ou un résultat médiocre dans une compétition sportive, il risque de le prendre comme une atteinte à sa valeur personnelle. Cette réaction peut se révéler très douloureuse et préjudiciable pour lui. Elle le sera d'autant plus que vous aurez réagi vigoureusement en lui manifestant votre déception, votre frustration, voire votre colère.

Vos réactions aux ratages de vos enfants (et aux vôtres d'ailleurs) sont un excellent moyen de travailler sur une vision de l'échec qui libère vos enfants du poids de la culpabilité et de la honte, et intègre leurs erreurs comme une partie inévitable et positive de leur vie. Vous y arriverez en donnant l'exemple, en réagissant à vos propres défaillances avec calme et sang-froid. Vous pouvez aussi montrer compréhension et soutien quand vous assistez à un ratage ou à un échec : par exemple, quand votre enfant renverse son lait sur la table, tombe en faisant ses premiers pas, sèche devant un puzzle ou ne réussit pas un test à l'école.

Vous aiderez aussi votre enfant à reconsidérer l'échec en y voyant matière non à se juger sur sa valeur et ses capacités personnelles, mais à en tirer de l'information et des enseignements pour l'avenir. L'information, c'est peut-être qu'il ne s'était pas assez bien préparé, ou qu'il a mal calculé la répartition de son temps. Les enseignements, c'est que la prochaine fois qu'il se trouve dans une situation semblable, il agira différemment et pourra peut-être éviter un autre revers.

Quand vous communiquez ainsi de façon positive sur l'échec, vos enfants y gagnent une vision qui les libère de leur crainte. Cela leur permet aussi de consacrer sans réserve toute leur énergie à déployer leurs capacités et développer à fond leurs aptitudes pour mieux explorer, expérimenter et prendre des risques. Ils seront convaincus qu'une part d'échec est inévitable dans la vie et n'en tireront en aucun cas de conclusions négatives sur leurs personnes. Commencez tôt à faire passer ce genre de messages et répétez-les souvent : vous contribuerez ainsi à poser les bases d'une attitude saine vis-à-vis de l'échec qui sera très utile à vos enfants lorsqu'ils arriveront à l'âge où les résultats comptent.

Développer capacités et confiance en soi

Ces dernières années, on a commencé à insister sur l'importance des capacités dans la construction de l'estime de soi, poussant les parents à faire tout ce qu'ils pouvaient pour convaincre les enfants qu'ils avaient maintes qualités et toutes les cartes en main pour réussir. Tout cela était évidemment très sensé et très raisonnable. Mais le message comportait une erreur grossière : faire croire aux parents que la meilleure façon de développer les aptitudes des enfants était de leur dire combien ils étaient compétents. Pourtant, les parents y ont adhéré à fond et ont commencé à répéter à leurs rejetons à quel point ils étaient intelligents, talentueux et merveilleux. Seulement voilà : en paroles, personne ne convaincra un enfant de ses aptitudes.

En fait, quand les parents s'y essaient, ils obtiennent souvent l'effet exactement inverse. C'est qu'il y a ce petit détail auquel les enfants sont quotidiennement confrontés : la réalité. La vie a le chic pour vous faire sentir vos limites, en contraste brutal avec les énormités que les parents servent à leurs enfants sur leurs merveilleuses qualités. Quand les enfants constatent la contradiction entre ce que leurs parents leur racontent et ce que leur souffle la réalité, la bulle de compliments (« Tu es le meilleur ») que leurs parents leur ont fabriquée vole en éclats. Avec, pour résultats, déception, douleur et perte réelle de toute confiance en soi. Que les choses soient claires : la seule façon pour un enfant de se doter d'une vraie conscience de ses capacités consiste à le laisser en faire lui-même l'expérience et passe par le travail, les victoires, les bagarres, les revers et les succès.

Donc, répétons-le, vos enfants peuvent seuls développer leurs capacités et forger leur confiance en eux-mêmes. Cependant, de votre côté, vous pouvez les y encourager de plusieurs façons. D'abord, vous pouvez leur fournir chaque jour les occasions de le faire. La vie de famille abonde en situations idéales pour leur permettre de mettre la main à la pâte et découvrir ce dont ils sont capables.

Ces expériences quotidiennes aideront vos enfants à se doter de capacités spécifiques qui leur seront d'une grande utilité à mesure qu'ils grandiront et entreront dans l'âge adulte. Qu'il s'agisse d'apprendre à s'habiller ou à manger tout seul, à lire, à cuisiner, à participer aux tâches ménagères ou à s'entendre avec les autres, ces premières compétences sont fondamentales. Elles sont la base sur laquelle l'enfant développera plus tard maintes aptitudes plus complexes. De même, plus il apprendra à maîtriser des tâches différentes, plus il se sentira globalement capable d'apprendre et aura assez confiance en lui pour explorer son univers, essayer des choses nouvelles, prendre des risques et ne pas se décourager au premier obstacle ou au moindre revers. En d'autres termes, la compétence engendre la compétence.

Ensuite, vous pouvez aider votre enfant en veillant à ce qu'il tire un profit maximal de ces expériences. Faites-lui prendre la mesure de ses exploits : « Tu as vu ? Tu as réussi à grimper tous les barreaux de l'échelle ! » Insistez sur les qualités qui lui ont permis de réussir : « Tu as dû drôlement t'entraîner pour y arriver ». Et félicitez-le : « C'est drôlement bien d'avoir fait ça tout seul ».

Attention, ne vous focalisez pas sur les seules réussites. Chaque parent le sait, à mesure que les enfants grandissent et progressent, les échecs sont bien plus nombreux que les succès – il suffit de se souvenir des moments où ils apprenaient à marcher… Dans ces moments-là, votre façon de réagir leur dictera leur propre réaction. Si vous vous montrez déçu et frustré, ils tireront de l'expérience des conclusions négatives et feront tout pour ne pas recommencer. Catie évitant soigneusement de remonter à vélo après ma réaction stupide à ses difficultés en est une parfaite illustration. Mais si vous vous montrez positif et compréhensif, vos enfants comprendront que l'échec n'est pas grave et fait partie de la vie.

Laisser les enfants se tromper ou mal faire quelque chose est très difficile pour des parents qui sont persuadés, à tort, que ces expériences dégraderont la confiance en soi de leurs bambins et marqueront à vie leur jeune psyché. Mais les enfants sont comme tout un chacun : quand ils essaient quelque chose de nouveau, les premières fois sont souvent ratées. Et puis, ce sont des enfants : il ne faut pas s'attendre à ce qu'ils fassent tout très bien du premier coup. Du reste, ce n'est pas là l'important, l'objectif n'étant pas de réussir, mais de les inciter à avoir envie de continuer à essayer. Et vous pouvez être sûr que, si vos enfants persévèrent, leurs efforts seront tôt ou tard couronnés de succès, et eux auront acquis une compétence de plus.

Autre erreur fréquente des parents : après une première tentative et un premier échec de leurs enfants, ils s'empressent de leur indiquer le moyen de réussir la fois prochaine (de peur que plusieurs échecs minent leur confiance en soi). Mettez-vous à la place des chers petits. Comment vous sentiriez-vous si vous aviez vraiment fait votre possible pour réussir une chose et que vos parents s'en mêlent, vous montrent que vous aviez tout faux et que la bonne façon d'y arriver, c'est comme ça et pas autrement ? Est-ce que ça ne vous énerverait pas à coup sûr ? Eh bien, dites-vous que c'est probablement ce que ressentent vos enfants. Et quelle conclusion tirent-ils de votre intervention ? Que vous ne les croyez pas capables de trouver la solution par eux-mêmes.

Vous allez me demander : « Mais comment apprendront-ils la bonne façon de faire ? » Je vous assure qu'avec un peu de temps, ils y arriveront très probablement tous seuls, à force de pratique ou d'observation. Et ce jour-là, ils maîtriseront parfaitement le processus et gagneront un savoir-faire de plus. Ce qui ne veut pas dire que vous ne pouvez pas leur prêter main-forte quand ils sont aux prises avec des difficultés. Mais laissez-les prendre l'initiative ; s'ils ont vraiment besoin de votre aide, ils sauront vous la demander.

Du bon usage des compliments

Les félicitations et les compliments sont un formidable moyen de développer les aptitudes de vos enfants. Pourtant, ils sont fréquemment employés à tort et à travers, et souvent maladroitement, pour aider les enfants à progresser en capacités et en estime de soi. Sans toujours le réaliser, beaucoup de parents utilisent les compliments d'une façon qui, au mieux, n'aide en rien leurs enfants et, au pire, finit par avoir l'effet contraire, en sapant leur capacité à se forger une vraie confiance en eux.

Quel est le compliment qui revient fréquemment dans la bouche des parents, des enseignants et des entraîneurs, à la maison, sur l'aire de jeux, en classe ou sur le terrain de sport ? Il y en a un que j'entends très souvent et qui me fait grincer des dents : « Bravo, bon travail ! » « Bravo ! » (et autres variantes comme « Magnifique ! », « Bien joué ! » et « Super ! ») est devenu une sorte de compliment réflexe chez les parents dont les enfants ont fait quelque chose digne d'appréciation.

Quel est le problème, me direz-vous ? Eh bien, c'est un compliment paresseux, sans valeur, voire nuisible. Alors que ces mots ne veulent rien dire pour les enfants, les parents se sont laissé mettre dans la tête que cela contribuerait à renforcer leur estime de soi. Et puis, c'est commode : les parents n'ont pas besoin de réfléchir à ce que leurs enfants viennent de réussir de particulier, ni à ce qui leur a permis de remporter ce succès ; surtout, ils n'ont pas à se demander quel compliment aurait été le plus bénéfique pour leurs enfants.

Voici pourquoi ce « Bravo, bon travail ! » est de si peu de valeur. Commençons par analyser dans quel but nous félicitons les enfants : c'est pour les inciter à continuer à se comporter de façon à obtenir des résultats positifs. Vous commencez peut-être à entrevoir ce qui fait problème avec « Bravo, bon travail ! » D'abord, le manque de spécificité : cela ne dit pas précisément à l'enfant ce qu'il a fait de bien et, sans cette information, il ne saura pas exactement quoi refaire pour réussir une autre fois. Ensuite, « Bon travail ! » qualifie le seul résultat plutôt que le moyen d'y parvenir, ce qui, comme je l'ai déjà dit, fait obstacle à ce que l'enfant atteigne le but désiré. Si vous n'avez vraiment pas envie de vous fatiguer à vous creuser la tête, au moins dites : « Bel effort ! » Vous focalisez ainsi le compliment sur un élément – l'effort – que l'enfant peut maîtriser et reproduire dans chacune de ses entreprises.

La réalité, c'est que les enfants n'ont pas besoin qu'on leur dise « Bravo, bon travail ! » quand ils ont fait quelque chose de bien ; les faits parlent d'eux-mêmes. Qu'ils apprennent à marcher, à nager, à faire une roulade avant, à lire ou à écrire, les enfants sont les premiers à sentir s'ils ont réussi ou non. En même temps, ils ne savent probablement pas précisément ce qu'ils ont fait pour aboutir à cet exploit. Il faut donc leur dire pourquoi et en quoi ils ont réussi, de façon qu'ils puissent recommencer et se sentir autant en confiance. Par exemple : « Tu t'es vraiment bien concentré pour marcher en équilibre sur la poutre ».

Les recherches montrent que la façon dont vous félicitez vos enfants exerce une très grande influence sur leur développement. Par exemple, il ressort de plusieurs études que des enfants que l'on complimentait surtout pour leur intelligence et moins pour leurs efforts finissaient par attacher une importance excessive aux seuls résultats. Après un échec, ces mêmes enfants se montraient moins persévérants, attribuaient leurs revers à un manque de capacités de leur part (se déclarant impuissants à changer) et tiraient moins de plaisir de leurs efforts, qu'ils rechignaient d'ailleurs à poursuivre au même rythme, ce qui pesait d'autant sur leurs résultats futurs. Trop de compliments peut aussi se révéler nocif. Selon d'autres recherches, les écoliers sur lesquels on ne tarissait pas d'éloges répondaient aux questions avec circonspection, avaient moins confiance dans leurs réponses, étaient moins persévérants dans les tâches difficiles et moins désireux de partager leurs idées avec les autres.

Les enfants progressent et acquièrent la conscience de leurs capacités en constatant par eux-mêmes les conséquences de leurs actions, pas en entendant parler de celles-ci. Selon d'autres études, les enfants que l'on félicitait pour leurs efforts montraient un plus grand appétit d'apprendre, en tiraient plus de plaisir, étaient plus persévérants, attribuaient leur échec à une insuffisance d'effort (se déclarant capables d'y remédier) et avaient de bons résultats par la suite. Récompenser l'effort les incitait aussi à travailler plus dur et à se lancer de nouveaux défis.

Ces conclusions nous enseignent qu'il faut éviter de féliciter les enfants pour des éléments sur lesquels ils n'ont aucun pouvoir d'agir, et notamment des talents et des qualités innés, comme l'intelligence, la beauté ou les dons sportifs ou artistiques. Axez vos compliments sur des domaines sur lesquels vos enfants peuvent agir : attitude, effort, sens des responsabilités, implication, discipline, concentration, gestion du temps, prise de décision, compassion, générosité, respect, amour… La liste est loin d'être exhaustive ! Analysez les raisons précises de la réussite de votre enfant et félicitez-le en fonction. Par exemple, dites « Tu as travaillé vraiment dur pour préparer ce test ! » ou « Tu étais drôlement concentré pendant le tournoi d'échecs », ou « C'était vraiment gentil de partager avec ta sœur ».

Et voici une idée révolutionnaire : vous n'avez pas besoin de féliciter vos enfants du tout. La meilleure chose à faire est simplement de valoriser leurs exploits. Par exemple, si votre bambin a réussi à grimper à l'échelle du terrain de jeu pour la première fois, contentez-vous de dire : « Tu as grimpé tout seul ! », sur un ton enthousiaste et avec un grand sourire. Regardez son sourire de fierté à lui : il vient d'accomplir l'équivalent de l'ascension de l'Everest ! Vous comprendrez qu'il a reçu votre message 5 sur 5, c'est-à-dire « Tu y es arrivé ! » Pas besoin d'en rajouter.

Autre possibilité : interrogez vos enfants pour mieux appréhender leurs pensées et leur ressenti à propos de ce qu'ils viennent de réussir. Par exemple, « Tu as fait comment pour frapper le ballon sauteur ? » ou « Qu'est-ce qui était le plus plaisant pendant ton match de foot ? » Si vous laissez vos enfants exprimer eux-mêmes ce qu'ils ressentent et se féliciter de ce qu'ils ont fait de bien, vous les aiderez à comprendre comment ils s'y sont pris et leur permettrez de s'approprier leurs succès. Résultat : ils s'envoient à eux-mêmes des messages gratifiants, ce qui est un formidable stimulant de l'estime de soi.

Ou alors, vous sautez le pas et vous ne dites rien du tout. Comme je viens de l'expliquer, les enfants savent très bien quand ils ont réussi quelque chose. En le réalisant tout seuls, ils apprennent à renforcer leur confiance en soi, sans devenir « accros » aux compliments ni dépendre de vous pour savoir ce qu'ils doivent penser de leurs efforts et de leurs réussites.

Voici la mission que je vous confie. D'abord, la prochaine fois que vous irez sur un terrain de jeu ou assisterez à une compétition sportive, écoutez bien ce que les parents disent à leurs enfants. Je parie que vous entendrez constamment « Bravo, beau travail ! » (ou une variante sur ce thème). Ensuite, faites attention à ce que vous dites à votre progéniture dans les mêmes situations. Puis rayez « Bravo, beau travail ! » de votre vocabulaire : nous avons vu que c'était un compliment inutile. Enfin, commencez à féliciter vos enfants sur les modes positifs que je viens de décrire. Quand vous vous serez débarrassé de l'habituel « Bravo, beau travail ! », vous pourrez vous décerner des lauriers et vous le dire à vous-même !

Laissez vos enfants faire comme vous

Les enfants adorent participer et faire des trucs d'adultes. Pourquoi ? Peut-être sont-ils « programmés » pour en avoir envie, le bénéfice étant que cela leur enseigne les savoir-faire dont ils auront besoin quand ils seront eux-mêmes adultes. Quelles qu'en soient les raisons, même si en réalité ils ne font rien d'important, simplement participer les rend fiers d'eux-mêmes et de leurs capacités. Par exemple, quand je porte ou que je déplace quelque chose dans la maison, Catie et Gracie veulent m'aider, même si cela signifie juste poser leurs petites mains sur le carton que je transporte. D'un point de vue d'adulte, elles ne font rien d'important puisqu'elles ne supportent rien du poids. Mais à leurs yeux à elles, elles font comme moi et elles m'aident. Pour de jeunes enfants, ça compte !

Nous avons tous les jours des occasions comme celle-ci d'aider les enfants à développer leurs capacités. Ce qui nous empêche d'en tirer parti, c'est peut-être le temps, ou plutôt le manque de temps. C'est plus facile, plus rapide (et souvent moins salissant...) de le faire nous-même. De votre point de vue, laisser vos enfants vous aider à préparer le dîner, à réparer quelque chose, à faire la lessive ou le ménage dans le salon est souvent plus une gêne qu'autre chose : ça prend du temps, c'est plus difficile et ce n'est pas toujours aussi bien fait que par vous. Mais pour vos enfants, ces expériences (et la confiance en soi qu'ils en retirent) ouvrent un immense champ de possibilités d'apprendre et d'en tirer bénéfice. Si vous les en privez, vous ne les empêchez pas seulement d'intérioriser des messages très positifs sur leurs capacités. Le plus préjudiciable, c'est que vous leur communiquez des messages et méta-messages toxiques : un, vous ne les croyez pas capables ; deux, vous n'avez pas de temps à leur consacrer à eux ni à ce qui leur serait le plus profitable. Deux idées nuisibles s'il en est !

Résister à l'envie de pousser ses enfants

On insiste énormément de nos jours sur la nécessité d'accélérer le développement des enfants pour les préparer aux rigueurs de l'école. Tant de parents achètent toutes sortes de jeux et jouets éducatifs censés développer et renforcer plus vite les capacités de leurs enfants et fortifier leur estime de soi ! Pourtant, ces produits n'ont aucune valeur réelle : nombre de recherches corroborent mon affirmation. Elles montrent qu'il n'est pas possible d'accélérer le développement d'un enfant : il fait juste ce qu'il est capable de faire à telle ou telle phase de sa croissance. Et quand les parents essaient de « pousser » leur enfant, ils risquent en fait de le freiner, parce qu'ils l'empêchent de se doter des solides bases nécessaires à un développement harmonieux.

Les études montrent que, pour assurer un bon développement à l'enfant, il suffit aux parents de faire ce qu'ils ont toujours fait. Sans en avoir conscience, quand vos enfants se lancent dans les activités habituelles de leur âge, ils progressent en capacités et en savoir-faire.

Faire passer les bons messages, le plus tôt possible

Avoir confiance en ses capacités est un atout essentiel que les enfants doivent cultiver pour devenir des adultes à part entière. De fait, ce qui différencie les adultes des enfants est que les premiers possèdent un large répertoire de capacités leur permettant d'agir, en particulier au plan physique, intellectuel, affectif et social. Encore ne suffit-il pas d'avoir les compétences nécessaires. Il importe au moins autant d'avoir confiance en ses capacités : pour mettre leurs compétences en pratique, les gens doivent être convaincus de les posséder et que les mettre en œuvre leur permettra de réussir.

En ce sens, la petite enfance est une période cruciale : non seulement c'est le temps où s'acquièrent les capacités de base, mais c'est surtout celui où se forge la foi en ses capacités, le « Je suis capable de… » Les expériences initiales du tout-petit (vous attraper le doigt, s'asseoir tout seul, se relever, apprendre à marcher, à manger, à s'habiller, à parler…) constituent le socle sur lequel il fondera sa conviction de pouvoir maîtriser le monde de plus en plus complexe où il évoluera à l'âge adulte. Les recherches prouvent que ces apprentissages premiers sont essentiels pour avoir ou non confiance en soi. Si l'enfant se persuade qu'il n'y arrive pas et intériorise cette absence de confiance, il lui sera beaucoup plus difficile de revenir à une vision plus optimiste. Inversement, une foi précoce en lui-même résistera plus efficacement aux aléas et aux échecs de l'existence.

Les enfants réclament et recherchent les occasions de déployer leurs capacités – on dirait presque qu'ils sont « programmés pour ». Catie et Gracie n'arrêtent pas de dire : « C'est moi qui le fais… » Et alors que ni l'une ni l'autre ne nous le demande, leur mère et moi nous retrouvons souvent en position « de vouloir aider », par commodité, pour leur faciliter la tâche ou parce que nous voyons qu'elles ne sont pas tout à fait en mesure d'en venir à bout. Bon point en leur faveur, nous nous faisons constamment rabrouer avec un « Je peux le faire toute seule » (sur un ton particulièrement indigné…). La leçon à retenir est d'importance : vos enfants ont en eux la volonté de développer et renforcer leurs aptitudes coûte que coûte, et intervenir trop tôt ou trop souvent leur donne à penser que vous ne les en croyez pas capables.

Le maître mot, ici, est patience. Laissez-les chercher un moment. S'ils réalisent qu'ils ne sont pas tout à fait prêts pour mener à bien ce qu'ils essaient de faire, ils vous demanderont de l'aide. Il vous faudra alors ne donner que le coup de main nécessaire pour surmonter la difficulté immédiate et les laisser finir tout seuls. Ils trouveront vite en eux la récompense d'avoir surmonté ce qui leur paraît une épreuve monumentale. Vous les verrez débordants littéralement de fierté, avec de grands sourires de vainqueurs…

Pourtant, dès cet âge tendre, beaucoup d'enfants ont déjà intériorisé ce qu'ils perçoivent comme un manque de capacités. Vous les verrez en classe, sur les aires de jeux ou les terrains de sports. Ils sont pessimistes (« Je ne peux pas faire ça »), craintifs (« J'ai peur »), voire ne veulent même pas essayer (« Non, maman, non »). Il est sûr que, de naissance, certains de ces enfants sont de tempérament prudent ou peureux (raison de plus pour les aider à prendre de l'assurance en leur fournissant les moyens nécessaires et en les incitant à des attitudes plus positives). Pour d'autres, on voit d'où vient leur manque de confiance en eux en observant leurs parents : ils sont soucieux, anxieux, surprotecteurs et interfèrent sans arrêt dans leurs activités. Ils ne les laissent pas saisir les occasions de démontrer leurs aptitudes, soit qu'ils n'en voient pas l'importance, soit qu'ils trouvent plus facile de faire les choses eux-mêmes. Ils interviennent à la moindre difficulté, craignant apparemment que devoir se démener un peu et risquer l'échec entame l'estime de soi de leurs enfants. Ces parents-là voient aussi le danger partout et communiquent leurs craintes à leur progéniture. Ils ne les laissent pas prendre de risque, aussi minime soit-il, et sont constamment sur le dos des enfants, prêts à fondre sur eux au moindre signal d'angoisse ou de dommage potentiels. Bien sûr, ces parents sont pleins de bonnes intentions et pensent faire ce qu'il y a de mieux pour leurs enfants. Y a-t-il instinct plus puissant que celui qui pousse des parents à protéger leurs petits ? Pourtant, ces parents-là, sans s'en rendre compte, transmettent à leurs enfants le message : « Tu ne peux pas faire ça » et le méta-message : « Tu n'en as pas la capacité » – sapant ainsi leur confiance en eux pour les années à venir.

Même si la plupart des enfants finiront sans doute par maîtriser les aptitudes de base nécessaires pour évoluer dans leur monde, seuls ceux qui auront développé une conscience solide de leurs capacités et une confiance en soi à toute épreuve pourront véritablement mener leur vie à leur guise. Les messages que vous envoyez à vos enfants dès leur âge tendre pour leur donner confiance en eux jouent donc un rôle essentiel pour les aider à prendre conscience de leurs compétences.

Les petites phrases pour la confiance en soi

Catie avait à peine 2 ans et demi lorsqu'elle a trouvé la petite phrase familiale pour se donner confiance en soi. Elle marchait sans aide sur le mur de quatre-vingt-dix centimètres de haut qui borde notre cour (sous mon regard attentif...) et, lorsqu'elle est arrivée au bout, elle a crié : « J'y suis arrivée ! » avec une immense fierté et un grand enthousiasme. La phrase est restée. Aujourd'hui encore, chaque fois que l'une de nos filles accomplit quelque chose, elle hurle : « J'y suis arrivée ! » Sarah et moi avons aussi adopté l'expression ; quand les filles réussissent à faire quelque chose, nous leur disons : « Tu y es arrivée ! »

Les petites phrases

- « J'y suis arrivé(e) ! »
- « Essaie encore, tu voleras ! »
- *Yes, you can !*
- Le pouce en l'air

Virginie, maman d'un petit Thomas de 4 ans, avait souffert en grandissant de sa peur du risque. Elle était fermement décidée à ne pas communiquer sa crainte à son garçon. Un jour qu'elle se promenait à la campagne avec lui (il avait alors 2 ans), ils virent un oiseau en train d'apprendre à voler à son petit. Au début, l'oisillon battait des ailes et décollait à peine du sol ; sa mère se mettait alors à pépier vigoureusement. Ce que Virginie a traduit pour Thomas par : « Continue, essaie encore, tu peux voler, je sais que tu peux ! » À chaque tentative, le petit oiseau montait de plus en plus haut ; à force d'efforts, il a fini par s'élever droit dans le ciel. Après ce baptême de l'air, il s'est reposé à côté de sa mère, débordant de fierté (comme un oiseau peut l'être...) et gazouillant comme un fou. C'est à ce moment que Virginie a trouvé la petite phrase pour la confiance en soi : « Essaie encore, tu voleras ! »

Aujourd'hui, chaque fois que Thomas répugne à faire quelque chose ou que Virginie elle-même hésite à le laisser essayer une chose dont il a envie, elle prononce la fameuse petite phrase. Et avec un grand sourire, Thomas prend son envol, comme le bébé oiseau de l'histoire.

Jérôme a deux garçons et une fille. Il voulait que ses enfants n'aient peur de rien (dans des limites raisonnables, bien sûr). Pour trouver la bonne formule, il s'est inspiré de l'attitude du président Obama pendant sa campagne pour la Maison-Blanche et calqué la petite phrase familiale sur le slogan présidentiel : *Yes, we can !* Quand ses enfants essaient quelque chose pour la première fois, il leur dit : *Yes, you can !* (« Oui, vous pouvez le faire ! »). Et quand l'un de ses enfants se prépare à affronter une nouveauté, l'un ou l'autre des parents lui demande : « Tu peux le faire ? », et l'enfant lui répond : *Yes, I can !* (« Oui, je peux le faire ! »).

Comme je l'ai dit précédemment, ces formules peuvent s'exprimer autrement que par des mots ; elles peuvent aussi se traduire par des gestes. Il y a quelque temps, un jour où Catie venait de réussir quelque chose, je lui ai spontanément marqué mon admiration avec le pouce en l'air. Elle était ravie ; depuis, chaque fois qu'elle ou sa sœur font quelque chose, je refais le geste, ou je combine le geste et la parole en la complimentant avec enthousiasme. Ce faisant, mon message de félicitations passe par trois canaux : le geste (pouce en l'air), la parole (mon compliment) et le ton de ma voix (message affectif).

À présent, quand je leur demande leur avis sur quelque chose, elles ne disent rien et se contentent souvent de faire le geste du pouce en l'air. Elles ont même inventé un système d'évaluation en jouant des pouces : deux pouces en l'air, c'est « génial » ; un, c'est « super » ; pouce parallèle au sol, c'est « bien ». Pouce en bas, c'est « nul ».

Les routines et rituels pour la confiance en soi

Tout ce qui demande un petit effort pour être bien fait donne à votre enfant l'occasion de démontrer ses capacités. Plus vous travaillerez dans la répétition avec vos enfants, plus vous réussirez à leur inculquer des savoir-faire spécifiques et la confiance en leurs aptitudes. Sans forcément le réaliser, il est probable que vous avez déjà mis au point nombre de routines quotidiennes qui renforcent cette confiance en eux. Quand vous commencerez à y réfléchir, vous trouverez beaucoup d'autres occasions de ce genre et vous arriverez à ce que vos enfants profitent au maximum des bienfaits de l'exercice.

Vous pouvez les intégrer à vos habitudes familiales quotidiennes et les associer aux autres messages que vous souhaitez faire passer, par exemple sur le sens des responsabilités. Pensez aux tâches que vous assignez à vos enfants, comme plier et ranger leurs vêtements ou empiler proprement leurs livres sur la table : ce sont autant d'occasions privilégiées de leur inculquer la conscience de leurs capacités.

Routines et rituels

- Participer aux tâches ménagères
- Mettre le couvert et débarrasser la table
- Se préparer tout seul pour la nuit
- Se préparer le matin pour aller à l'école

Chez nous, le dîner constitue une occasion idéale. Catie et Gracie n'avaient même pas 2 ans qu'elles mettaient la table et, après dîner, devaient rapporter leurs assiettes, leurs bols et leurs couverts dans l'évier. Jusqu'à ce qu'elles maîtrisent parfaitement l'opération, débarrasser la table s'est révélé un exercice difficile et salissant : les filles lâchaient souvent leurs assiettes (en bois), renversaient leur lait ou faisaient tomber de la nourriture par terre. Mais il n'a pas fallu très longtemps pour qu'elles apprennent à débarrasser avec aisance et habileté ; aujourd'hui, elles aiment également servir le dîner. Nous leur demandons aussi de plier leurs serviettes après le repas, ce qui n'est pas un mince exploit en termes de coordination motrice pour de très jeunes enfants.

Nathalie et Laurent ont choisi l'heure du coucher pour inculquer à leurs jumeaux (un garçon et une fille) la conscience de leurs capacités. Ils leur ont donné progressivement de plus en plus de responsabilités pour ranger leur chambre, se déshabiller et se mettre en pyjama, se brosser les dents et ranger leurs livres. Ils en sont arrivés au point où les enfants ne veulent pas que leurs parents se mêlent de leurs préparatifs du soir (même s'ils ne sont pas encore prêts à aller au lit tout seuls). Nathalie et Laurent accompagnent ces gestes de compliments adaptés (« Tu t'es brossé les dents tout seul ! ») pour renforcer la confiance en soi des jumeaux.

Chez Christelle, ce sont les routines du matin qui servent à installer les savoir-faire. Juste après le quatrième anniversaire de ses deux garçons, Enzo et Jules, elle leur a demandé de faire leur lit et de s'habiller avant de partir à la maternelle. Bien sûr, au début, Christelle devait « mener la danse », les cajoler beaucoup et leur montrer comment tirer les draps et les couvertures sur le lit, sortir les vêtements des tiroirs et les leur enfiler (une fois adultes, nous avons oublié combien nous trouvions incroyablement difficile de boutonner une chemise et de monter la fermeture Éclair d'un pantalon). Mais à 5 ans à peine, les deux garçons maîtrisaient ces opérations comme de vieux routiers tandis que leur mère leur préparait le petit déjeuner et de quoi manger au déjeuner.

Christelle reconnaît volontiers que ses efforts étaient très largement égoïstes. Son mari partant travailler bien avant que les enfants se réveillent, cette « formation » précoce a allégé ses corvées du matin et lui a grandement facilité la vie.

Les activités pour la confiance en soi

Vos journées débordent de tâches à la fois amusantes ou banales, qui sont autant d'occasions de donner à vos enfants la conscience de leurs capacités. Il vous suffit de les identifier et de trouver le moyen de les y faire participer. Derrière la maison, Sarah a un potager où elle cultive toutes sortes de légumes. C'est une source de grande fierté de servir les produits familiaux en provenance directe du jardin. Et les filles aussi adorent jouer les « fermières ». Sarah leur a assigné un coin de terre rien

Les activités

- Jardiner
- Faire les courses
- Préparer les repas
- Réparer des choses dans la maison
- Faire des puzzles, du sport, jouer à faire comme si, avoir des activités artistiques...

qu'à elles et leur a même acheté à chacune un kit de jardinage avec un seau, des gants et des outils à leur taille. Elle a aidé les filles à choisir les légumes qu'elles voulaient planter et leur a montré comment préparer la terre, planter et récolter. Lorsque Catie et Gracie partagent avec moi les fruits (je veux dire les légumes) de leur labeur, il faut voir la joie de ces deux petites agricultrices (de plus en plus compétentes).

Chez Julien et Séverine, au retour du supermarché, les enfants sont priés de porter l'un des sacs à la cuisine. S'il est trop lourd (ce qui est presque toujours le cas), l'un d'entre eux prend une anse et les enfants l'autre. De même, lorsqu'ils se rendent dans leur famille, chaque enfant fait son sac et le pousse jusqu'à la voiture. Si la famille part en avion, les enfants doivent tirer leurs sacs dans l'aéroport.

Nos filles adorent « aider » Sarah à préparer le dîner. Si je mets des guillemets, c'est que (vous l'avez sans doute constaté vous-même) deux gamines qui essaient d'aider leur mère en cuisine peuvent en fait ralentir et compliquer le processus, sans parler de ce qu'il faut nettoyer derrière ! Malgré ces inconvénients, Sarah les laisse généralement verser, mélanger et couper (avec un couteau émoussé, bien sûr) les ingrédients. Catie et Gracie n'acquièrent pas seulement des compétences culinaires : elles apprennent à maîtriser un merveilleux savoir-faire qui leur sera utile toute leur vie et leur apportera de grandes joies.

Alexandre est un adepte convaincu du « faire soi-même ». Il passe son temps à monter et réparer des choses ; sa devise est : « Je résous le problème, mais je ne garantis pas le travail ». Avec lui, ses trois enfants adorent jouer les « apprentis ». Lorsqu'Alexandre se lance dans une réparation, il laisse chacun d'eux porter un outil. Il les fait participer à l'opération, en leur donnant l'occasion d'utiliser tel ou tel outil, par exemple fixer une vis, serrer un boulon ou poser une main sur la perceuse pendant qu'il la manipule.

Guillaume et Valérie ne sont pas du genre à succomber aux tentations de la publicité pour les jeux et jouets soi-disant éducatifs. Eux-mêmes ont grandi sans en avoir et ils s'en sont très bien portés. Ils pensent donc que s'ils s'en tiennent aux bases indispensables, leurs deux enfants, Nathan et Clara, s'en sortiront très bien, eux aussi. Donc, avec leurs bambins, ils passent leur temps à lire, jouer à des jeux de société ou à faire semblant, assembler des puzzles, faire du sport, découvrir la nature ou se lancer dans des activités artistiques.

Message 3

« Je suis là, tu es en sécurité »

La sécurité
est le plus sûr refuge
de votre enfant

« Je suis là, tu es en sécurité »

Vos efforts pour convaincre vos enfants de votre amour et de leurs capacités servent un but essentiel : les aider à se sentir fondamentalement en sécurité, avoir confiance en eux et dans le monde. Pour ce faire, voici les trois messages que vous aurez à leur communiquer. Premièrement, il y a autour de moi des gens pour me protéger en cas de besoin. Deuxièmement, mon corps et mon esprit sont à moi et je peux me débrouiller seul. Troisièmement, le monde est un endroit sûr que je peux explorer sans crainte et en confiance.

Sécurité et attachement

Pour installer cette sécurité de base, le premier message à faire passer est que votre enfant se sente rattaché à vous par un lien solide et sûr. Le maître mot, en matière d'attachement, est « confiance ». Très simplement, un enfant se sent en sécurité lorsqu'il réalise qu'il peut faire confiance à ses parents pour satisfaire ses besoins physiques et affectifs. S'il a faim, froid ou soif, il sait que vous êtes là pour le réchauffer et le nourrir. S'il a peur, s'il est triste ou se sent seul, il peut compter sur vous pour le réconforter.

Cet attachement n'est pas seulement important pour que vos enfants et vous puissiez nouer des relations saines et harmonieuses. C'est vous qui constituez leur premier lien et leur première ouverture au monde. Ce qu'ils vivent dans leur prime enfance, les émotions qu'ils ressentent, la façon dont ils perçoivent votre relation avec eux va constituer la base de leur relation au monde et conditionner ce qu'ils y vivront, ce qu'ils ressentiront, la perception qu'ils en auront.

Imaginez des enfants qui grandissent sans cet attachement, cette confiance ni cette sensation de sécurité. Ils apprennent que le monde est un endroit dangereux, imprévisible et indifférent à leur existence, sur lequel ils ne peuvent pas compter pour prendre soin d'eux. Une telle conception du monde aurait un impact profondément négatif sur leur vie future, en particulier leur vision d'eux-mêmes, leurs émotions, leurs ambitions et leurs relations. Les recherches montrent que les enfants qui se perçoivent en situation d'insécurité éprouvent une forte anxiété de séparation quand leurs parents s'en vont, sans pourtant tirer un grand réconfort de leur retour. Leurs professeurs ou les personnes qui sont amenées à s'occuper d'eux les décrivent souvent comme des enfants « collants » et en mal d'affection. Une fois à l'âge adulte, ils redoutent les situations d'intimité, ont des difficultés à exprimer leurs émotions, manquent de confiance dans leurs relations amoureuses et vivent mal le fait d'être rejeté.

Maintenant, prenez des enfants élevés avec un fort attachement, une grande confiance dans leurs parents et le monde, et cette sensation de sécurité. Ils voient le monde comme un endroit sûr, amical et prévisible, sur lequel ils peuvent compter pour satisfaire leurs besoins. En conséquence, l'univers leur apparaît comme un lieu où trouver réconfort, intérêt et occasions à saisir. Les études sur l'attachement montrent que les enfants qui ont un fort sentiment de sécurité et d'attachement se séparent aisément de leurs parents, accueillent leur retour avec enthousiasme et sont faciles à calmer quand ils ont peur. Une fois à l'âge adulte, ces enfants ont généralement une bonne estime de soi, sont à l'aise avec les autres et sont capables d'exprimer leurs sentiments et de nouer et maintenir des relations amoureuses stables.

Apprenez à « lire » vos enfants

Comme je l'ai déjà dit, les enfants ont chacun leur tempérament, leurs humeurs, leur sensibilité et leurs besoins. Ils vous envoient des messages par différents moyens pour attirer votre attention sur ce qui leur est nécessaire à tel ou tel moment. À vous d'apprendre à déchiffrer la personnalité de chacun de vos enfants et les messages spécifiques qu'ils vous communiquent.

Un moyen essentiel de tisser le lien de confiance qui crée l'attachement et la sécurité de base est de veiller à réagir en phase avec les traits de caractère propres à chacun de vos enfants et les messages qu'ils vous font passer. Vous leur répondrez alors sur un mode à la fois encourageant et riche de sens pour eux. Cette cohérence entre votre réaction et les demandes de vos enfants leur transmet un méta-message très important, à savoir que vous les comprenez et pouvez leur donner ce dont ils ont besoin, de la façon qui leur convient. Cette prise de conscience de leur part constitue le fondement de l'attachement et de la sécurité de base indispensables. Inversement, si vous réagissez aux demandes de vos enfants d'une façon qui ne correspond pas à leur personnalité, leurs besoins fondamentaux ne seront pas satisfaits et ils se sentiront incompris, délaissés et peu appréciés.

Soyez cohérent

La cohérence et la constance sont des éléments particulièrement importants dans l'établissement de l'attachement et de la sécurité de base, parce que la confiance que vos enfants mettent en vous se fonde sur votre capacité à leur créer un environnement prévisible et cohérent. Les dangers de l'incohérence dans la formation de l'attachement sont mis en évidence par le type de lien que les chercheurs qualifient de « désorganisé ». Les enfants présentant ce genre de trouble n'ont pas un système comportemental d'attachement structuré vis-à-vis de leurs parents, passant selon les moments de la recherche de contact à l'évitement, voire à la résistance ouverte. Ils apparaissent souvent anxieux et désorientés. Des recherches montrent que les incohérences de comportement des parents peuvent contribuer à installer cette forme désorganisée d'attachement. Par exemple, les parents vont répondre très vite à une demande de leur enfant à tel moment, mais n'en feront aucun cas à tel autre ; ils se montrent tour à tour aimants et compréhensifs ou bien furieux et critiques. Face à ces messages contradictoires, les enfants ne peuvent pas prévoir si leurs parents vont réagir, ni quand ni comment, ce qui crée un climat de méfiance, de détachement et d'insécurité.

Se sentir soi-même en sécurité

En termes de sécurité, le deuxième message crucial est que les enfants apprennent à se sentir sûrs d'eux. Pour y parvenir, ils doivent être convaincus d'être en sûreté et en pleine maîtrise d'eux-mêmes. Ce « moi tranquille » se nourrit au départ de l'amour que vous prodiguez à vos enfants, comme décrit précédemment (voir le message 1) : cet amour contribue à l'attachement et à la sécurité de base que je viens d'évoquer. Grâce à lui, vos enfants savent qu'il existe dans leur vie des gens capables et désireux de les protéger en cas de nécessité. Le « moi tranquille » se construit aussi sur la conscience de ses capacités, comme je l'explique au message 2 : lorsqu'un enfant a confiance en lui, il sait que, même si ses parents ne sont pas près de lui, il a en lui les ressources nécessaires pour se défendre ou ne pas s'effrayer face à une situation incertaine ou risquée, voire dangereuse.

À l'inverse, un enfant peu sûr de lui se sentira en danger perpétuel. Cette absence de confiance vient de ce qu'il lui manque les qualités, les expériences et les relations nécessaires pour se sentir sûr de lui. Ces enfants ont l'impression de ne pas être aimés et ne ressentent pas un fort attachement à leurs parents. Il leur manque aussi cette conscience de leurs capacités qui leur serait pourtant doublement nécessaire, compte tenu du peu de réconfort et de sécurité prodigués par autrui. En conséquence, ils n'ont aucun lieu (en eux-mêmes ou à l'extérieur) où se réfugier et se retrouvent pris au piège. Ils ne sont pas tranquilles là où ils sont, mais redoutent de s'aventurer ailleurs parce qu'ils ne s'estiment pas non plus capables de se sentir en sécurité « là-bas dehors ». Résultat : ils vivent dans un état de terreur constante, se mesurant au monde à contrecœur et la peur au ventre.

Le bien-être physique de l'enfant est l'un des grands domaines où cette notion de sécurité prend tout son sens. Si vous réfléchissez à la trajectoire de développement d'un enfant, vous noterez que maîtriser son corps constitue pour lui le premier pas (sans jeu de mots) sur le chemin qui le conduira à maîtriser sa vie. Depuis la première fois où il vous a saisi le doigt et celle où il a redressé la tête, en passant par réussir à s'asseoir, ramper et marcher, c'est en prenant les commandes de son corps qu'il a commencé à réaliser quels étaient ses capacités et son pouvoir sur le monde.

Ce sentiment de sécurité quant à son existence physique a des implications plus larges en termes de confiance en soi. À travers les expériences « primitives » de leur relation à leur corps, les enfants se forment d'eux-mêmes des images et des perceptions précoces qu'ils appliqueront ensuite à leurs univers, intérieur et extérieur, qu'ils ne cesseront d'élargir. Le « moi tranquille » sert de point de départ à partir duquel un enfant peut investir son monde intérieur (c'est-à-dire ses pensées, ses émotions, ses sensations physiques, ses besoins, ses désirs) avec aisance et confiance. C'est aussi ce « moi » qui donnera à l'enfant l'assurance et la facilité nécessaires pour explorer le monde extérieur (y compris son entourage et les êtres avec qui il est en relation) et en repousser les limites.

Les messages que vous envoyez à vos enfants pour les aider à se sentir en sûreté et ce qu'ils en reçoivent sont particulièrement importants lorsque leur intégrité physique est menacée d'une façon ou d'une autre. Dans les moments de véritable urgence, l'enfant a une conscience suraiguë de ses sensations et il capte vos messages avec une vigilance accrue : vos réactions et ce qu'il perçoit de vos émotions sont alors déterminants pour qu'il se sente (ou pas) en sécurité jusque dans les situations difficiles.

Sarah et moi en avons fait l'expérience et compris la puissance de ce message dans des circonstances pénibles. Catie avait autour de 2 ans et demi, et en débarrassant la table après le dîner, j'avais bêtement laissé traîner une boîte de conserve ouverte au lieu de la mettre tout de suite dans le bac à recyclage. Catie l'a ramassée, a commencé à jouer avec et s'est coupé le doigt assez profondément pour qu'il faille l'amener se faire recoudre aux urgences. Sarah s'en est aperçu la première et a réussi à rester incroyablement calme alors que la petite saignait beaucoup – de mon côté, j'ai fait de mon mieux pour suivre son exemple. Eh bien, Catie n'a pas versé une larme, à aucun moment : ni dans la salle d'attente, ni quand je la tenais pour les piqûres d'anesthésie locale, ni quand le médecin lui a posé quatre points de suture. Elle est restée calme et attentive pendant toute l'opération. Le médecin nous a dit que, dans cette situation, la plupart des enfants étaient hystériques, parce que les parents l'étaient. Si je raconte cette histoire, ce n'est pas pour nous vanter d'avoir su garder notre sérénité – intérieurement, nous étions dans tous nos états. J'en parle pour montrer l'importance des messages que nous transmettons à nos enfants. En l'occurrence, notre message à Catie, après qu'elle s'est coupé le doigt, était le suivant : « C'est sérieux, mais la situation est sous contrôle et nous aussi, alors tu n'as rien à craindre, nous allons nous occuper de toi ». Comme elle nous fait confiance, elle a été rassurée, ce qui l'a aidée à garder son calme. En un clin d'œil, notre fille a capté le message et s'est dit : « Si maman et papa pensent que je vais bien, je peux me fier à eux, tout va bien ».

Rassurer et encourager

Le troisième message est destiné à donner de l'assurance et il prend de l'importance au fur et à mesure que vos enfants gagnent en mobilité, qu'ils franchissent les limites du cercle familial pour pénétrer dans le monde, des environs de la maison, de l'aire de jeux, de la crèche, de l'école maternelle, puis élémentaire. Une part non négligeable de la formation de vos bambins repose sur l'acquisition constante de nouvelles limites et de nouvelles expériences. La perception qu'ils ont de l'extérieur et des autres, en termes de sécurité ou de danger, va déterminer leur degré d'aisance à explorer et à conquérir ces nouveaux territoires.

Des expériences précoces de découvertes « en solitaire » permettent aux enfants de développer leur assurance et un sentiment de sécurité quand ils sortent sans vous de la bulle familiale. Ce sentiment repose sur trois intuitions distinctes. Ils savent que, même s'ils s'éloignent, ils peuvent revenir sous l'aile protectrice de leurs parents (ou d'autres adultes, famille, voisins, enseignants...), une fois atteinte la limite de leur zone de confort. Leur vision positive de l'extérieur leur donne aussi la certitude de pouvoir, en cas de besoin, se sortir d'un mauvais pas réel ou imaginaire. Enfin, grâce à ces expériences personnelles et aux messages de leurs parents, ils se construisent une image rassurante du monde extérieur (tout en étant conscients des risques et des précautions raisonnables à respecter).

Les enfants habités par la crainte du dehors agissent et pensent de manière extrêmement différente. Soit que leurs parents leur aient transmis des messages anxiogènes ou qu'ils aient fait des expériences précoces renforçant cette appréhension, ou encore qu'un premier contact avec l'inconnu les ait persuadés qu'ils étaient incapables d'en affronter les dangers. Quelle qu'en soit la cause, cette image négative du dehors est source d'anxiété pour ces enfants qui manquent d'assurance et deviennent, souvent, excessivement accaparants et font preuve d'une certaine aversion à l'exploration et au risque.

Protéger est un instinct

C'est dans la nature des parents de s'inquiéter de la sécurité de leur progéniture. J'ai déjà eu l'occasion de constater dans ces pages combien cet instinct était primordial. Malheureusement, cette préoccupation naturelle se mue parfois en appréhension irrationnelle et en peur extrême. Pères et mères peuvent communiquer leur sentiment d'insécurité et de crainte, par le biais de modèles d'identification ou par des réactions disproportionnées à certaines situations rencontrées par leurs rejetons. Par exemple, une activité objectivement peu risquée, comme de grimper à une échelle sur l'aire de jeux, sera perçue comme menaçante par un parent qui a le vertige et se sent incapable d'une telle ascension. En réagissant de la sorte, il transmet un message fondé sur ses propres expériences et perceptions, mais aussi peu approprié à ses enfants qu'à la situation.

« Plus c'est saignant, plus ça se vend », telle pourrait être la devise des médias et des chaînes d'information en continu, et les parents, comme les autres, sont très exposés à ce type de catastrophisme. De nos jours, si l'on en croit les informations, les enfants vivent dans un monde hyper-dangereux où ils sont enlevés, perdus, agressés, violés et tués à un rythme tragiquement élevé. En réalité, et les statistiques le prouvent, la société dans laquelle ils évoluent n'a jamais été plus sûre. Même des risques moindres, comme les blessures ou les maladies, ont régressé grâce aux progrès en matière de sécurité, d'hygiène ou de protection infantile, grâce aussi à la vigilance accrue des parents. La situation n'a plus rien à voir avec les « dangers » auxquels étaient exposés les bambins du passé.

Vos chers petits sont dotés d'antennes qui captent vos émotions et la perception que vous avez d'eux et du monde qui vous entoure. Ils ne seront pas longs à repérer votre anxiété sur leur écran radar émotionnel. Si vous êtes inquiet en les voyant sortir de votre périmètre de confort, ils le sentiront et ils auront peur, parce que vous leur envoyez un message implicite signifiant que les raisons d'avoir peur du dehors ne manquent pas. Ce signal ne leur apprendra pas seulement à se méfier du monde extérieur, mais aussi à se méfier d'eux-mêmes.

Vos enfants doivent trouver leurs limites

Votre but, en suggérant à votre progéniture que le monde est sûr, est de lui permettre de découvrir sa propre zone de confort et l'encourager à en repousser régulièrement les limites. Chaque enfant semble, toutefois, posséder sa propre bulle, programmée différemment selon son tempérament, et qui va déterminer son degré d'esprit d'aventure. Il y a les enfants allergiques au risque, des casse-cou et ceux qui se situent quelque part entre les deux, selon que le « risque » est, par exemple, intellectuel, physique ou social.

Évidemment, pour la sécurité de vos rejetons, et avant de leur permettre d'explorer le vaste monde, vous devez évaluer leur impulsivité et savoir jusqu'où vous pouvez leur faire confiance. S'ils sont du genre à se précipiter tête baissée sans écouter vos rappels à l'ordre, vous leur tiendrez la bride plus serrée pour leur propre sécurité.

Laissez vos enfants décider eux-mêmes de leur rythme d'exploration, c'est la clé du succès. S'ils sont timides, vous aurez sans doute envie de les pousser hors de leur bulle pour les aider à surmonter leur appréhension. Cette tactique est probablement vouée à l'échec, car vous allez transmettre de mauvais messages. Premièrement, vous leur signifiez que vous ne respectez pas leur zone de confort. Deuxièmement, vous sous-entendez que quelque chose cloche chez eux. Troisièmement, votre déception et votre frustration vous feront envoyer des signaux émotionnellement nocifs. Votre stratégie risque donc de faire long feu. Quand vous poussez des enfants, qui ne sont pas prêts, à franchir leurs limites, il y a de fortes chances pour qu'ils se sentent déstabilisés et effrayés, ce qui ne facilitera pas de prochaines tentatives.

Il est préférable de ménager des situations autorisant une liberté de choix, qui leur permettent de s'aventurer dehors tout en conservant une certaine marge de sécurité et de confort. Par exemple, laissez un petit sortir d'abord avec un frère ou une sœur, ou marcher entre deux membres de la famille, séparés par une certaine distance, de manière à ce qu'il puisse aller de l'un à l'autre en oubliant celui qu'il quitte pour se concentrer sur celui qu'il va retrouver. Ou proposez-lui un but particulier, comme de grimper sur un rocher dans le parc. Il ne pensera pas qu'il vous abandonne (ce qui évite de déclencher la peur de la séparation) et se concentrera sur ce qui l'amuse (avec, à la clé, des émotions positives, du type curiosité ou excitation). Certains enfants aiment connaître les lieux avant de s'y aventurer seuls. Dans ce cas, accompagnez-les une ou deux fois avant de les laisser. Vous pouvez aussi proposer un but intermédiaire plus accessible, comme de grimper à mi-pente d'une colline et de toucher un rocher pendant que vous les attendez en bas. Grâce à ces explorations « assistées », ils s'accoutumeront peu à peu au monde extérieur et décideront probablement d'eux-mêmes d'étendre les limites de leur périmètre de confort.

Dès que vous permettez à vos enfants d'exercer leur libre arbitre pour gérer leur propre sécurité, vous devez envoyer certains messages et en éviter d'autres. Premier message : « Ayez confiance, je suis là en cas de besoin » (sécurité affective). Deuxième message : « J'ai confiance en vous, je sais que vous pouvez vous débrouiller dans la plupart des situations et que vous m'appellerez si vous avez besoin de moi » (sécurité personnelle). Troisième message : « Ma réponse sera adaptée et proportionnée à la situation » (sécurité de l'environnement). En revanche, évitez d'envoyer des messages inspirés par votre histoire personnelle, votre peur ou un désir bien intentionné, mais maladroit, de protéger votre progéniture.

Repoussez vos limites

Pour que vos messages soient pertinents, il est essentiel que vous preniez conscience de votre propre vision positive ou négative du monde extérieur. Vous saurez que vous avez des soucis avec la notion de sécurité, selon la nature de votre réaction, légèrement inquiète ou carrément paniquée, quand vos petits sortent de votre périmètre de confort (surtout si, de l'avis général, il n'est pas très étendu et ne comporte pas la moindre zone de risque pour vos bambins). Si vous arrivez à admettre que le problème vient de vous, vous résisterez mieux à votre pulsion protectrice et vous pourrez leur envoyer des messages qui les encouragent à trouver leurs propres limites.

Votre défi va donc consister à évaluer votre zone de confort personnelle pour permettre à votre enfant de partir à l'aventure. La frontière est déterminée par votre tempérament inné et votre perception du monde extérieur fondée sur l'expérience acquise, sachant que chacun de nous se situe quelque part sur une ligne allant de l'amour du risque à la peur de son ombre. Quand vous cédez à vos penchants, vous envoyez des messages depuis ce point particulier. Si le périmètre de sécurité de vos enfants est moins étendu que le vôtre, vous risquez d'en renforcer les contours, et même de les empêcher de faire des expériences qui les aident à repousser leurs propres limites. En revanche, si le leur est plus étendu, vous allez les tenir en laisse en leur interdisant d'élargir un champ déjà plus vaste que le vôtre. Dans les deux cas, vous leur interdirez d'explorer un territoire correspondant à leur caractère en leur adressant des messages qui les poussent à adopter vos bornes.

Pour stimuler l'assurance, l'aisance et un goût mesuré du risque chez vos enfants, je vous conseille d'évaluer d'abord l'étendue de votre zone de confort. Si elle est réduite et que le moindre franchissement des limites vous donne des palpitations, vous avez tout intérêt à tenter de comprendre le pourquoi de vos réactions et à essayer de les maîtriser. Ensuite, et pour le bien de votre progéniture, efforcez-vous d'élargir, rien qu'un peu, ce périmètre. Mais seulement si vous pouvez dominer votre anxiété à l'idée de lâcher un peu la bride à vos enfants (sinon, vous allez probablement leur communiquer votre angoisse et, de toute façon, ils ne s'aventureront pas au-delà de vos limites). Ceux qui se sentent incapables d'un tel effort doivent reconnaître qu'ils ne sont pas prêts à laisser leurs enfants faire certaines expériences et passer la main à leur conjoint(e) qui aura, espérons-le, une zone de confort plus étendue. À l'inverse, si vos limites sont très extensives, en d'autres termes si vous avez le goût du risque, il vous faudra sans doute brider votre nature. Vous devrez admettre que vos rejetons manquent d'expérience et de moyens pour affronter certaines situations que votre caractère vous autorise. À n'en pas douter, quelle que soit l'étendue de la zone de confort que vous leur allouez, vous n'avez qu'un désir, les savoir en sécurité.

Deux précautions, mais pas plus

Tout le problème consiste à trouver un équilibre entre sécurité et aventure. Vous désirez que vos enfants puissent vagabonder aussi loin qu'ils le souhaitent et gagnent ainsi en assurance et en aisance. Mais, assurément, vous n'avez aucune envie de les exposer à des risques inconsidérés. Démarrez l'apprentissage en les laissant tester leurs limites dans un environnement *a priori* sûr (même si aucun endroit ne l'est complètement). Par exemple, un grand terrain de jeu clôturé ou un champ. Ne sachant pas qu'il y a des limites, vos enfants iront aussi loin qu'ils l'osent. Vous les laisserez tranquillement jouer les explorateurs sans envoyer de signaux contradictoires. En conséquence, ils recevront un message sécurisant de leur environnement et de vous-même. Plus vos enfants gagnent en expérience et se sentent à l'aise dans le monde qui les entoure, plus vous pouvez les laisser partir à l'aventure et repousser leurs limites sur des terrains moins protégés.

Les petites phrases pour donner confiance

Notre petite phrase, nous l'avons empruntée à Catie, quand elle faisait ses premiers pas. Chacun sait que l'apprentissage de la marche est un vrai défi pour les enfants, peut-être leur expérience la plus forte. Et la route est jalonnée de chutes, de genoux égratignés et de larmes. Chaque fois que Catie tombait, comme tout parent qui se respecte, nous nous précipitions pour voir si elle allait bien et la réconforter si elle s'était fait mal (ce qui n'était généralement pas le cas). Nous intervenions avant même qu'elle ait besoin de nous ! Et puis, un jour, Sarah et moi avons assisté à une scène du même genre sur une aire de jeux. Une gamine est tombée et sa mère a bondi en hurlant comme si sa fille s'était fait renverser par un camion. Nous nous sommes regardés en réalisant que nous aurions facilement pu être à sa place.

Les petites phrases

- « Ça va ! »
- « On est là »
- « Bien à l'abri »
- L'échelle des bobos
- « Tiens bien la rampe ! »
- « Y a toujours la famille ! »

Un peu plus tard, nous sommes sortis nous promener avec Catie, qui est tombée par terre, comme à son habitude. Mais, au lieu de nous précipiter vers elle, nous avons attendu juste quelques secondes. C'est à cet instant que notre petite phrase fétiche est née, quand notre fille s'est relevée en disant : « Ça va ! » Depuis ce jour, quand Catie ou Gracie trébuchent, tombent d'une chaise ou risquent de s'être fait mal, nous attendons qu'elles disent si elles ont besoin de nous. En général, elles n'ont rien et nous avertissent par un « Ça va ! » Mais en cas de plaie ou de bosse, nos filles nous le font savoir, le plus souvent en criant ou en pleurant, et nous leur apportons calmement et tendrement tout le réconfort voulu. Si, dans un premier temps, elles ne disent rien, nous tenons pour acquis qu'elles se demandent simplement si tout va bien. Après tout, les enfants sont les mieux placés pour juger de leur état et ils ont besoin de ce genre d'expérience. Ils ont aussi besoin d'un peu de temps pour vérifier que tout fonctionne, c'est une sorte de test de capacité. En nous précipitant vers eux, surtout dans la panique, nous les privons de cette possibilité.

Même dans les situations potentiellement périlleuses, nous laissons nos filles décider par elles-mêmes si elles ont dépassé leurs limites et si elles veulent notre aide. Par exemple, Catie et Gracie adorent marcher sur le mur de clôture du jardin (situé un bon mètre au-dessus de la rue !). Nous avons une règle : elles n'y montent qu'en notre présence. Mais nous ne leur avons jamais proposé, ni demandé de nous prendre la main. C'est toujours à elles de décider si oui ou non elles se sentent en sécurité et ont besoin d'un soutien. Dans des contextes plus complexes, comme le ski ou le vélo, tout ce que nous leur avons appris et le « Ça va ! » fétiche sont maintenant de rigueur.

Je dois reconnaître que la méthode ne fonctionne pas toujours parfaitement. Quand Catie avait 4 ans, elle a voulu marcher sur un autre mur dans le fond du jardin ; avec un risque de chute d'environ un mètre sur un chemin cimenté. Comme j'ai tendance à être plus permissif que Sarah, j'ai dit à Catie d'y aller. Je n'avais pas remarqué que, par endroits, la vigne vierge dissimulait le bord du mur. Catie a fait un faux pas et elle est tombée sur le chemin. Par miracle, sa tête n'a pas heurté la bordure située de l'autre côté du sentier (ce qui aurait été vraiment grave !) et elle s'en est heureusement tirée avec une grosse bosse et une petite coupure sur le front. Autant le dire, j'ai frôlé la crise cardiaque et je me suis attiré les foudres méritées de Sarah. Et cette image de Catie en train de tomber n'a pas fini de me hanter.

C'est à la naissance de leur fils Louis, que Christophe et Émilie ont eu l'idée de leur petite phrase. Dès l'instant où il est né, au moindre problème, ils lui ont dit : « On est là ». Quand il pleurait parce que ses couches étaient mouillées ou qu'il avait faim, quand il chouinait parce qu'il tombait en apprenant à marcher, quand il piquait une crise de colère au jardin d'enfants, chaque fois Christophe et Émilie lui faisaient comprendre qu'ils étaient là s'il avait besoin d'eux. À 2 ans, Louis avait capté le message. Et maintenant, quand il escalade un toboggan un peu haut, il demande « Tu es là ? » à son père ou à sa mère qui répond, tout en le surveillant : « Oui, Louis, je suis là ».

Jade et Franck ont adopté Paul et Emma dans un orphelinat d'Europe de l'Est, quand ils avaient respectivement 1 et 3 ans. Même si, selon les standards du pays, les petits pensionnaires y étaient bien traités, le couple savait que les enfants adoptés ont souvent du mal à s'attacher à leurs nouveaux parents et à se sentir en sécurité après avoir été abandonnés. Alors, à peine Paul et Emma sont-ils arrivés dans leur nouveau foyer que Jade et Franck leur ont répété (c'était pour eux une sorte de mantra) qu'ils étaient « Bien à l'abri ». Par ces simples mots, ils ont transmis aux deux enfants un sentiment de sécurité, de confiance et de stabilité.

Caroline, mère d'un petit Théo âgé de 3 ans, aime bien l'idée de petite phrase, mais elle a décidé d'affiner le concept. Elle a lu quelque part que donner aux enfants une échelle de valeurs pour juger du danger leur permettait de mieux calculer les risques encourus. L'article suggérait une gradation allant de 1, pour un risque faible, à 5, pour une entreprise hasardeuse. Peu après cette lecture, Théo est tombé de son tricycle et s'est précipité vers sa mère en pleurnichant, « Maman, j'ai bobo ». Caroline tenait son idée de « petite phrase pour évaluer le risque » ! Elle permettrait à son fils de quantifier le danger potentiel d'une activité ou le degré de gravité d'une bosse sur une « échelle des bobos ». Par exemple,

Théo adore marcher en équilibre sur le bord du trottoir dans leur rue. Le seul problème est que ce bord est assez haut par endroits et que, s'il tombe, il risque de se faire mal. Caroline et Théo ont décidé que cette activité serait « maxi bobo » et qu'il devrait tenir la main de sa mère quand la bordure du trottoir serait trop haute. Une activité modérément risquée, comme de sauter sur le lit de ses parents serait gratifiée d'un « moyen bobo », tandis que trébucher en courant dans le fond du jardin écoperait d'un simple « mini bobo ».

Sandra et Cédric sont persuadés qu'il faut enseigner à leur petite Emma, âgée de 2 ans, quelques principes élémentaires de sécurité. Ils ont alors passé en revue les situations les plus risquées qu'elle pouvait rencontrer au foyer et ont décidé de lui inculquer des automatismes pour lui permettre d'éviter ces dangers. Par exemple, il y a, chez eux, un escalier de pierre assez raide menant du garage à l'appartement. « Tiens bien la rampe ! » est donc devenu la phrase fétiche de la petite Emma avec le double sens de « prends la rampe avant de monter ou descendre et tiens-toi à la rampe quand tu es dans l'escalier ».

Routines et rituels

- Fixez des limites raisonnables pour l'exploration
- Gardez vos enfants à portée de vue
- Au cas où vos enfants se perdraient, apprenez-leur à demander de l'aide à d'autres parents ou à une personne en uniforme
- Donnez à vos enfants une carte avec vos coordonnées
- Apprenez-leur par cœur leur nom, adresse et numéro de téléphone
- Instituez des rituels sécurisants : par exemple, tenir une rampe d'escalier
- Mettez les messages sécurisants en musique et chantez-les
- Ne lésinez pas sur les câlins et les contacts physiques pour enraciner ce sentiment de sécurité

Quant à Laëtitia, elle a une conception différente de la sécurité. Pour se sentir en confiance, ses enfants doivent pouvoir s'appuyer sur la famille. Quand elle dit, « Y a toujours la famille », son fils et à sa fille savent qu'ils peuvent compter sur des parents qui les aiment et les soutiennent.

Les routines et rituels sécurisants

Pour un enfant, se perdre est une expérience très traumatisante, l'une de celles qui ébranlent son sentiment de sécurité, sa confiance en lui et dans le monde qui l'entoure. C'est un condensé de messages négatifs : je ne peux pas faire confiance à mes parents, je ne suis bon à rien et le monde est un endroit dangereux. En conséquence, nous avons enseigné à Catie et Gracie quelques habitudes et rituels quand elles s'éloignent de nous.

Nous établissons des limites bien au-delà de celles que nous nous attendons à leur voir franchir. Ces bornes, par exemple un chemin qui longe un champ ou la crête d'une colline, leur signalent que nous sommes attentifs et gardons le contrôle de leur expédition. Nous leur demandons aussi de rester toujours à portée de vue, ce qui leur fait comprendre que nous pouvons intervenir immédiatement en cas de besoin. Enfin, si elles s'éloignent, nous nous arrangeons pour toujours maintenir le contact visuel, leur sourire ou leur adresser un petit signe rassurant quand elles se retournent. Encore un message pour leur signifier que nous veillons à leur sécurité.

Michel et Audrey adorent emmener leurs trois enfants dans des parades, des fêtes foraines ou des concerts. Mais ils n'ont qu'une peur, se laisser déborder par le nombre et perdre un gamin en cours de route ! C'est pendant une fête de village que leur pire cauchemar s'est concrétisé. Leur second fils a disparu environ quinze minutes, le quart d'heure le plus angoissant de leur vie ! Heureusement, un autre parent avait remarqué ce petit garçon pleurant tout seul et il était resté avec lui jusqu'à ce que Michel les retrouve. Comme il n'est guère envisageable de les tenir en laisse, le père et la mère ont dû élaborer une tactique pour que ce genre de mésaventure soit moins traumatisant pour leurs enfants. Dans un premier temps, Audrey a pensé qu'ils pourraient demander de l'aide à l'adulte le plus proche. Mais elle a découvert, en surfant sur Internet, un article mettant en garde contre cette méthode, tous les adultes n'étant pas dignes de confiance. L'auteur conseillait que les enfants s'adressent plutôt à des parents accompagnés de leur progéniture ou à un adulte en uniforme, comme un policier ou un employé portant un badge.

Depuis lors, Michel et Audrey ont pris l'habitude, en arrivant sur un lieu de festivité, de repérer avec leurs enfants des adultes auxquels ils pourraient demander de l'aide s'ils s'égaraient. Michel a même eu l'idée d'écrire son nom et celui de Audrey, ainsi que leurs numéros de portables, sur des cartes glissées dans la poche de chaque gamin. Du coup, s'ils se perdent ils donneront l'information à un adulte qui avertira leurs parents. Ces dispositifs n'ont pas seulement rassuré les enfants, ils ont également permis à Michel et Audrey d'être un peu plus tranquilles. Mais parions que notre couple n'a guère envie de renouveler l'expérience !

Sylvie voulait s'assurer que ses deux fils, Noah et Sacha, réagiraient bien si jamais ils se perdaient. Ils avaient environ 3 ans quand elle leur a appris une comptine pour les aider à mémoriser leur adresse et leur numéro de téléphone. Tous les soirs avant de se coucher, ils chantaient : « Mon nom est… et j'habite au… » et « Mon nom est… et mon numéro de téléphone est le… ». En moins de six mois, ils ont su la comptine par cœur et Sylvie était rassurée : si ses fils s'égaraient, ils sauraient dire comment avertir leur mère.

Sandra et Cédric ont associé, dans l'esprit de leur fille Emma, la petite phrase « Tiens bien la rampe ! » à l'habitude de monter ou descendre l'escalier en agrippant toujours la rampe (ou leur main). En fait, la routine est devenue familiale et les parents obéissent aussi à la règle et utilisent même la phrase fétiche. Du coup, pour Emma, c'est un moyen d'intégrer ce message de sécurité par plusieurs canaux : la petite phrase, la routine, le fait que ses parents s'y conforment et sa propre expérience dans les escaliers.

Laëtitia, dont j'ai mentionné plus haut la devise « Y a toujours la famille », a également institué un rituel avec ses enfants pour bien souligner le message. Après le dîner, elle les prend sur ses genoux et leur fait chanter, sur un air de la comédie musicale *Annie*, « Je n'ai besoin de personne d'autre que toi ». Laëtitia fait passer l'idée de plusieurs manières et avec force. Le message est soutenu par la musique et les paroles (elle a lu quelque part que les chansons s'inscrivaient dans une autre aire cérébrale que les mots parlés). En tenant ses enfants tendrement contre elle, tout en chantant, elle renforce cette notion de confiance et de sécurité.

Les faits et gestes pour donner confiance

Transmettre un sentiment de sécurité affective à vos enfants nécessite des messages subtils. Bien sûr, vous pouvez leur expliquer la chose, mais ce n'est qu'en l'éprouvant dans le lien qui les unit à vous et au monde qu'ils le comprendront. C'est au quotidien que les enfants captent ces signaux par le biais de comportements, de marques d'amour, d'habitudes familiales ou lors de sorties.

Les faits et gestes

- Être présent
- La bonne réponse au bon moment
- Être aimant
- Être proche
- Choisir une ou plusieurs activités
- Rencontrer d'autres enfants
- S'exprimer « physiquement »

Des activités pour renforcer le lien affectif

Bâtir une relation sécurisante pour nos chers petits paraît relativement simple et évident : il suffit d'agir comme les autres parents sont censés agir. Or, quand on s'intéresse d'un peu plus près à ce que devrait être la parentalité et qu'on prend conscience de son rôle primordial dans l'élaboration du sentiment de sécurité, on en vient à penser qu'il faut en faire davantage pour tisser une relation digne de ce nom.

Être présent. Julien a grandi avec un père qui n'était pas très présent, au sens propre comme au figuré. Ce père voyageait constamment, et même quand il était à la maison, il ne manifestait pas beaucoup d'intérêt pour ses trois enfants. Aussi, quand Julien a su qu'il allait être papa, a-t-il décidé qu'il ne serait pas comme son père. Il est persuadé que rien n'est plus important pour des enfants que la présence de leurs parents. Et présent, Julien a bien l'intention de l'être dans la vie des siens ! Il ne s'agit pas d'être juste physiquement avec eux. Le jeune papa n'a pas l'intention de faire de la simple figuration (être là avec l'esprit ailleurs). Il l'a vécu, et c'est pire que l'absence. Les enfants comprennent vite que, même si leurs parents sont avec eux, ils ne font pas vraiment attention à eux. Or, Julien et sa femme Séverine mènent une vie trépidante et hyper-connectée, avec un million d'autres choses plus intéressantes à faire que de s'occuper de leur progéniture. Mais le but de ce jeune père est d'être vraiment là pour ses enfants – attentif et impliqué dans une vraie relation ; présent par le corps et par l'esprit. Et Julien est persuadé qu'ils le ressentent profondément.

La bonne réponse au bon moment. Catherine a grandi en se sentant délaissée. Non que sa mère l'ait volontairement négligée elle et ses trois frères, mais elle était seule et devait assumer deux travails. Quand Catherine a été enceinte, elle s'est beaucoup documentée sur la nature de ce lien affectif et s'est rendu compte qu'elle n'avait jamais rien partagé de tel avec sa mère. Tout simplement parce que la malheureuse était tellement débordée qu'elle n'avait pas le temps de s'occuper de ses enfants quand ils avaient besoin d'elle.

Catherine a donc cherché à tisser une relation de confiance et d'affection en répondant avec diligence, tendresse et mesure aux demandes de ses enfants. Elle veut qu'Éric et Mélanie sachent qu'elle est là pour eux, surtout quand ils expriment des besoins qu'elle appelle « primitifs », qu'ils soient physiques ou émotionnels, comme la faim, la douleur, la peur, la frustration ou le chagrin.

Mais, en même temps, Catherine ne veut pas pourrir ses bambins en cédant à tous leurs caprices. Elle leur a fait comprendre que tous leurs « besoins » n'en sont pas vraiment (« Mais maman, j'ai besoin de ce livre, là-haut sur l'étagère ! »). Elle essaie donc d'adapter la rapidité de sa réponse à la nécessité de la demande. S'il n'y a rien d'urgent, elle veut que ses enfants réalisent qu'elle n'est pas à leur entière disposition et que certains de leurs prétendus besoins peuvent attendre. Elle s'est d'ailleurs aperçu qu'en réagissant de manière disproportionnée aux demandes de ses enfants, elle finissait par leur envoyer des messages contradictoires (les effrayer ou les persuader qu'ils passaient toujours en premier), ce qui avait tendance à saper plutôt qu'à renforcer leur confiance.

Être aimant. Avant la naissance de leur fille Lina, Éric et Lise ont assisté à une conférence sur le lien affectif, d'où il ressortait que l'amour est le principal appétit émotionnel de l'enfant et que sa satisfaction est au cœur du sentiment de sécurité. Le jeune couple a donc décidé de manifester le maximum d'amour à leur fille pour renforcer ce sentiment. Quand ils expriment leur amour par des mots, ils cimentent un lien métaphorique. Quand ils la prennent dans leurs bras, la câlinent et l'embrassent, ils lui offrent un lien bien physique. Et chaque fois qu'ils répondent à ses autres besoins avec amour, que ce soit pour la nourrir ou la rassurer, ils lui prodiguent une double dose de cet élixir magique, condition essentielle de la stabilité affective.

Être proche. Pour Delphine et Gregory, le contact physique rapproché est un élément indispensable de la vie de famille. Ils travaillent tous deux à plein-temps et Delphine n'a pris qu'un court congé maternité après chaque naissance. Leurs trois filles ont maintenant 3, 5 et 9 ans, mais au début, le couple a craint que ce lien affectif ne soit pas assez fort, car les bébés passaient beaucoup de temps à la crèche. Du coup, dès qu'ils étaient ensemble, les parents portaient constamment les petites (d'abord dans un porte-bébé ventral, puis dans un porte-bébé dorsal ou dans leurs bras, ou sur leurs épaules quand elles ont été plus grandes). Ce couple étant fan absolu des méthodes de « parentage proximal », leurs filles dorment depuis toujours avec eux (ils ont même acheté un lit king size pour que tout le monde soit à l'aise !)...

Des activités pour leur donner confiance

Certaines activités permettent d'encourager, chez les enfants, le développement de la confiance en soi. Tout ce qui renforce leur sentiment de compétence, la maîtrise d'eux-mêmes et de leur vie, va dans le bon sens. Il peut s'agir d'activités organisées, comme des pratiques sportives ou artistiques, ou de distractions informelles, comme faire des puzzles ou des jeux à la maison. Des occupations comme la cuisine ou le jardinage ont aussi leur intérêt. On peut également intégrer ces expériences au quotidien des enfants, en leur proposant de décider eux-mêmes quand et comment accomplir leurs tâches de tous les jours. C'est, par exemple, leur laisser choisir dans quel ordre effectuer leur petit rituel avant de se coucher, ce qu'ils veulent manger ou quels vêtements porter pour aller à l'école.

La natation est l'une des activités les plus importantes que nous avons proposées à nos filles, dès leur plus jeune âge, pour leur donner confiance en elles. En leur apprenant à nager, très tôt, nous leur avons envoyé un message fort quant à leurs compétences et leur maîtrise d'elles-mêmes dans un milieu relativement inhabituel, à savoir l'eau. Du même coup, nous leur avons permis d'acquérir un don essentiel qui peut aussi leur sauver la vie (la noyade est la seconde cause de décès accidentel chez les enfants de moins de 12 ans). Et, ce qui ne gâte rien, les gamines adorent nager.

Sébastien est fan de sports. Il aime autant participer que regarder. Il voulait donc que sa fille, Lou, lui ressemble. Dès le berceau, il l'a entourée de toutes sortes de balles (d'accord, ni gros ballon de rugby, ni petite balle de ping-pong, mais beaucoup d'autres !). À peine a-t-elle su marcher, qu'il lui a appris à taper dans un ballon de foot, à faire des paniers au basket, des smashs au tennis et des swings au golf. Quand Lou a eu 3 ans, elle a pris ses premiers cours de foot et maintenant, à 7 ans, elle joue dans une équipe entraînée par, devinez qui, son papa ! Heureusement pour Sébastien, Lou adore le sport (allez comprendre).

Des activités pour se sentir à l'aise dans le monde

Toute activité qui permet aux enfants d'explorer leur environnement et d'élargir leur zone de confort, socialement, physiquement et émotionnellement, les aide à se sentir en confiance dans le monde. Les grands espaces – parcs, plages, musées ou sentiers de randonnée – leur donnent la possibilité de repousser leurs limites. Colonies de vacances, fêtes d'anniversaire ou école leur permettent d'expérimenter et de maîtriser l'art difficile des relations sociales. S'adonner à des activités physiques, jouer dans un parc, escalader des rochers en montagne, faire du vélo ou des randonnées, agrandit l'étendue de ce périmètre de confort. Grâce à ses pratiques, les enfants peuvent tester leurs émotions et faire, par exemple, l'expérience de la peur, de la frustration ou de la déception. Ils y gagnent aussi de l'assurance en découvrant qu'ils ont des compétences et sont capables d'exercer un certain contrôle sur eux-mêmes et leur environnement.

Nous aimons beaucoup emmener nos filles au parc et assister à leurs explorations. Dès qu'elle a su marcher, Catie s'est éloignée, mais en regardant fréquemment vers nous. Elle semblait, d'ailleurs, pourvue d'un sixième sens qui lui signalait jusqu'où aller. Souvent, quand nous jugions qu'elle partait un peu loin pour notre propre confort, elle semblait arriver à la même conclusion et entamait son voyage de retour. En revanche, Gracie était plus prudente, nous demandant souvent de l'accompagner la première fois qu'elle s'aventurait quelque part. Mais dès qu'elle s'était familiarisée avec le lieu, parc ou aire de jeux, il n'y avait plus moyen de la retenir.

Barbara s'est toujours sentie timide et mal à l'aise avec les gens, ce qui lui a causé certains problèmes dans sa vie. Ses parents, plutôt introvertis et sans beaucoup d'amis, en sont, pense-t-elle, responsables. Or, Barbara refusait que son fils, Gabriel, soit victime du même handicap social. Elle a lu que le fait de vivre des expériences pouvait atténuer l'impact de la timidité dans l'enfance. En d'autres termes, Gabriel n'était pas condamné à une vie effacée et solitaire. Alors que son fils n'avait que quelques mois, elle a commencé à élargir sa bulle personnelle. D'abord, en le laissant jouer avec d'autres bébés à la garderie de son club de gym. Ensuite, en l'emmenant à des fêtes, des concerts et des manifestations sportives, simplement pour qu'il soit entouré de monde. Elle lui a aussi appris à sourire et dire « Bonjour » et « Au revoir » à tous les gens qu'il rencontrait. Quand Gabriel a eu l'âge d'entrer à l'école maternelle, la première année, elle l'a inscrit dans une classe avec peu d'enfants pour qu'il ne se sente pas trop perdu. Mais ensuite, elle l'a changé d'établissement, afin qu'il entre dans une classe plus nombreuse pour se préparer à l'école élémentaire. Maintenant qu'il est en CP, Gabriel est toujours un peu timide quand il aborde d'autres enfants (les chiens ne font pas des chats), mais il s'intègre vite au groupe. Et ça, Barbara est persuadée qu'il le doit à ses efforts pour élargir très tôt sa « bulle » sociale.

3

Pour que votre enfant aime « les autres »

Les messages qui aideront vos enfants à nouer des relations et à vivre en harmonie avec les autres

Message 4

« Partage ce que tu as »

L'altruisme,
la générosité,
la bienveillance...
sont aussi
des valeurs à lui
transmettre

« Partage ce que tu as »

Pensez à toutes les qualités que vous admirez chez les autres et que vous aimeriez, par-dessus tout, retrouver chez vos enfants. Je parie que la compassion figurerait tout en haut de votre liste. Pourquoi ? Sans doute parce qu'il s'agit d'une valeur rare – un pur diamant dans une société où l'égoïsme et le manque de considération envers autrui sont monnaie courante.

Réfléchissez à ce que signifie ce mot. Fondamentalement, compatir c'est s'intéresser à ce qui n'est pas vous. Par voie de conséquence, c'est se soucier d'autrui et de ses besoins. C'est aussi désirer aider ceux qui ont moins de chance que vous. Beaucoup d'autres merveilleuses qualités en découlent, comme la bienveillance, la bonne volonté, l'altruisme ou l'empathie, pour n'en citer que quelques-unes. S'il s'agissait d'une recette de cuisine, on aurait là tous les ingrédients pour concocter quelqu'un de bien.

Les experts l'affirment, la compassion serait génétiquement inscrite en tout être humain, car elle est indispensable pour vivre en société. Mais en tant que parent, et je ne vous contredirais pas, vous seriez prêt à jurer que vos chers bambins sont venus au monde sans une once de cet admirable sentiment. Les jeunes enfants paraissent ne se soucier que d'eux-mêmes ! Les spécialistes du développement infantile assurent que l'égocentrisme est un passage obligé, mais transitoire. Pour les parents, c'est une maigre consolation, surtout quand ils assistent quotidiennement à des échanges peu amènes entre leurs enfants. Qui n'a jamais eu ce genre de dialogue avec les siens ?

> Vous : S'il te plaît, sois gentil avec ton frère.
> Lui, ***l'air buté :*** Non.
> Vous, ***le ton monte :*** S'il te plaît, sois gentil avec ton frère.
> Lui, ***de plus en plus obstiné et rageur :*** Non, non et non !
> Vous : Tu vas être gentil avec ton frère ou autrement…

Ce qui, vous l'avouerez, n'est pas vraiment le meilleur moyen d'encourager civilité et compréhension.

Si l'on en croit la génétique, ce n'est pas parce qu'un trait de caractère est transmis héréditairement de parent à enfant qu'il se manifeste spontanément chez ce dernier. Les récentes avancées de cette science infirment la traditionnelle opposition entre inné et acquis. Il serait plus juste de dire que l'inné est développé par la culture (ou l'acquis). Imaginons que les gènes (l'inné ou la nature) sont des ampoules électriques. Les expériences proposées aux enfants (l'acquis ou la culture) permettent de les allumer ; dans le cas contraire, elles resteront éteintes. Même si le petit humain est génétiquement prédisposé à la compassion, la phase égocentrique peut fort bien devenir définitive si la lumière n'est pas allumée. Il revient aux parents d'appuyer sur le commutateur pour détourner leurs enfants de l'égoïsme et les encourager à l'altruisme.

Il n'est jamais trop tôt pour sortir vos bambins de leur période « Le monde tourne autour de moi », « Je veux ça maintenant » et « J'en ai rien à faire des autres ». En fait, vous devez commencer le plus tôt possible, car dès qu'ils ont accès à la culture populaire et fréquentent les enfants de leur âge, tous les modèles proposés viennent conforter leurs prédispositions égocentriques. Vos exhortations du type « Sois gentil avec ta petite sœur » ne manqueront pas de se heurter à un mur de résistance. Pourtant, au fur et à mesure, vos messages clairs, répétés et multidirectionnels porteront leurs fruits et vous assisterez, émerveillé, à l'émergence de cet extraordinaire sentiment chez vos enfants. Mais cela ne se fera pas tout seul !

La compassion n'a pas bonne presse

En dépit de sa valeur morale, la compassion n'est pas tenue en haute estime dans la culture dominante. C'est même l'inverse, si on se réfère aux médias populaires (télévision, cinéma, musique…) où règne l'adulation du « moi ». Ce climat général tend à faire passer pour des sentiments légitimes le narcissisme, l'égoïsme, la vanité, l'orgueil, la certitude d'être toujours dans son droit et le mépris de l'autre. Les jeux vidéo font l'apologie de la violence et de la misogynie. La télé-réalité encourage l'avidité, la tromperie et l'humiliation. La pipolisation de la société prône la médiocrité au détriment des valeurs importantes. Quant aux sportifs, leur devise pourrait être « Gagner à tout prix » ! C'est cool de jouer les durs (ou pire), la compassion est réservée aux faibles, aux mauviettes et aux losers, tels sont les messages dont la culture de masse abreuve vos enfants.

Notre société ne souhaite pas que les jeunes fassent preuve d'altruisme et de gentillesse. Au contraire, elle leur apprend l'individualisme et à la satisfaction des désirs. Ces purs produits de la génération « Moi je » sont des proies faciles pour la culture dominante, dont les messages complaisants flattent le narcissisme et le besoin égocentrique d'immédiate gratification. Que leur dit-elle ? « Vous pouvez tout avoir, tout de suite et sans effort ». Les injonctions publicitaires omniprésentes, du type « Pense à toi » ou « Fais ce qu'il te plaît », sont de nature à renforcer ce sentiment de toute puissance. Nos enfants en viennent à imaginer que, dans la vie, tout doit tendre à la satisfaction de leurs désirs et que, par voie de conséquence, les besoins et désirs des autres ne comptent pas.

Un monde coupé du monde

Notre monde, où les technologies de la communication progressent à toute vitesse, se réduit comme peau de chagrin et l'influence, bonne et mauvaise, de tout un chacun prend des proportions considérables. Pourtant, la plupart des enfants n'apprennent pas à voir plus loin que le bout de leur petit monde.

Le brassage social, intergénérationnel et interethnique était plus important dans les générations précédentes. Les gens étaient plus conscients de ce qui se passait « de l'autre côté de la barrière » et, du coup, s'intéressaient davantage à ceux qui étaient différents d'eux.

Aujourd'hui, tout concourt à renforcer le manque de communication entre enfants d'origines diverses : que ce soit le système d'enseignement (carte scolaire, écoles privées), les quartiers à la population de plus en plus homogène ou même, dans certains pays, des zones résidentielles fermées. Si nous n'offrons pas à nos jeunes une ouverture sur d'autres modes de vie, ils n'auront jamais l'occasion de se montrer généreux et soucieux de ceux qui n'ont pas leur chance.

La force de la compassion

Nous prenons conscience de ces valeurs avec la reconnaissance de notre appartenance à la vaste communauté des hommes. En tant qu'individu, nous faisons tous partie de groupes, qu'ils soient familiaux, sociaux, religieux, nationaux ou autres. Ces collectivités ne doivent pas seulement coexister, elles ont besoin les unes des autres pour survivre. Le savoir amène à comprendre autrui, ce qu'il est, sa culture, ses croyances, sa vie et les défis qu'il lui faut affronter. Compatir permet de s'identifier aux autres, de réaliser que les êtres humains sont plus semblables que différents. Tout le monde veut être heureux et en bonne santé, se sentir protégé et entouré ; tout le monde veut travailler, s'amuser et prendre soin de sa famille. L'empathie met en lumière cette parenté entre des humains de cultures différentes. Découvrir que nous éprouvons tous les mêmes sentiments – amour, tristesse, joie, douleur, désespoir, enthousiasme, frustration – fait progresser dans la voie de la compassion. Ce sentiment fait que nous nous intéressons à autrui et que nous réussissons même à considérer ses besoins avant les nôtres. Si la compassion est si importante, ce n'est pas tant parce qu'elle nous incite à penser aux autres, mais c'est surtout parce qu'elle nous fait percevoir leurs souffrances et nous pousse à y porter remède.

Développer cette belle faculté chez vos enfants est un moyen de les ouvrir aux différences, à de nouveaux points de vue et de leur donner accès à des idées et à des expériences enrichissantes qui les aideront à sortir de leur microcosme. La compassion leur fera découvrir le plaisir d'aider leur prochain et la satisfaction d'œuvrer pour un monde meilleur. Les enfants conscients de l'existence des autres, et qui s'y intéressent, tissent un lien plus fort avec leur environnement. Ils s'aperçoivent que la générosité, la gentillesse et l'attention sont à double sens. En rendant service, ils suscitent la réciprocité et pourront se faire aider en cas de besoin. Voilà une connaissance et un plaisir auxquels ils n'auraient jamais eu accès en restant confinés, comme beaucoup d'autres, dans leur petit monde égocentrique. La compassion engendre la compassion, ceux qui la pratiquent le savent et comprennent ce que chacun peut y gagner.

Certaines études ont prouvé que ce comportement avait d'autres avantages. Il protégerait, en particulier, de l'influence de la culture dominante. Les personnes sensibles aux valeurs d'entraide et qui s'impliquent dans les affaires du monde cèdent moins à la dictature de la richesse, du matérialisme, de la superficialité et au culte de la célébrité qui envahissent notre société. Elles sont également plus heureuses et plus équilibrées que les adeptes de la culture populaire et ont davantage d'énergie, moins de problèmes comportementaux et sont moins sujettes à la dépression ou à l'anxiété. Manifestement, c'est une excellente chose que d'enseigner la compassion aux enfants et surtout faire qu'ils l'intègrent à leur conception de l'existence.

Les messages de compassion

La compassion, c'est d'abord une pensée (« Je fais partie de ce monde ») et une émotion (« Je prends soin des autres et les autres prennent soin de moi »), mais elle ne s'exprime pleinement que dans l'action (« Je veux aider les autres »). La difficulté consiste à envoyer des signaux qui renforcent la valeur de cette notion chez vos enfants tout en leur inspirant à la fois des idées, des émotions et des actes. Ce n'est que par l'imprégnation qu'ils finiront par en percevoir l'importance et se l'approprieront.

Qu'y a-t-il de plus efficace que la générosité pour transmettre ces messages ? À la différence des pensées et des émotions, ses résultats sont visibles. La générosité agit ; elle est mue par l'intelligence du cœur, qu'on pourrait définir comme le désir de faire le bien ou de se dévouer sans rien attendre en retour. Cette remarquable qualité se caractérise, entre autres, par le don volontaire, librement consenti et désintéressé. Les personnes dotées de ce type de qualité se débrouillent pour arriver à leurs fins et réussissent à provoquer des changements déterminants. L'intelligence du cœur est contagieuse (la « maladie de la bonté » s'attrape et se transmet), mais se manifeste de nombreuses manières. Elle s'exprime selon le tempérament et les capacités de chacun, et selon les opportunités rencontrées.

Les messages

- Intégrez la compassion à votre quotidien
- Entourez-vous de personnes altruistes et généreuses
- Parlez de la compassion avec vos enfants
- Faites le tour de la question (ou presque)
- Des activités pour développer l'empathie et la générosité
- Enseignez l'interdépendance à vos enfants

L'apologie du narcissisme et du « chacun pour soi » qui envahit la société actuelle ne pousse pas les jeunes enfants, déjà naturellement enclins à l'égocentrisme, à faire l'apprentissage de la générosité. Vous devez cultiver très tôt, chez eux, cette aptitude à se soucier des autres. Il faut intégrer la compassion au tissu de votre vie familiale de manière à ce que de bons influx leur arrivent de toutes parts.

Heureusement, les canaux ne manquent pas pour apprendre l'altruisme et la générosité à vos enfants. Si vous vous débrouillez pour qu'ils baignent dans un océan de signes positifs, soyez-en sûr, ils saisiront le message haut et clair.

La compassion au quotidien

Je suis persuadé, vous avez déjà eu l'occasion de vous en rendre compte dans ce livre, qu'il faut vivre et exprimer au quotidien les valeurs que vous voulez enseigner. Cette influence inconsciente est bien plus efficace que toutes les leçons apprises. En faisant preuve d'empathie et de générosité dans votre vie, vous offrez à vos enfants des exemples cohérents et répétés qu'ils intégreront probablement à leur propre existence.

La transmission s'effectue par de multiples voies, qu'elles soient concrètes ou plus intuitives. Les petits seront surtout sensibles aux manifestations visibles de solidarité, comme de vous consacrer à du bénévolat ou de traverser la moitié du pays pour aider un membre de la famille en difficulté. En grandissant, ils s'apercevront que votre intérêt pour les autres s'exprime également par des attentions plus discrètes : les réconforter quand ils se sont écorché le genou, s'occuper du repas quand le conjoint est stressé par son travail ou aider un voisin aux prises avec des problèmes domestiques. Même des actes plus insignifiants, comme d'être aimable avec un serveur de restaurant, envoient à vos enfants de subtils signaux qui leur révèlent la profondeur et l'importance de la compassion au quotidien.

J'ai déjà eu l'occasion d'y faire allusion dans ces pages, les émotions sont un puissant vecteur de communication. Si, après avoir agi selon votre cœur, vous exprimez ce que vous ressentez, vous montrez à vos enfants ce qu'ils éprouveront dans les mêmes conditions. Laissez-leur percevoir les sentiments qui motivent vos comportements (empathie, gentillesse) et votre ressenti après un acte généreux (satisfaction, fierté). Au début, vous aurez sans doute besoin de verbaliser ces émotions, mais quand ils en seront imprégnés, ils les déduiront simplement de vos actions.

De l'importance d'être bien entouré

Quand vos enfants sont petits, vous exercez une influence quasi exclusive sur eux. Mais dès qu'ils grandissent, ils découvrent d'autres horizons et votre ascendant s'affaiblit en conséquence. Malheureusement, la plupart des modèles proposés (par la culture dominante ou les camarades) ne vous paraîtront sans doute pas souhaitables. Alors, comment faire ? Essayez de créer une sorte de cordon sanitaire constitué de personnes et d'institutions qui soutiendront et renforceront vos messages. Le lieu où vous vivez, vos amis, vos relations, les écoles que vos enfants fréquentent et les activités auxquelles ils participent sont autant de leviers sur lesquels il vous est possible d'agir. S'ils sont entourés de gens qui partagent vos valeurs, vous êtes assuré que les signaux positifs proviendront de multiples sources et que cet environnement les protégera des mauvaises influences.

Parlez de la compassion avec vos enfants

Quand vos enfants grandissent, commencez à discuter de cette notion avec eux. Ils en auront ainsi une compréhension plus intellectuelle et saisiront mieux le rôle qu'elle peut jouer dans leur vie. Expliquez-leur la nature de la compassion, pourquoi ce doit être important pour eux, pour leur famille et pour le monde en général. Puisqu'il s'agit pour l'essentiel d'une émotion, n'hésitez pas à décrire les sentiments qu'elle suscite (le besoin de faire le bien et d'aider les autres) et ce qu'on ressent après avoir accompli une bonne action (satisfait, heureux, passionné). Pour les en convaincre, parlez-leur des conséquences de l'altruisme (renforcer les liens et donner du sens à la vie) et des résultats de l'indifférence (aliénation et médiocrité). Mais pour étayer votre thèse, rien ne vaut les exemples que vous leur proposez. Montrez à vos enfants comment agir à l'échelle familiale, en étant simplement gentils avec leurs frères et sœurs. Et à l'échelle sociale, en donnant, par exemple, des vêtements ou des jouets dont ils ne se servent plus à des institutions caritatives. Enfin, signifiez-leur clairement vos attentes à cet égard et ce à quoi ils s'exposent s'ils dérogent à ces règles.

Faites le tour de la question (ou presque)

Cette prise de conscience ne se fera pas en un jour ni en deux ou trois conversations. Le processus doit plutôt se concevoir comme un dialogue permanent, émaillé de discussions et d'expériences variées. Cherchez des exemples d'altruisme ou, au contraire, d'indifférence et de haine dans différents médias. Vous trouverez tous les jours, tant dans la presse écrite qu'à la télévision ou sur

Internet, pléthore d'événements, qu'ils se passent à votre porte ou à l'autre bout du monde.

Au fur et à mesure que vos enfants acquièrent une meilleure compréhension de cette notion, proposez-leur des approches diversifiées via des livres, émissions ou films qui racontent et analysent des actes généreux ou haineux. Ils auront ainsi l'occasion de creuser d'autres aspects de la question. Le but de ce bombardement de messages ? Qu'ils assimilent ces comportements et ces idées et que la compassion soit intégrée à leur personnalité et à leur vie.

Des activités pour développer l'empathie et la générosité

Quoi de plus efficace pour faire passer vos idées que d'engager vos enfants à pratiquer la gentillesse et la générosité. Commencez à l'échelle familiale ; encouragez-les à mettre ces sentiments en application avec leurs frères et sœurs, et avec vous : que ce soit en consolant la petite dernière qui pleurniche ou en vous laissant en paix quand vous avez un gros rhume.

Élargissez ensuite leur rayon d'action en leur demandant d'aider en dehors de la famille. Le meilleur moyen restant encore de donner de l'argent ou des objets (vêtements, jouets) à un organisme caritatif. Nous avons assisté à des déferlements de compassion et de générosité après le cyclone Katrina à la Nouvelle-Orléans ou lors du tremblement de terre en Haïti. Ces exemples sont tout à fait dignes d'estime, mais ils ont moins d'impact sur les enfants, car celui qui reçoit est très éloigné de celui qui donne. Les jeunes esprits ont souvent du mal à comprendre le résultat de leur bonne action s'ils ne peuvent pas le toucher du doigt.

En mettant vos enfants directement en contact avec les gens qu'ils aident, vous leur permettrez de réaliser le sens de leurs actes. Et si cette pratique est d'ordre familial, le message n'en sera que plus fort. Au cours des repas, vous partagerez ensuite vos expériences, chacun racontant ce qu'il a fait, comment il s'est débrouillé et ce qu'il a ressenti.

Ce type d'action est extrêmement bénéfique. Les plus jeunes prennent alors conscience du lien de cause à effet entre leurs efforts et le résultat qu'ils obtiennent. En d'autres termes, ils savent à qui ils ont donné et voient à quoi sert leur générosité. C'est aussi le moyen pour eux d'expérimenter en direct des sentiments intenses, comme l'empathie, le dévouement et la satisfaction du devoir accompli. À cette occasion, ils vont également communiquer et travailler avec des personnes qui partagent les mêmes valeurs qu'eux, ce qui vous offre une autre possibilité de renforcer les messages de compassion.

Enseignez l'interdépendance

On s'accorde à penser que le passage de la dépendance à l'autosuffisance marque la fin de l'enfance et le début de l'âge adulte. Se libérer de la tutelle des parents serait donc l'ultime et unique signe de la maturité ? Loin de là. Certes, les enfants gagnent leur indépendance en apprenant à se détacher de leurs parents et à satisfaire leurs besoins. Mais s'ils s'arrêtent à ce stade de développement, ils restent figés dans l'égocentrisme propre au jeune âge. Avec une seule différence : ils ont la possibilité de ne penser qu'à eux sans avoir de compte à rendre à personne.

Avant d'accéder au statut d'adulte responsable et soucieux du bien commun, il leur reste encore un défi de taille à affronter. Et c'est vous et votre éducation qui les aiderez à franchir cette ultime étape. Pour leur apprendre la compassion, il faut leur enseigner l'interdépendance. Ils n'atteindront ce stade de maturité que s'ils réussissent à faire cohabiter en eux une dose d'égocentrisme et la conscience qu'ils dépendent autant des autres que les autres dépendent d'eux. Mais dès que cette leçon de solidarité est sue, dès qu'ils comprennent le lien qui unit tous les humains, ils sont capables d'altruisme et de générosité.

Des adultes empathiques

La compassion est une énergie puissante et la source de nombreuses qualités remarquables, comme la gentillesse, l'amour, la générosité ou la charité. Elle n'aidera pas seulement vos enfants à devenir de belles personnes, elle leur sera également utile en de nombreuses occasions.

Les jeunes élevés dans ces valeurs sont aimables, attentionnés et sympathiques. Ils sont aussi conscients des besoins d'autrui, désireux d'aider et de faire le bien, ils se montrent généreux et dévoués. En contrepartie, on les aime, on les apprécie et on les respecte. Une fois adultes, ils deviennent de merveilleux amis, collègues, conjoints et parents ! Si la compassion entraîne cette cascade de bénéfices, c'est qu'elle implique une relation gagnant/gagnant. Celui qui donne ressent une profonde satisfaction et celui qui reçoit éprouve de la reconnaissance. Cette reconnaissance se manifestera probablement par une volonté de réciprocité à l'égard du bienfaiteur et l'envie d'aider ceux qui n'ont pas eu la même chance.

Les petites phrases pour la compassion

« Partager, c'est aimer », c'est la petite phrase que nous utilisons pour encourager le sentiment de compassion chez Catie et Gracie. Je dois admettre que je ne l'ai pas inventée. Je l'ai volée à mon excellent ami le Dr Glen Galaich qui la répétait à sa fille (rassurez-vous, j'ai son autorisation). Quand les deux petites étaient très jeunes et qu'elles partageaient (ou ne partageaient pas !) entre elles ou avec un ami ou une amie, nous leur rabâchions que « Partager, c'est aimer ». Maintenant qu'elles sont plus grandes, quand elles partagent (ou ne partagent pas !), je leur demande : « C'est quoi partager ? » et elles répondent : « Partager, c'est aimer ». Nous les avons entendues dire cette petite phrase à des petits copains qui ne se montraient pas partageurs ! Elles se sont même emparées de notre maxime pour jouer avec. Quand je leur demande pourquoi partager, elles me répondent quelque chose comme « Poire tapée, c'est râpé » ou « Canapé, c'est poilé », ce qui les fait beaucoup rire. Mais l'essentiel est qu'elles savent ce que cela signifie. Aujourd'hui, « Partager, c'est aimer » fait partie du vocabulaire familial et nous rappelle constamment l'importance de la compassion et de la générosité.

Pour Vanessa et Fabrice, il est indispensable de faire preuve de compréhension quand quelqu'un (enfant ou adulte) se conduit mal ou se montre désagréable ou blessant. Les enfants sont coutumiers du fait, qu'ils se tapent dessus, se traitent de noms d'oiseaux ou refusent de prêter leurs affaires. Ils ont donc adopté la petite phrase suivante : « Dire désolé, c'est gentil ». Chaque fois qu'un de leurs trois garçons se bagarre avec ses frères ou prend leurs jouets, il dit : « Je suis désolé d'avoir (mettre la faute en question), ce n'était pas gentil ». Si l'un d'eux agresse physiquement un autre gamin, il doit s'excuser et lui faire une petite caresse en même temps.

Les petites phrases

- « Partager, c'est aimer »
- « Dire désolé, c'est gentil »
- « Sens ce que l'autre ressent »
- « Mets-toi dans ses baskets »

Rose pense que l'empathie est le ressort de la compassion. Elle a donc inventé une petite phrase pour aider son fils à comprendre ce que les autres ressentent quand il n'est pas gentil. Chaque fois qu'il se montre désagréable (par exemple, en refusant de partager), il dit : « Je sens ce qu'il ou elle ressent » et sa mère lui demande : « Qu'est-ce que tu dirais si tu avais envie de t'amuser avec le jouet d'un de tes copains et qu'il refuse de te le prêter ? » ou « Que ressentirait ta copine si tu partageais avec elle ? »

Anne et Christophe sont également persuadés que l'empathie est la clé de voûte de la compassion et ils ont mis au point cette formule, qui a pratiquement la même signification que celle de Rose. Quand leurs deux filles commencent à se disputer, ils leur disent : « Mets-toi dans ses baskets ». L'idée étant qu'en échangeant leurs souliers, les sœurs comprendront mieux leur point de vue et leurs réactions respectives. Le plus drôle, c'est que les petites se sont plusieurs fois passé leurs chaussures et que, du coup, les querelles ont cessé.

Les routines et rituels de compassion

Dans le quotidien familial, les occasions ne manquent pas d'instaurer des rituels qui transmettront des messages de compassion, de gentillesse et de générosité à vos bambins. Quand vous prenez vos repas ensemble (vous partagez nourriture et compagnie). Quand vous les embrassez le soir pour leur souhaiter bonne nuit (vous partagez de l'amour). Quand vous jouez ensemble (vous partagez du temps). Quand vous leur racontez des histoires (vous partagez connaissances et imagination).

Catie a un grand emploi du temps mural sur lequel elle fixe des petits magnets devant chaque tâche accomplie (pour en savoir plus sur ce tableau, voir le message 8). Une de ses tâches consiste, entre autres, à « être gentille ». Tous les soirs, quand elle remplit son tableau, elle doit récapituler ce qu'elle a fait de gentil et pour qui.

> **Routines et rituels**
> - Récapituler toutes les gentillesses de la journée
> - Donner de l'argent à des œuvres caritatives
> - Offrir de vieux vêtements, des livres et des jouets à ceux qui en ont besoin
> - Participer à des collectes de denrées alimentaires

Elle a aussi une tirelire cochonnet où elle dépose son argent de poche hebdomadaire (pour en savoir plus sur l'argent de poche, voir le message 8). Nous lui demandons d'offrir un quart de cet argent à une œuvre caritative. Tous les deux mois, elle remet la somme économisée à un organisme de son choix. Par le passé, elle a donné aux victimes du tremblement de terre en Haïti, à une association à but non lucratif qui s'occupe d'animaux blessés et à un foyer pour SDF proche de chez nous. Chaque fois, Catie prend l'argent dans sa tirelire, le met dans un petit porte-monnaie et va le porter elle-même quand elle peut aux intéressés.

Un couple d'amis a institué avec leur fils le rituel de donner ses vieux vêtements, livres et jouets. Ils lui ont expliqué que s'ils préféraient offrir leurs affaires plutôt que de les vendre, c'est que de nombreuses familles plus pauvres que la leur ne pouvaient pas se permettre d'acheter ce dont elles avaient besoin. Chaque fois que leur fils reçoit quelque chose de nouveau, il doit donner une de ses anciennes affaires (ce qui a aussi l'avantage de faire de la place dans la maison).

Philippe et Sonia participent avec d'autres familles à un programme de collecte de denrées alimentaires. Chacun à tour de rôle achète, emballe et apporte des colis de nourriture à des parents qui vivent avec leurs enfants dans un foyer. Tous les deux mois, Philippe, Sonia et leurs trois enfants sacrifient au même rituel pour la collecte de denrées. Ils s'installent autour de la table de la cuisine et préparent une liste des produits à acheter (qui changent selon les saisons et les fêtes). Les enfants peignent de couleurs vives les sacs en papier destinés à la livraison et confectionnent des cartes pour les familles. Tous trois choisissent des petits jouets (qui leur appartiennent) à ajouter au colis. Ensuite, toute la famille va au supermarché et les enfants sont chargés de trouver les produits et de vérifier que rien n'a été oublié sur la liste. Enfin, ils emballent la marchandise et l'apportent au foyer. Les garçons se présentent aux familles concernées et remettent les sacs pleins de nourriture. De retour chez eux, ils procèdent à un petit débriefing au cours du repas. Ils discutent de ce que l'expérience signifie pour eux, de ce qu'elle leur a appris et de ce qu'ils pourraient faire d'autre.

La compassion, c'est aussi des activités

La générosité représente un énorme défi pour les jeunes enfants qui en sont encore au stade égocentrique. Étant dénués de compassion et d'empathie, ils ne comprennent pas en quoi leur individualisme dérange leur entourage. C'est à vous qu'il revient de faire passer le message. En ce qui concerne Catie et Gracie, nous avons des attentes assez précises (nous les encourageons et parfois les obligeons à partager), mais nous les autorisons aussi à choisir quelques affaires « spéciales » qui sont exclues du prêt. Bien entendu, nous les poussons à se montrer généreuses, mais grâce à cette catégorie « spéciale », nos filles savent que certaines choses leur appartiennent vraiment. Parfois quand elles refusent de prêter quelque chose, nous ne manquons pas de leur faire remarquer que la vraie générosité consiste à partager ce qu'on ne veut pas partager.

Aurélie et Mathieu en sont convaincus, l'empathie ne se développe qu'à partir du moment où on prend conscience que le monde est peuplé de gens qui ne nous ressemblent pas. Ils se sont donc arrangés pour que leurs deux enfants rencontrent, très tôt, un maximum de personnes différentes (par la nationalité, la religion, l'âge et le milieu). Comme ils vivent dans une grande ville où la mixité ethnique et sociale est la règle, ils ont exploré tous les quartiers, s'aventurant même dans les coins les plus pauvres, quitte à ne pas s'y sentir franchement à l'aise. Leurs enfants ont goûté les cuisines de tous les pays imaginables (avec un succès parfois mitigé). Ils leur ont lu des livres pour leur faire découvrir des cultures et des religions différentes. Et quand ils ont été assez grands, toute la petite famille a voyagé en Inde, en Chine, en Russie et en Afrique !

Pour Charlotte et Fabrice, la compassion commence en bas de chez eux et s'étend à l'infini (ou presque). Ils ne cessent de répéter à leurs deux enfants que l'amour et l'altruisme qui irriguent leur famille sont aussi la source de la gentillesse et de la générosité vis-à-vis des autres. Ils ont des attentes extrêmement précises concernant les relations interpersonnelles et privilégient les activités en commun qui exigent de la coopération. Ils jouent à des jeux de société, font des puzzles et cherchent des projets qui nécessitent la participation de toute la maisonnée.

Mais notre couple ne réserve pas l'altruisme et le dévouement à leur seule famille. Ils ont mis sur pied un puissant réseau d'amis et de voisins qui partagent leurs idées. Avec d'autres parents, ils organisent des activités sociales et caritatives pour aider des personnes situées à l'intérieur et à l'extérieur de ce cercle vertueux. Récemment, ils ont constitué une petite équipe de bénévoles pour repeindre la maison d'un couple de voisins âgés qui n'avait pas les moyens de payer les travaux. Ils se sont aussi réunis pour écrire une lettre de condoléances à un membre du groupe qui venait de perdre son père. Pendant plusieurs semaines, Charlotte a également réquisitionné mamans et enfants pour préparer les repas d'une famille dont la mère, récemment opérée, devait prendre du repos.

Mais le plus intéressant (et le plus courageux) exemple de compassion vécue en direct, je l'ai rencontré lors d'une visite effectuée il y a peu dans une petite ville du sud des États-Unis. La population, majoritairement composée d'Afro-Américains, y est très pauvre et la ségrégation raciale et sociale extrêmement forte. J'étais invité à donner une conférence dans une école religieuse où l'aumônier effectuait un énorme travail caritatif dans les quartiers les plus défavorisés. Cinq ans plus tôt, il s'était rendu compte que, pour agir vraiment efficacement auprès de cette communauté à l'abandon, il fallait qu'il s'y installe avec sa famille. Il a donc convaincu sa femme Fanny (plus que réticente et craignant pour la sécurité de leurs trois jeunes enfants) de déménager dans ce quartier où il n'y avait que de très rares familles blanches. Son épouse, le voyant aussi déterminé et sûr de lui, s'est armée de courage et a fini par céder. À leur grande surprise, ils ont été très bien accueillis. Ils sont là depuis cinq ans et n'ont jamais eu le moindre problème. Les possibilités d'action de l'aumônier s'en sont trouvées considérablement renforcées ainsi que son impact positif dans le quartier. Pour leurs enfants, la compassion n'est pas un simple message, ils la vivent au quotidien.

Les activités

- Susciter des occasions de partage
- Permettre aux enfants de choisir quelques possessions « spéciales » qu'ils n'auront pas à partager
- Leur faire rencontrer des gens et des cultures différentes
- Pratiquer la générosité en dehors de la famille, s'intéresser aux amis, voisins et au-delà
- Vivre une vie généreuse

Message 5

« Remercie, la gratitude, c'est bien »

La gratitude, pour que vos enfants aient du cœur

« Remercie, la gratitude, c'est bien »

S'il est une valeur, très mésestimée, que vous avez certainement envie de transmettre le plus tôt possible à vos enfants, c'est bien la gratitude. Pensez au pouvoir d'un simple « Merci ». Ce petit mot suffit à établir une relation gagnant/gagnant. Étonnamment, la majorité des études consacrées au bonheur soulignent l'importance de la gratitude ; ce sentiment nous rendrait plus heureux. Ainsi, quand des personnes expriment sincèrement leur reconnaissance, elles avouent éprouver une sensation de bien-être pendant plusieurs jours. Et comment se sentent ceux qui reçoivent ces remerciements ? Très bien, évidemment, puisqu'ils sont appréciés.

Pourtant, apprendre la gratitude aux enfants tient souvent du parcours du combattant. Combien de fois avez-vous fait quelque chose pour vos bambins sans entendre le moindre merci ? Vous ne comptez même plus ! Qu'avez-vous ressenti ? De l'amertume ? Un soupçon de mauvaise humeur et de ressentiment devant un tel manque de reconnaissance ? Et peut-être même le désir de mettre un frein à vos efforts ? Autant de réactions parfaitement naturelles à l'ingratitude. Combien de fois leur avez-vous demandé de dire « Merci » après que vous ou quelqu'un d'autre leur avez rendu service ? Si vous aviez dû recevoir ne serait-ce qu'un centime à chaque occasion, vous seriez riche à l'heure qu'il est. La gratitude fait soit disant partie de ces comportements innés propres aux animaux sociaux que nous sommes ; en tant que parents, il est permis d'en douter tant il faut se bagarrer pour arracher le moindre remerciement à ses enfants !

Il faut dire que nous ne sommes guère aidés par la société. Nous vivons dans une société envahie par ce sentiment du « j'y ai droit ». Les médias pullulent d'exemples de célébrités, sportifs professionnels, grands patrons ou politiciens persuadés de mériter richesse, statut et renommée. Tous font preuve de plus d'arrogance et de dédain que de gratitude. Les jeunes sont bombardés de messages publicitaires répétant à l'envi qu'ils peuvent avoir ce qu'ils veulent, comme ils veulent, quand ils veulent et sans rien donner en échange. Certaines recherches montrent que, sur le plan collectif, la gratitude est en très forte perte de vitesse.

La force de la gratitude

On a tendance à considérer la gratitude avec dédain sous prétexte que son expression s'apparente, le plus souvent, à un simple réflexe : la plupart des adultes disent « Merci » sans même y penser. Cette expression conventionnelle ne recouvrant généralement aucun sentiment particulier, nous tenons pour acquis que l'émetteur ne lui accorde pas plus d'importance que le récepteur. Pourtant, au cours de ces dix dernières années, un nombre croissant d'études ont démontré que la gratitude avait un formidable impact sur notre existence et ce, à tous les niveaux. On constate que les personnes qui sont dotées de cette qualité semblent plus heureuses et plus optimistes. Elles sont aussi moins déprimées ou stressées, leur vie est plus riche et elles ont davantage de relations. Enfin, elles s'acceptent mieux, sont plus tolérantes envers les autres et disent se sentir en harmonie avec elles-mêmes. Cet état d'esprit positif les aide à supporter les changements et à affronter les épreuves ; plutôt que de ressasser leurs problèmes, elles cherchent des soutiens et se concentrent sur les solutions à trouver. Quant aux bénéfices relationnels, ils ne sont pas négligeables : ces gens sont généreux, font preuve de plus d'empathie, sont davantage à l'écoute des autres et plus enclins à aider. Enfin, ils créent des liens plus forts. Chez les enfants, l'expression de la gratitude est facteur de confiance et les rend plus heureux en famille comme à l'école.

Des études récentes ont révélé que ce sentiment n'avait pas seulement des effets psychologiques, mais qu'il avait aussi un impact physiologique et neurologique. Il semblerait que gratitude et reconnaissance entraînent des changements hormonaux positifs et qu'elles stimulent le système immunitaire. Et il ne s'agit pas de bénéfices à court terme. Quand il est habituel, ce comportement engendre la répétition qui est indispensable à l'apparition de nouveaux circuits neuronaux. Grâce à ces connexions supplémentaires, les enfants se prémunissent mieux contre les pensées, émotions et comportements nocifs ; ils se montrent aussi plus constructifs et plus ouverts.

Messages de gratitude

L'expression de la gratitude passe par de nombreux canaux. Il est évidemment commode d'accuser les enfants d'ingratitude, mais s'il leur est si difficile de dire « Merci » ou « S'il te plaît », ce n'est pas uniquement par mauvaise volonté. Souvent, les petits ne sont pas encore équipés des facultés mentales qui leur permettent de dépasser leur égocentrisme et de s'intéresser aux autres. Quant aux plus grands, la culture dominante et leurs camarades les auront probablement déjà inondés de messages qui contredisent totalement vos enseignements.

Vous pouvez faire éprouver ce sentiment à vos enfants de quatre manières au moins.

Premièrement : tentez de les amener à prendre conscience de la chance qu'ils ont. En leur demandant simplement de penser aux raisons qu'ils ont d'être heureux, vous ouvrirez plusieurs voies à votre message de gratitude. Vous leur permettrez d'abord de réfléchir à la question en dialoguant avec eux. Ils vont ensuite y songer, exprimer ce qui suscite leur reconnaissance et ressentir des émotions, comme l'empathie ou l'affection. Enfin, ce cheminement intérieur les conduira à réaliser et à apprécier pleinement tous les avantages dont ils bénéficient.

Deuxièmement : poussez vos enfants à manifester leur gratitude quand on les aide. Il ne s'agit pas uniquement de réfléchir, mais d'agir. L'impact est donc plus fort. Chaque fois qu'ils remercient quelqu'un, une relation positive s'instaure avec l'interlocuteur. Cette expérience à un autre avantage : la réponse du ou des bénéficiaires a plus de poids. Vos enfants éprouvent des émotions suscitées par leur acte, mais pas seulement, ils prennent aussi plaisir aux manifestations de gratitude qu'on leur renvoie, ce qui renforce le sens et la valeur de ce sentiment dans leur vie.

Pour un enfant, la manière la plus simple d'exprimer sa reconnaissance reste encore de dire « Merci ». Mais il existe aussi d'autres moyens plus puissants de transmettre ce message. « Renvoyer l'ascenseur » est une bonne manière d'agir et de rendre ce qu'on a reçu. Ainsi, un enfant qui a été consolé par un autre, quand il se sentait triste, pourra le soutenir à son tour quand celui-ci aura du chagrin. Enfin, les enfants n'ont pas de meilleurs moyens de remercier des adultes qui leur donnent l'occasion de faire de nouvelles expériences (par exemple, des parents qui les inscrivent à une activité sportive ou leur offrent des cours de musique) que d'en profiter au mieux.

Troisièmement : sachez que les messages de gratitude les plus forts sont ceux que les enfants reçoivent quand ils rendent service. Chaque fois qu'ils aident une personne et qu'elle leur exprime sa reconnaissance, ils font l'expérience directe de l'influence positive qu'ils exercent. Ils peuvent alors apprécier la chaleur de ce sentiment. En répondant : « Je vous en prie, ça m'a fait plaisir », ils admettent la valeur de leur action et l'importance des remerciements. Ils vont également éprouver de merveilleux sentiments de satisfaction, de joie et de fierté à l'idée d'avoir pu aider.

Quatrièmement : stimulez leur amour-propre en insistant sur votre gratitude et en les remerciant en public. Si un voisin s'arrête devant votre garage alors que votre fille vient de vous aider dans vos rangements, dites : « Elle m'a donné un fameux coup de main, je ne sais pas combien de temps j'aurais mis sans elle ». Il n'est, bien sûr, pas question de vanter les hauts faits de votre progéniture (ne dites pas en vous auto-congratulant : « Mon fils a passé le week-end à sauver la planète ! »), mais remercier sincèrement, et devant tout le monde, vos petits chéris pour les services rendus ne manquera pas de produire de l'effet et de laisser une trace dans ces jeunes esprits.

Enfin, il est encore un moyen très sous-estimé d'enseigner ce sentiment à vos enfants, c'est de leur apprendre à éprouver de la gratitude vis-à-vis d'eux-mêmes. S'ils ont conscience de la valeur de ce qu'ils ont à offrir (« J'ai fait quelque chose de bien en envoyant cette carte à mamie »), ils comprendront pourquoi on les apprécie et ils apprécieront ce qu'on fait pour eux. Cette « auto-gratitude » peut également contribuer au développement de l'estime et du respect de soi, vos enfants se jugeant mieux et sachant ce qu'ils sont capables de donner.

Les petites phrases pour la gratitude

Nous avons adopté la formule « Merci qui ? » pour souligner un manque de réaction. Si nous pensons, Sarah ou moi, que les filles ne manifestent pas suffisamment leur reconnaissance, nous disons simplement « Merci qui ? » et un « Merci » suit assez rapidement. Bien entendu, nous avons droit à un « Merci qui ? » de leur part quand nous oublions de remercier !

Si une chose a toujours exaspéré Catherine et Damien, c'est bien le sans-gêne de la plupart des enfants de leur entourage.

Aujourd'hui, les enfants semblent persuadés qu'ils ont droit à tout et tout de suite ! Quand ils sont devenus parents à leur tour, Catherine et Damien ont décidé que les choses ne se passeraient pas comme ça dans leur famille. Or, un jour, en revenant de l'école maternelle, leur fils Éric, 4 ans, a eu cette phrase qu'ils ont adoptée. Alors que Mélanie, leur petite dernière de 2 ans et demi, poussait des cris parce qu'on lui refusait un gâteau, son frère lui a jeté : « Tu as ce que tu as, c'est déjà bien ». Catherine et Damien se sont regardés, un peu surpris par le caractère lapidaire de la formule. Ils lui ont demandé où il l'avait entendue : il s'agissait du refrain d'une chanson qu'un des maîtres leur avait appris le matin même. « Et qu'est-ce que ça veut dire ? Il y a plein d'enfants qui n'ont pas beaucoup, a répondu le gamin, alors on doit être reconnaissant pour ce qu'on a, et arrêter de pleurnicher parce qu'on n'a pas tout ce qu'on veut ». La famille a donc décidé d'adopter cette phrase pour rappeler la nécessité de la gratitude. À dire vrai, quand les petits ont vraiment envie de quelque chose, ces mots n'ont pas toujours le pouvoir de rétablir le calme, mais les parents sont persuadés qu'à force de répétition le message finira par porter.

Henri et Annie aiment faire simple. Leur formule se résume donc à « Merci… pour… ». Ces parents tiennent à ce que leurs enfants remercient ceux qui leur rendent service, mais ils insistent aussi pour qu'ils précisent à qui ils s'adressent et pourquoi. Ce qui donne, par exemple, « Merci, maman, pour le dîner » ou « Merci, Mme X ou Y, de m'avoir aidé pour mes exercices de maths aujourd'hui ».

Julie est persuadée que les bonnes actions viennent du cœur. Elle a donc choisi comme petite phrase : « Pense avec ton cœur ». Chaque fois que l'un de ses enfants se conduit comme si tout lui était dû, elle répète : « Pense avec ton cœur ». Et elle ne manque pas de leur rappeler que beaucoup n'ont pas leur chance. Bien entendu, ses paroles ne suffisent pas toujours à les calmer (elles ont même souvent l'effet contraire). Mais à force d'entendre

> **Les petites phrases**
> - « Merci qui ? »
> - « Tu as ce que tu as, c'est déjà bien »
> - « Merci… pour… »
> - « Pense avec ton cœur »
> - « La gratitude est à double sens »

cette formule associée à d'autres messages de gratitude, ils en viennent peu à peu à apprécier ce qu'ils ont et à faire preuve de reconnaissance.

Pour Estelle, la gratitude est un véritable échange entre celui qui donne et celui qui reçoit. En conséquence, la famille a adopté la formule : « La gratitude est à double sens ». Et Estelle insiste pour que son fils Kévin commence ses phrases par « S'il te plaît », chaque fois qu'il veut quelque chose, et précise ensuite le service qu'il demande. Les parents souhaitent aussi qu'il remercie nommément la personne en question et qu'il précise pourquoi (par exemple, « Papa, merci de m'avoir redonné du lait »). L'interlocuteur conclut l'échange par « De rien. Je suis content de t'avoir rendu service ». Évidemment, Estelle n'a aucun moyen de savoir si tout le monde répond ainsi à son fils, mais elle le fait.

Les routines et rituels de gratitude

Vincent et Françoise profitent des petites tâches quotidiennes pour encourager leur fils Hugo à proposer son aide. Ce n'est pas seulement pour lui apprendre à être utile, ils veulent aussi qu'il éprouve le plaisir de recevoir des remerciements. Ainsi, quand il rend un service (faire son lit ou autre) sa mère ou son père lui dit : « Merci mon chéri, je suis vraiment content(e) que tu m'aides ». Et ils lui ont appris à répondre : « Ça me fait plaisir ».

Ludovic est, comme son père, à cheval sur les principes, avec des attentes précises en matière de politesse. Il voulait donc que ces deux fils apprennent les bonnes manières comme il les avait lui-même apprises. La famille a une règle simple : les enfants n'ont rien tant qu'ils ne le demandent pas poliment en précisant ce qu'ils veulent et en remerciant ensuite. Vous savez comment sont les gosses quand ils ont envie de quelque chose, ils lancent : « Je veux plus de fraises ! », et c'est tout. C'est impensable chez Ludovic. Si l'un des garçons prononce ce genre de phrase, le père le regarde sévèrement et lui dit : « Si tu veux quelque chose, que dois-tu ajouter ? » Le gamin connaît la réponse qui est : « Papa, s'il te plaît, est-ce que je peux encore avoir des fraises ? » Et une fois servi : « Merci pour les fraises, papa » (ou quelque chose de la même veine). Si les garçons ne remercient pas après avoir reçu ce qu'ils ont demandé, Ludovic le leur reprend jusqu'à ce qu'ils prononcent le mot magique. En grandissant, les fils ont saisi le message et le père est régulièrement complimenté pour leurs bonnes manières.

Pierre sait que Carine, sa femme, se donne beaucoup de mal pour préparer des repas sains et savoureux pour leurs deux filles, Juliette (4 ans) et Océane (2 ans). Tous les jours, de 18 h à 19 h, elle se met en cuisine, lit des livres de recettes et cherche ce qui pourrait faire plaisir à sa petite famille. Malheureusement, en général, les gamines réagissent au contenu de leur assiette par un sonore – et désagréable – « Beurk ! » Et quand elles aiment, elles avalent la nourriture en cinq minutes et leur mère ne reçoit pas davantage de remerciements. Il faut avouer que Pierre ne manifeste guère plus de reconnaissance à sa femme. Au bout d'un certain temps, Carine a fini par lui dire qu'elle en avait assez que personne ne reconnaisse ses efforts.

Routines et rituels

- Dire « S'il te plaît », « Merci » et « De rien »
- On demande, on n'exige pas
- Remercier pour les bons repas

Pierre a pensé qu'il était temps de prendre des mesures. Il a commencé par dire : « Merci ma chérie pour ce délicieux repas », en s'assurant que les filles l'entendent. Mais, même après plusieurs semaines de manifestations répétées de gratitude, elles n'avaient toujours pas capté le message. Le père aurait alors pu employer la manière autoritaire en leur demandant de remercier leur mère, mais il a décidé de jouer plus finement. Après chaque repas, il se penchait vers ses filles en mettant la main devant sa bouche pour leur chuchoter à l'oreille (comme s'il s'agissait d'un secret que la mère ne devait pas entendre) : « Tu ne veux pas remercier maman pour le dîner ? » Étant plus âgée, Juliette a vite compris et elle s'est exécutée d'une voix un peu nunuche et avec un air gêné, mais le pli était pris. Océane s'est montrée plus difficile à convaincre et a longtemps ignoré les signaux de son père. Mais elle a finalement trouvé comment exprimer sa gratitude, à sa manière. Elle a commencé par imiter son papa en se penchant à l'oreille de sa mère et en cachant sa bouche pour lui chuchoter ses remerciements. Et puis, quelques semaines plus tard, elle a dit : « Merci ».

Les activités pour la gratitude

En ce qui concerne les remerciements, Sarah est un peu de la vieille école. À l'ère des e-mails et des textos, elle préfère que nous exprimions notre gratitude à l'ancienne. Chaque fois que les filles reçoivent un cadeau pour leur anniversaire ou Noël, ou qu'elles sont invitées chez des amis, elles doivent envoyer une carte écrite et décorée à la main à toutes les personnes concernées (dans le cas de Gracie, il s'agit plutôt de gribouillages). Grands-parents et amis ne manquent pas de leur dire combien ils apprécient le temps et les efforts que ces mots de remerciement leur coûtent.

Frank et Lila s'amusent au « jeu des souhaits » avec leurs trois enfants, généralement pour les occuper pendant un long trajet en voiture. Le jeu consiste à choisir une personne qu'on aime bien et à souhaiter quelque chose qui pourrait la rendre heureuse. Par exemple, quand le père de Lila est rentré chez lui après leur avoir rendu visite, ses trois petits-enfants ont chacun exprimé un vœu. Pour l'aîné, c'était que son grand-père fasse un bon voyage ; pour la cadette, que sa santé s'améliore car il avait été récemment malade ; quant au benjamin, il a souhaité que son papy revienne bientôt pour qu'il puisse l'embrasser et lui faire des câlins. Ensuite, chacun d'eux a écrit une carte avec son vœu et l'a postée. Le grand-père était tellement heureux en les recevant qu'il en a presque pleuré de joie !

> **Les activités**
> - Écrire (à la main) des mots de remerciement
> - S'amuser au « jeu des souhaits »
> - Fabriquer un « tableau d'aide »
> - Lire et raconter des histoires sur le thème de la gratitude

Christine a lu que, pour enseigner la gratitude à des enfants (et elle en a trois), il fallait leur proposer des exemples pratiques. Si on leur raconte des histoires sur ce thème, ils y réfléchissent et pensent à toutes les raisons qu'ils ont d'être reconnaissants dans leur vie. Aussi, chaque fois qu'elle va à la bibliothèque municipale, elle leur choisit principalement des livres parlant d'altruisme et de gratitude. Elle cherche aussi sur Internet des récits du même genre, afin d'en discuter ensuite avec eux à table.

Antoine et Claire ont un autre angle d'approche. S'ils tiennent, évidemment, à ce que leurs deux fils sachent faire preuve de reconnaissance, ils veulent aussi qu'on leur en manifeste. Dans ce but, ils consacrent un peu de leur temps à rendre service aux autres. Leur mère a fabriqué un tableau, sur lequel ils inscrivent leurs actions gentilles et généreuses de la journée, et le nombre de merci reçus. Les garçons se passionnent tellement pour ce jeu qu'ils sont en compétition pour savoir qui engrangera le plus de points dans la semaine !

Message 6

« Respecte la nature »

La Terre est la maison de vos enfants

« Respecte la nature »

Les enfants aiment la Terre. Ils n'hésitent pas à embrasser les arbres et admirent candidement oiseaux, fleurs, plantes et animaux. Respirer une rose, suivre le vol d'une abeille, sauter de joie à la vue d'un écureuil sont autant de manières d'exprimer leur enthousiasme et leur amour pour notre bonne vieille planète. Ils aiment la nature et en voudraient beaucoup à leurs parents s'ils devinaient tous les problèmes dont elle souffre.

La question ne se pose même plus de savoir si nous pouvons continuer à vivre comme nous le faisons. La liste désastreuse de nos méfaits est interminable (multiplication des voitures, pollutions industrielles, pillage des océans, destruction des forêts…). Sur le globe, des milliards d'hommes accèdent à la classe moyenne et veulent consommer toujours plus. Qui va souffrir de notre négligence coupable vis-à-vis de cette pauvre planète ? Nos descendants ! Ce chapitre est consacré à la relation de nos enfants avec ce monde que nous leur léguons. Nous devons nous battre pour leur laisser une Terre en bon état, qui tournera encore des milliers d'années et plus autour du Soleil. Espérons que ceux qui viendront après nous pourront toujours jouir des merveilles dont nous profitons.

Pourtant, la réalité est autrement triste : nos descendants vont hériter d'une catastrophe environnementale. Pire encore, en grandissant, la majorité d'entre eux ne feront qu'ajouter au problème. Dans ce monde avide de consommation, la plupart des enfants, si ce n'est tous, sont bombardés de messages les incitant à perpétuer l'œuvre de destruction de leurs parents.

Le seul espoir de notre planète réside dans l'éducation d'« enfants verts » nourris au lait d'une philosophie bien différente. Les petits ont un sens inné de la nature, il faut donc les sensibiliser très tôt à l'impact qu'ils peuvent avoir sur le monde qui les entoure. Apprenons-leur à gérer l'environnement afin qu'ils le protègent au mieux. Nous aimons nos enfants et nous souhaitons qu'ils aient un brillant avenir. Or, ce futur radieux dépend en partie de l'état du globe que nous allons leur laisser. Si les parents envoient de bons messages « verts » à leurs bambins, ils deviendront peut-être de parfaits éco-citoyens.

Se connecter à la Terre

Aujourd'hui, les éditeurs Jeunesse proposent quantité de livres et magazines remplis d'idées pour aider les petits lecteurs à approfondir cette connexion avec la Terre. L'objectif ? Les encourager à s'impliquer, par la suite, dans une gestion responsable des ressources et de l'environnement.

Apprendre à aimer la nature

C'est cet amour, évoqué précédemment, qui constitue l'essence même du lien entre enfants et nature. Plus ils se sentiront proches d'elle, plus ils auront envie de s'intéresser à la planète où ils vivent. Plus ce lien sera profond, plus ils prendront soin de leur environnement. Mais on ne renforcera cette relation qu'en leur permettant d'en faire vraiment l'expérience. Ils doivent se promener dans la nature, y jouer, l'explorer, la voir, la toucher et la sentir. Ces stimulations sensorielles, intellectuelles et émotionnelles, en prise directe avec le monde environnant, agissent comme des « grappins » qui les attachent à la nature et leur donnent le sentiment d'en faire partie.

Renforcer la connexion humain/nature

Du fait de leur manque d'expérience, les jeunes esprits saisissent mal les relations intimes qui nous unissent à notre environnement. Pourtant, cette connexion est beaucoup plus forte que les enfants (et beaucoup d'adultes) ne l'imaginent. Notre nourriture, nos vêtements et le moindre de nos objets en proviennent, c'est toute notre vie qui en dépend ! En prenant conscience de cette interdépendance, les enfants réalisent mieux l'impact de leurs actes sur la Terre et ses habitants.

De l'éveil à l'action

Seules les expériences concrètes permettent aux enfants de comprendre la planète où ils vivent et de s'y intéresser. De là naîtront la curiosité et le désir d'en savoir plus. Par la suite, cette connaissance acquise leur donnera l'envie et la capacité d'agir pour protéger l'environnement.

Passé, présent et futur

Les enfants n'ont pas la maturité nécessaire pour appréhender le monde autrement qu'au présent. En étudiant la nature, ils élargissent leurs perspectives. Du présent, ils sautent au passé et à l'avenir. Ils découvrent l'histoire de la Terre, ses milliards d'années d'évolution et l'influence de l'Homme sur l'environnement. Forts de ces connaissances, ils peuvent se projeter dans l'avenir et imaginer ce qui les attend si aucun changement positif n'intervient. En apprenant à la fois à aimer et à connaître la nature, nos enfants seront mieux armés pour inventer ce futur radieux dont ils rêvent.

Des messages pour la Terre

Parents, vous êtes responsables de l'attitude de vos enfants vis-à-vis de la Terre, puisque le moindre de vos gestes a un impact sur l'environnement. À peine réveillés, on utilise déjà de l'eau et de l'électricité (régler le chauffage, allumer la lumière, se brosser les dents ou tirer la chasse d'eau). Au petit déjeuner, c'est l'empreinte carbone de la nourriture que nous absorbons (céréales, thé, café, chocolat...), nos appareils consomment de l'énergie et on a encore besoin d'eau pour la vaisselle. Adultes et enfants vont au travail ou à l'école (à pied, à vélo, en voiture ou en transports en commun) et font leurs courses dans des boutiques (supermarchés, marchés ou magasins bio). Cette consommation ininterrompue des ressources naturelles se poursuit jusqu'à ce qu'on éteigne la lumière le soir (et continue, à un degré moindre, pendant la nuit).

Bien entendu, vous pouvez tenter d'inculquer des valeurs « vertes » à vos enfants en leur parlant, mais les jeunes esprits ont du mal à saisir ce genre de messages. En vous conduisant en éco-citoyens responsables, vous leur donnerez un bien meilleur exemple ! Évidemment, vos messages verts vont dépendre en partie du lieu où vous habitez et de votre style de vie. Si vous êtes dans une grande ville, empruntez le bus ou le métro plutôt que la voiture et pensez au tri sélectif des ordures. Dans une agglomération de moindre importance, faites vos courses au marché ou chez de petits producteurs locaux. Ceux qui vivent à la campagne cultiveront leur potager et installeront des panneaux solaires pour économiser fioul, gaz ou électricité.

Au-delà des messages spécifiques que vous transmettez à vos enfants, leur initiation à l'écologie s'effectue au travers d'une relation directe à la Terre et à la nature. Au fur et à mesure que leur conscience écologique se développe, apprenez-leur quelques bons gestes, comme d'éteindre les lumières ou trier les déchets, pour préserver la planète. Ce faisant, vous leur offrez plusieurs dons inestimables. Vous les mettez en contact avec la source même de leur existence. Vous leur enseignez que le moindre de leur geste se répercute sur l'environnement et, plus important, vous leur permettez de s'investir activement dans la protection de la nature.

Pour donner le bon exemple à vos enfants, étudiez votre style de vie et prenez la mesure de votre empreinte carbone. Voici quelques-unes des questions que vous devez vous poser : « Où habitez-vous, quel véhicule avez-vous, roulez-vous beaucoup, que mangez-vous, où faites-vous vos courses, quels genres de déchets produisez-vous (et où vont-ils), combien de temps passez-vous dans la nature ? » Les réponses vous permettront de mieux cerner les messages que vous souhaitez transmettre à vos enfants et de modifier certains de vos comportements, afin de leur envoyer des signaux plus « verts ».

Les petites phrases pour la Terre

« On est une famille verte », telle est la formule que nous avons choisie pour que Catie et Gracie prennent conscience des problèmes environnementaux. Cette petite phrase nous sert dans chaque situation propice à une leçon écologique. Quand l'une des filles laisse couler le robinet de la baignoire, nous dégainons notre petite phrase et ajoutons : « La Terre ne serait pas contente ». Lorsque Catie avait environ 2 ans et demi, elle nous a bien étonnés, un jour où nous nous adonnions aux joies du tri sélectif, en demandant : « Est-ce que les arbres sont plus heureux maintenant ? » Nos filles, qui se soucient beaucoup du sort de la planète, comprennent que nos remontrances (éteindre les lumières, fermer les robinets) relèvent de cette préoccupation.

Les petites phrases

- « On est une famille verte »
- « La Terre nourrit, prenons soin de la Terre »
- « Réduire, Réutiliser, Recycler »
- « L'écolo, c'est beau »
- « Gaspiller, c'est pas fun »
- « J'aime la Terre ! »

La Terre nous nourrit, rien d'étonnant donc à ce que les petites phrases y fassent souvent allusion. Frédéric et Sophie rappellent à leurs jumeaux « La Terre nourrit, prenons soin de la Terre », dès qu'ils peuvent accomplir un geste écologique. Et Fabrice répète à ses deux fils « Aidons notre mère la Terre ». Avec cette formule, parents et enfants s'unissent pour secourir la planète.

Julien et Séverine ont deux enfants et ils veulent que ceux-ci soient attentifs à l'environnement. Leur formule, « Réduire, Réutiliser, Recycler », concerne le tri sélectif et la gestion des déchets. Pour eux, la force de ce slogan vient de ce qu'il propose des gestes concrets pour protéger la nature.

David l'admet, il a un faible pour les vers de mirliton. Sa formule, « L'écolo, c'est beau », en est un parfait exemple. Ses trois enfants adorent quand il la répète en faisant l'imbécile. Et comme le rythme leur plaît, ils l'ont mise en chanson ! Même si le père joue la carte de l'humour, il veille à ce que ses enfants captent le message en les faisant participer à des activités écologiques.

Isabelle est consultante en développement, elle est donc très concernée par les problèmes de gaspillage, au travail comme chez elle. Avec Lionel, son mari, ils essaient de gérer leur foyer avec efficacité et de réduire au maximum le gâchis, autant pour le bien de la Terre que pour celui de leur porte-monnaie. Ils veulent que leurs enfants, Sami et Lucie, comprennent aussi le message. Ils ont une formule, « Gaspiller, c'est pas fun », qu'ils lancent chaque fois qu'ils relèvent un manquement à la règle. Quand les enfants ont laissé les lumières allumées ou l'eau couler sans raison, un « Gaspiller c'est pas fun » suffit pour que tout rentre dans l'ordre.

Laëtitia veut inculquer son amour de la nature à son fils et à sa fille. Sa petite phrase, « J'aime la Terre ! », a le mérite de la simplicité. En promenade ou au ski, qu'elle jardine ou joue dehors avec ses enfants, elle leur rappelle souvent sa formule. Et le message a porté !

Les routines et rituels pour la Terre

Depuis que nos filles sont toutes petites, Sarah et moi avons instauré des habitudes afin de leur inculquer quelques bases d'écologie. Par exemple, après les repas, nous leur demandons de jeter leurs déchets dans l'une des trois poubelles du tri sélectif de la cuisine (compost, papier et plastique). Le lundi soir, elles m'aident à porter les ordures à recycler dans les grandes poubelles dehors, puis nous les sortons sur le trottoir pour le ramassage du mardi matin. Une de nos plus anciennes habitudes consiste à manger une pomme après dîner. J'épluche les fruits et les filles vont, à tour de rôle, jeter les épluchures dans le bac à compost.

Laëtitia a institué deux rituels pour que ses enfants apprennent à ramasser les détritus qu'ils trouvent dehors. Une fois par mois, munis de sacs-poubelle, elle se lance avec son fils et sa fille dans la collecte des bouteilles et autres canettes qui jonchent les bas-côtés de leur rue. Pour elle, cette activité est une sorte de « nettoyage citoyen ». Les voisins sortent souvent pour les remercier et les féliciter, ce qui est encore un moyen de faire passer ses messages environnementaux.

Routines et rituels

- Participer au tri sélectif
- Ramasser les détritus en promenade ou en randonnée
- Faire les petites courses à pied ou à vélo
- Respecter un « jour vert » par semaine

Toute la petite famille adore la randonnée, et depuis que ses enfants sont en âge de marcher, Laëtitia voit dans ces sorties une expérience « sur le tas » d'éco-nettoyage. Dès qu'elle aperçoit le moindre détritus sur le chemin, elle le ramasse en ponctuant son geste d'un sonore « J'aime la Terre ! » Sans explication ni discussion, les petits ont très vite suivi son exemple.

Bien qu'elle vive en banlieue avec sa famille, Fabienne s'arrange pour utiliser le moins possible sa voiture. Heureusement, ils habitent une ville bien pourvue en commerces de proximité. Pédaler jusqu'à l'épicerie ou d'autres boutiques avec son fils, Adam, est devenu un rituel hebdomadaire. Le petit a testé en s'amusant différents systèmes de co-déplacement à vélo avec sa maman. Elle l'a d'abord installé dans l'un de ces sièges qui se fixe à l'avant sur le cadre, d'où il avait une vue dégagée sur la route. Ensuite, il s'est assis dans une petite remorque à l'arrière, où il pouvait lire et jouer avec ses animaux en peluche. Puis il a pédalé au côté de sa mère sur un tricycle.

Aujourd'hui, Adam a 6 ans et il l'accompagne en courses sur son propre vélo. Fabienne a découvert que ce rituel lui permettait de préserver de précieux moments de dialogues et de jeux avec son fils. En outre, les balades à vélo ont le triple avantage de le sensibiliser aux questions d'environnement et de santé, et de lui faire pratiquer une activité de plein air.

Jérôme et Rachel ont décidé de respecter un « jour vert » hebdomadaire avec leurs trois enfants. L'objectif de l'opération est de consommer le moins d'énergie possible. Tous les samedis, ils se déplacent à pied ou à vélo au lieu de prendre leur voiture, s'éclairent à la bougie, se chauffent au feu de bois, économisent l'eau et évitent de se servir des appareils ménagers, type machine à laver-séchoir, plaques électriques ou four (ils laissent quand même le réfrigérateur branché). Toute la famille se consacre à une activité bénéfique pour la planète, comme ramasser les détritus dans le quartier ou aller en ville à vélo.

Les activités pour la Terre

J'ai déjà eu l'occasion de parler du potager de Sarah (voir le message 8), sa production est pléthorique, et pour Catie et Gracie, c'est une excellente « classe de nature ». Elles jouent aux petites jardinières aux côtés de leur mère et participent à toutes les étapes de la culture, depuis la préparation du sol pour les semis jusqu'à la récolte. Bien entendu, ce qu'elles préfèrent, c'est manger les légumes à peine cueillis.

Des activités

- Cultiver un jardin
- Utiliser des produits (fiables) faits de matériaux recyclés
- Minimiser l'usage de l'énergie et des ressources
- Apprendre aux enfants à ne pas gaspiller
- Pratiquer des activités de plein air (randonnée, pêche, camping)
- Bannir les emballages jetables pour le déjeuner ou le goûter des enfants
- Soutenir les producteurs locaux et les marchés proposant des produits de la région
- Manger bio
- Faire le tri chez vous
- Participer à des vide-greniers

Nathalie et Laurent pensent qu'en plus de s'intéresser à la protection de la Terre, leurs trois enfants ont besoin d'apprendre comment agir efficacement. Quand ils font du shopping, les parents n'achètent que des produits composés de matériaux recyclés non toxiques pour l'environnement. Ils leur expliquent aussi d'où ils viennent, comment on les fabrique et en quoi ils participent à la préservation des ressources. À leur entrée en maternelle, les enfants étaient déjà de vrais pros de la protection de la nature !

Isabelle et Lionel, les inventeurs de la formule, « Gaspiller, c'est pas fun », s'efforcent de donner l'exemple à leurs enfants en économisant l'énergie et les ressources chez eux. Ils éteignent toujours la lumière en quittant une pièce, utilisent le moins d'eau possible pour se doucher ou se laver les dents et ne font démarrer lave-linge et lave-vaisselle que s'ils sont pleins. Les parents ont inculqué à leurs enfants des habitudes éco-citoyennes dès leur plus jeune âge. Maintenant qu'ils ont 5 et 8 ans, ils n'ont même plus besoin de leur dire quoi faire.

Alexandre a grandi dans une famille d'adeptes du plein air. Randonnée, vélo, camping, pêche, escalade – il a tout fait ! Cet amour de la nature lui vient évidemment de ses parents qui l'ont initié à ces plaisirs et lui ont permis de faire ses propres expériences. Enfant, Alexandre restait rarement à l'intérieur. Il préférait être dehors, plutôt que jouer à la maison ou regarder la télévision. Devenu père, il a voulu que ses enfants partagent sa passion. Âgés d'à peine 1 an, les petits étaient déjà des habitués du camping (évidemment, les nuits n'étaient pas de tout repos !). Chaque fois qu'ils traînaient à la maison, leur père les expédiait dehors manu militari (façon de parler, bien sûr). Tous trois ont appris à monter sur un vélo avant d'avoir 4 ans. Maintenant qu'ils sont en primaire, les bambins sont de vieux routiers des sports de plein air et ils adorent la nature. On s'en doute, Alexandre est un « papa-amoureux-de-la-Terre » fier de sa progéniture !

Christophe et Émilie font tout leur possible pour élever leur fils Gabriel de manière écologiquement responsable. Pas d'emballage jetable pour le déjeuner qu'il emporte à l'école (les sacs plastiques sont bannis !) et il doit rapporter ce qu'il ne mange pas pour le compost. Les parents n'achètent que du bio et se fournissent en viande chez des producteurs locaux. Les courses sont d'ailleurs une véritable aventure familiale et environnementale. Ils vont souvent dans une ferme, pas très loin de chez eux, où ils achètent bœuf, poulet ou porc bio. Et comme il y a un grand poulailler sur place, Gabriel peut même ramasser les œufs. En plus, il adore jouer avec les porcelets, les chevreaux et les veaux !

Michel et Audrey ont découvert dans un journal un article intitulé « Et si on simplifiait la vie de famille ? », qui proposait, pour élever des enfants plus heureux et moins stressés, de mettre simplement un peu d'ordre dans la maison. Ils se sont aperçus que cette approche participait aussi à la préservation de l'environnement. Ils ont passé au crible chaque pièce de la maison et ont vu d'un œil neuf tout ce qui les encombrait : des jouets et des jeux dont les enfants ne s'étaient jamais servis et, dans leurs chambres, des commodes et placards bourrés de vêtements, suffisamment pour habiller toute une classe ! Ils ont ainsi découvert, avec stupéfaction, que leur benjamine ne possédait pas moins de trente-six tee-shirts à manches courtes (et sans doute autant à manches longues !).

Michel et Audrey ont donc décidé de tailler dans le vif et ont réquisitionné leurs trois enfants pour les aider. Chacun a eu le droit de garder quinze jouets, jeux, tee-shirts, pantalons et autres pièces d'habillement et de sous-vêtements (par contre, ils pouvaient conserver tous leurs livres). Les parents ont dû se livrer au même tri dans leurs placards. Si les enfants se sont débarrassés avec plaisir de certaines choses, ils ont bruyamment résisté à d'autres demandes (les enfants sont parfois très attachés à leurs possessions !). Mais, après quelques câlins et des enlèvements en douce, la famille a réussi à remplir plus d'une douzaine de sacs-poubelle.

L'opération nettoyage ne s'est évidemment pas arrêtée là. Tout jeter ne s'inscrivait pas dans leur philosophie du développement durable. Pour que cette aventure se transforme en exercice écologique, tout en éliminant ce qui les encombrait, ils ont participé à un vide-greniers. Ce qui ne sert plus aux uns pouvant servir aux autres, tout s'est déroulé à merveille et, en un week-end, ils s'étaient débarrassés de presque tout.

Cette expérience a permis à Michel et Audrey de faire passer d'autres messages à leurs enfants. Ils ont offert ce qui restait à une boutique solidaire (message altruiste). En récompense des efforts fournis, chacun a reçu un peu d'argent à garder ou à dépenser (message de gratitude). Les parents ont été d'ailleurs heureusement surpris de voir que deux d'entre eux avaient décidé d'économiser l'argent. Enfin, ils ont partagé les gains de la vente entre les enfants, à charge pour eux d'en faire don à une organisation caritative de leur choix. Le dimanche soir, ils étaient tous épuisés, mais beaucoup plus légers. Maintenant, la famille répète cette expérience tous les ans.

4

Pour que « les autres » aiment votre enfant

Les messages que votre enfant doit apprendre à déchiffrer pour permettre aux autres d'entrer en relation avec lui

Message 7

« Tiens compte des autres »

Lui apprendre
la valeur du respect,
c'est aussi établir
des limites

« Tiens compte des autres »

Il est important que les enfants apprennent la valeur du respect. C'est essentiel pour que l'entourage les apprécie (personne n'aime l'insolence) et pour qu'ils établissent de bonnes relations avec les autres. En dépit de son évidente valeur pédagogique, le respect est difficile à définir. Pourtant, nous aimons qu'on nous respecte et si quelqu'un nous prend de haut, nous le voyons immédiatement. Mais que recouvre exactement le mot lui-même ? Si l'on en croit le dictionnaire, c'est un sentiment qui porte à traiter les gens ou les choses avec de grands égards, qui impliquent admiration, estime, déférence. Cette explication ne me satisfait pas entièrement.

Je proposerai donc la définition suivante : c'est estimer suffisamment quelqu'un pour faire preuve à son égard de gentillesse, de considération, d'honnêteté, d'équité, de politesse et de confiance. Vos enfants doivent donc apprendre que le respect s'applique à vous, aux autres et, très important, à eux-mêmes. Malheureusement, cet apprentissage risque fort d'être contrecarré par l'influence de la société actuelle. Certaines stars du sport se livrent à des gestes déplacés sur le terrain, sous les yeux de millions de spectateurs. Des animateurs d'émissions de télé-réalité humilient par le biais de l'humour de jeunes chanteurs pleins d'espoir – à défaut de talent. Quant à certaines stars du rap, elles injurient parfois les femmes dans leurs chansons… Les médias ne manquent pas de moyens pour décrédibiliser vos messages de respect ! À tel point que les manifestations d'arrogance et de mépris paraissent parfois être devenues la norme dans notre société : le « bashing », sorte de lynchage médiatique, est ainsi devenu une vraie tendance des réseaux sociaux.

Faites-vous respecter !

L'ascendant que vous exercez sur vos enfants est considérable, particulièrement au cours de leurs premières années, quand ils ne sont pas encore complètement immergés dans le monde extérieur. Initialement, cette influence vient de ce qu'ils dépendent de vous pour tout. Quand ils grandissent, leur autonomie se développe et ils ont de moins en moins besoin de votre aide. Alors, votre autorité repose plus sur l'amour et le respect que sur la nécessité. Même quand d'autres forces (camarades ou culture dominante) prennent possession de la psyché de vos petits anges, vous pouvez encore exercer un certain contrôle, mais seulement s'ils vous respectent.

Le défi consiste, évidemment, à obtenir ce respect de leur part. Et ce qui compte, c'est de le *gagner*. Je souligne *gagner* qui, en l'occurrence, est le mot important. En effet, vous pouvez aussi les obliger, les cajoler ou les soudoyer pour arriver à vos fins. Le respect forcé s'appelle la crainte, et vous n'obtiendrez qu'obéissance et colère en retour. Dès que vos enfants seront assez grands pour ne plus avoir peur, vous perdrez toute influence. En outre, votre relation risque d'en pâtir. Le respect remporté à force de caresses n'est pas du respect. En cajolant vos enfants, vous leur laissez la main. Ils comprennent que vous êtes demandeur et en profitent pour vous manipuler et vous contrôler. Si vous les soudoyez, le problème est le même. Vous achetez leur obéissance, ils prennent le pouvoir et font monter les enchères afin d'obtenir ce qu'ils veulent.

Pour établir une relation fondée sur le respect, il faut que vos enfants vous estiment en tant que parents et apprécient la manière dont vous répondez à leurs nombreux et divers besoins. Ils doivent sentir que vous êtes là pour eux et que vous pensez d'abord à leur bien. S'ils savent que vous agissez dans leur intérêt, même s'ils n'aiment pas cela, ils vous en seront reconnaissants et vous obéiront. En revanche, s'ils considèrent que vous faites passer vos intérêts avant les leurs et que vous les reléguez au second plan, il y a de fortes chances pour qu'ils vous résistent.

Et si vous donniez l'exemple ?

« Ne fais pas à autrui ce que tu ne voudrais pas qu'on te fasse », ce vieil adage n'a pas pris une ride et s'avère un outil de communication essentiel pour enseigner le respect à vos bambins. Cette entreprise peut prendre plusieurs formes. Sachant que le « fais ce que je dis, pas ce que je fais » ne marche pas, traitez vos enfants comme vous aimeriez qu'ils vous traitent. Le conseil n'est pas toujours facile à suivre, ces petits anges ayant le chic pour vous faire sortir de vos gonds et révéler votre pire côté. Vous allez plus d'une fois vous sentir frustré et exaspéré !

En tant que parent, vous devez de temps en temps vous montrer sévère, exiger que vos enfants fassent des choses qu'ils n'ont pas envie de faire ou les réprimander quand ils ont mal agi. Mais sévérité ne veut pas dire se mettre en colère ou se montrer cruel ou humiliant. Au contraire, il s'agit de leur expliquer ce que vous attendez d'eux. Il est évidemment préférable de rester calme, mais il est très facile de basculer du « côté obscur » de l'exaspération, surtout quand on est fatigué, stressé ou pressé, ou quand ils ont été vraiment insolents ou peu coopératifs.

Pourtant, ce comportement raisonnable est la ligne rouge qui sépare les adultes des enfants. Si les vôtres se montrent entêtés ou impertinents, vous devez continuer à parler sans vous énerver et avec fermeté. Aussi difficile que cela soit parfois, tâchez de rester calme et gentil. Sachez les écouter et répondre aux messages qu'ils vous adressent, ils doivent comprendre que vous ne cherchez pas à les humilier. Mais ne lâchez pas prise ! En les réprimandant à bon escient, vous envoyez un autre signal fort : vous ne tolérerez aucun comportement insolent et vous exigez qu'ils vous respectent. Même s'il est peu probable que votre héroïque sérénité soit récompensée sur le moment (vos enfants seront sans doute toujours aussi butés et impertinents), le temps jouera en votre faveur. Non seulement ils sauront que vous n'acceptez pas leurs incartades, mais votre calme et votre fermeté leur signifieront que vous agissez pour leur bien. Et ils apprendront à se comporter autrement quand ils n'obtiennent pas ce qu'ils veulent.

Les enfants sont de petites créatures particulièrement vigilantes. Vous avez l'impression qu'ils ne vous écoutent pas et qu'ils regardent ailleurs, pourtant ils sont à l'affût de toutes vos paroles et du moindre de vos gestes ! Si vous maîtrisez les messages de respect que vous leur adressez, ils scrutent aussi votre comportement au quotidien. Ils observent vos relations avec les autres. Pensez à tous les gens que vous rencontrez quand vous êtes en leur compagnie. Comment vous conduisez-vous ? Êtes-vous aimable, courtois et attentionné avec votre époux ou épouse, vos amis ou collègues, les vendeurs dans les magasins ou les serveurs au restaurant ? Si vous voulez vraiment enseigner le respect à vos enfants, vous devez vous comporter parfaitement quand ils sont dans les parages. Ne me faites pas dire que vous pouvez vous conduire comme un malotru quand ils ne sont pas là !

Le respect commence avec les bonnes manières

Les bonnes manières restent le moyen le plus simple et le plus efficace d'exprimer son respect, que ce soit vis-à-vis de l'entourage ou des enfants. En famille, les contraintes et le manque de temps aidant, il est facile d'oublier les principes élémentaires de savoir-vivre que tout parent tente d'inculquer à sa progéniture : demander poliment ; ne pas couper la parole sans s'excuser ; dire « S'il te plaît » et « Merci », « Bonjour » et « Au revoir », « Comment allez-vous ? » et « Bien, merci ». La politesse s'apprend et plus les enfants la pratiquent, mieux ils la maîtrisent, c'est ce qu'il y a de bien. N'oublions pas le méta-message : les bonnes manières attirent le respect et permettent d'établir des relations gagnant/gagnant entre les interlocuteurs.

L'art d'être parent

S'il est un autre message important à transmettre à vos enfants, c'est que vous êtes leurs parents ! Malheureusement, l'idée n'est pas dans l'air du temps. Notre société considère trop souvent que le bon parent est un parent copain. On imagine que les jeunes sont plus enclins à écouter leurs amis que leur père ou leur mère, l'influence des camarades étant prépondérante à cet âge. C'est une réalité, chaque année qui passe voit votre ascendant diminuer et le leur augmenter. Mais, et ce mais est de taille, pour le bien physique et moral de votre progéniture, vous devez continuer à exercer votre fonction parentale sans compromis. Voyez les choses sous cet angle : sans ce respect mutuel, vos enfants chercheront d'autres modèles qu'ils n'auront aucun mal à trouver dans la société actuelle. Or, le profit est l'objectif principal des médias et de la publicité qui manipulent les jeunes esprits ; ils n'ont qu'un but, les pousser à consommer plus.

J'ai évoqué au tout début de cet ouvrage une étude portant sur le comportement de 1 600 parents. 8 % d'entre eux appartiennent à la catégorie des parents « meilleurs copains » et se reconnaissent dans les énoncés suivants :

- **« J'essaie d'être très différent de mes parents ».**
- **« J'ai parfois l'impression d'être le meilleur ami ou la meilleure amie de mes enfants plutôt que leur père ou mère ».**
- **« J'ai tendance à trop expliquer » et « J'ai tendance à faire trop de compliments ».**

Ces parents copains font tout ce qu'ils peuvent pour ne pas ressembler à leur père et mère, sans se demander s'ils agissent vraiment dans l'intérêt de leur progéniture.

Si vous entrez dans ce type de rapport avec vos enfants, vous abandonnez ce qui fait la singularité de votre relation, parce qu'ils ont beaucoup d'amis et n'ont que deux parents (et parfois seulement un). Aussi sympathique que soit ce genre de lien, vous perdrez leur respect et n'aurez plus le moindre ascendant sur eux. Disons-le tout net : vous ne pouvez et ne devez pas être les amis de vos enfants. Votre relation n'en sera pas moins chaleureuse, aimante et pleine de joie. Jeunes, ils ont besoin d'un père et d'une mère. Quand ils sont adultes, rien ne vous empêche d'avoir des rapports plus amicaux.

Pourquoi cet interdit ? Si les enfants sont à égalité avec leurs camarades, ils ne doivent pas l'être avec leurs parents. Les parents ont des obligations qui n'incombent pas aux amis. Vos enfants ne vont pas demander à des copains d'apporter leur assiette dans l'évier ou de sortir la poubelle. Or, c'est précisément ce que doivent faire les parents.

En dépit de leurs fréquentes protestations, vos adolescents n'ont aucune envie que vous soyez leur ami. Quand je demande à des jeunes ce qu'ils en pensent, ils me regardent comme un extraterrestre. Vos enfants ne veulent pas de vous comme ami. Pourquoi ? Parce que vous n'êtes pas « cool » (et si vous employez le mot, vous l'êtes encore moins !). L'amitié avec leurs parents ne fait pas partie de leur schéma mental. Vous êtes leurs parents, un point c'est tout !

Quant aux petits, ils ont évidemment besoin que vous vous conduisiez en parents. De nos jours, les enfants de 6 et 7 ans, et même 5 ans, s'habillent, agissent et parlent comme des adultes. Mais en réalité, ce sont toujours des enfants qui n'ont ni la maturité ni les armes pour affronter le monde extérieur. Ils doivent savoir que vous êtes là pour les protéger du grand méchant monde dans lequel ils vivent (évidemment, ils ne vous l'avoueront jamais en face !). L'amitié détruit ce rapport d'autorité, puisque les statuts et les pouvoirs sont les mêmes. Privés de ce soutien familial, les enfants vivent dans l'insécurité, car ils ne sont pas prêts à se mesurer seuls au monde extérieur. Les parents doivent montrer à leurs rejetons qu'ils sont là pour les protéger en cas de besoin.

Ce sentiment de sécurité leur permet de s'aventurer en toute liberté de plus en plus loin. En outre, en maintenant votre autorité sur vos enfants, vous leur transmettez des méta-messages concernant d'autres rapports non égalitaires qu'ils rencontreront au cours de leur vie, comme la relation enseignant/élève ou patron/employé.

En outre, plus surprenant, en vous conduisant en vrais parents, vous envoyez un méta-message essentiel à vos enfants : vous les aimez et êtes prêts à tout pour leur sécurité, leur bonheur et leur épanouissement. Et, contrairement à ce que la culture dominante tend à vous faire croire, ils ne vous en aimeront pas moins et vous seront reconnaissants de leur accorder la première place. Peut-être ne vous remercieront-ils pas tout de suite, mais je suis sûr qu'ils le feront plus tard.

De l'autorité

« De l'autorité », l'injonction peut paraître sévère, c'est comme si je vous suggérais d'enfermer vos enfants dans leur chambre pendant la nuit ou de les attacher quand vous quittez la maison ! Au contraire, utilisée à bon escient, l'autorité est une question de respect. En étant ferme avec vos enfants, vous leur signifiez que vous êtes aux commandes, et c'est une bonne chose pour eux. En faisant passer leur intérêt avant tout, en veillant à leur sécurité et à leur bien-être, vous leur montrez que vous prenez soin d'eux et qu'ils vous doivent une certaine forme de respect.

Rassurez-vous, autorité n'est pas synonyme de dictature. Il s'agit simplement de trouver un équilibre entre des attentes parentales raisonnables et la liberté dont les enfants ont besoin pour se développer. C'est à vous d'établir clairement les règles et les conséquences auxquelles ils s'exposent en les transgressant. Restez ferme et cohérent quand ils sont irrespectueux, que ce soit envers vous, d'autres personnes ou eux-mêmes. En revanche, vous leur prouverez que vous les respectez en leur permettant de prendre part aux délibérations familiales. Mais en retour, ils doivent montrer qu'ils vous respectent en obéissant à vos décisions.

Donnez-leur aussi l'occasion de montrer que vous avez raison de leur faire confiance. En revanche, s'ils déçoivent vos attentes, il faut réagir. Vos enfants doivent comprendre qu'en gagnant des droits, ils gagnent aussi des responsabilités et qu'en ne respectant pas leurs engagements, ils s'exposent à perdre ce que vous leur avez octroyé. Inévitablement, ils testeront de temps en temps vos limites : ils sont jeunes ! L'important est que ces expériences portent leurs fruits, qu'ils apprennent que le respect ne s'obtient pas en un jour et qu'il peut disparaître s'ils se comportent mal.

Quand les volontés s'affrontent

La valeur que vos chers petits accordent au respect dépend également de votre capacité à gérer les conflits qui vont forcément vous opposer. Le conflit fait partie des relations parent/enfant, il est essentiel au processus de séparation qui doit aboutir à leur indépendance. La question n'est pas de chercher à éviter les affrontements, ces moments sont aussi nécessaires que sains. En revanche, il faut éviter l'escalade. Les provocations et l'hostilité enveniment les rapports, elles risquent de vous éloigner de vos enfants et de vous empêcher de leur adresser des signaux positifs.

Ce genre d'accrochage est toujours porteur de plusieurs messages. Le premier a trait au sujet même de la dispute. Par exemple, il n'y a pas très longtemps, Catie avait décidé de mettre des collants blancs en randonnée ; un choix peu judicieux, puisqu'elle les aurait inévitablement salis. Sarah a refusé et s'est heurtée à une opposition assez vive (autrement dit, Catie a piqué une crise !). Mais notre fille a tiré des leçons de cette petite confrontation. Premièrement, les vêtements doivent être adaptés aux situations. Deuxièmement, elle ne peut pas obtenir ce qu'elle veut en s'entêtant ou en faisant une scène. Et troisièmement, en guise de méta-message, les parents prennent certaines décisions auxquelles elle est tout simplement obligée d'obéir.

Vous vous trouverez confronté avec vos enfants, très tôt et malgré vous, à ces clashs. La fatigue et la gêne aidant, il est parfois plus facile de céder à leurs caprices que de résister. À l'extérieur, ces petits malins vont chercher à vous embarrasser devant tout le monde. Imaginons : vous êtes dans une boutique, et ils veulent ce ballon exposé bien en vue ; vous dites non plusieurs fois, mais ils se mettent à hurler. Alors, pour échapper aux regards désapprobateurs des autres clients, vous capitulez et achetez le ballon. Ce faisant, vous ne réalisez pas que vous venez d'envoyer à vos bambins plusieurs messages toxiques : qu'ils arrivent à leurs fins, même en vous désobéissant ; et que pour obtenir ce qu'ils veulent, ils n'ont qu'à crier suffisamment fort et longtemps.

Évidemment, il y aura aussi des jours où, à bout de force, vous céderez à tout. Attention au méta-message que vos petits anges vont capter : il leur suffit d'attendre que vous soyez épuisé pour vous soutirer tout ce qu'ils désirent !

Bien que la capitulation s'avère souvent plus facile à court terme, à longue échéance, vos enfants en tireront des enseignements qui ne vont pas dans le bon sens. S'ils pensent qu'en insistant assez longtemps ils peuvent avoir ce qu'ils veulent, en grandissant, ils risquent de rencontrer de cruelles désillusions. Ils découvriront que l'entêtement et les crises de colère ne marchent pas quand on est adulte. Par contre, si vous réussissez à bien gérer ces conflits, votre autorité s'en trouvera renforcée ; vos enfants y gagneront un meilleur contrôle d'eux-mêmes et davantage de considération pour les autres, ce qui leur servira plus tard.

Vous avez le pouvoir d'éviter ou d'apaiser ces conflits. Il faut être au moins deux pour se battre ! Si vous n'entrez pas dans l'arène, le combat cessera avant d'avoir commencé. Choisissez bien votre cause. Beaucoup de batailles n'en valent pas la peine, même si elles vous semblent importantes sur le coup et que vous êtes prêt à camper fermement sur vos positions. Avec le recul, vous vous apercevez souvent que la bagarre a fait plus de mal que de bien. Avant de vous engager à fond, demandez-vous si les enjeux sont vraiment à la hauteur, compte tenu du résultat probable et du méta-message véhiculé par la dispute. À tout prendre, il est parfois plus avantageux d'éviter la confrontation et de laisser vos enfants gagner. Ces victoires occasionnelles leur révèlent que vous prenez leur avis en considération et qu'ils peuvent exercer un certain contrôle sur leur vie. En cédant avant le début des hostilités, vous leur montrez que vous les respectez assez pour leur permettre de remporter parfois de petits succès. Évidemment, ils ne réalisent pas que vous les avez laissé gagner. Et vous n'allez pas le leur dire !

En revanche, quand vous choisissez la bagarre, restez droit dans vos bottes. Le message doit être clair : quoi que vos enfants fassent, ils n'auront pas ce qu'ils veulent (« Non, c'est non ! »), surtout quand ils s'enferrent. Si la crise a lieu en public, dites-vous bien que tous les parents doivent affronter ce genre de défi ; tenez tête et votre résolution fera bien des envieux parmi ceux qui vous regardent.

En vous laissant entraîner dans ces batailles de chiffonniers, vous vous abaissez au niveau de vos enfants et votre autorité n'en ressort pas indemne. Si vous réagissez à leurs provocations en perdant tout contrôle (c'est-à-dire en vous comportant comme eux), vous leur offrez une stratégie clé en main pour de prochaines victoires. En outre, vous leur montrez que vous ne les respectez pas (puisque vous leur criez dessus) et qu'ils n'ont pas à vous respecter (puisque vous agissez comme eux). Vos enfants apprendront vite qu'en appuyant assez longtemps sur le bon bouton, ils font voler en éclats cette maturité qu'ils respectent et que vous finissez par leur ressembler. Dès que vous vous abaissez à leur niveau (par exemple, en hurlant quand ils vous énervent), ils voient un autre gamin en face d'eux. Et cette bataille, ils savent qu'ils peuvent la gagner (parce qu'étant de vrais enfants, ils sont meilleurs que vous à ce jeu-là !). Vous ne remporterez la victoire, et leur respect, que si vous réussissez à contrôler vos émotions, alors qu'ils en sont parfaitement incapables.

Pour gérer cette guerre des volontés, l'idéal consiste à instaurer un rapport gagnant/gagnant d'où chacun a l'impression de sortir vainqueur. C'est la meilleure méthode, il n'y a pas de perdant, personne ne se sent humilié et les protagonistes repartent la tête haute. Il arrive parfois que Gracie n'ait pas envie d'apporter son assiette dans l'évier après dîner. Et en dépit (ou en raison) de nos demandes, elle se braque. Il faut savoir que les filles sont obligées de débarrasser la table après le repas, il n'y a pas d'alternative possible. Or, nous avons remarqué que notre petite dernière, qui sait se montrer extrêmement entêtée, a parfois simplement besoin d'un peu d'espace pour pouvoir agir à sa guise. Du coup, nous la laissons faire ce qu'elle veut, par exemple jouer avec sa sœur Catie quelques minutes, avant de lui demander d'emporter son assiette. Ça marche à tous les coups ! Le scénario gagnant/gagnant communique plusieurs messages importants aux enfants. Premièrement, vous les respectez suffisamment pour leur permettre de remporter une victoire. C'est vous qui fixez les règles du jeu, ils voient donc que vous savez être juste et vous en sont reconnaissants. Deuxièmement, vous leur montrez que le compromis est plus profitable que le conflit.

Savoir se respecter

En apprenant à vos enfants à vous respecter (vous et les autres), ils captent le méta-message suivant : tout le monde est digne de respect, y compris eux-mêmes. Or, de nos jours, la société actuelle est loin de promouvoir ce type d'attitude. Les médias populaires inondent les jeunes esprits de messages toxiques (concernant la malbouffe ou les drogues, par exemple) qui ne leur enseignent guère à se respecter.

Chez les enfants, l'estime et le respect de soi vont de pair. L'amour, la sécurité et la compétence, dont je parle dans les messages 1, 2 et 3, sont essentiels à la formation de leur personnalité. S'ils ont une bonne opinion d'eux-mêmes, ils se traiteront bien. En outre, les messages adressés par leurs parents et les autres personnes qui comptent dans leur vie (famille étendue, professeurs et amis) vont aussi leur montrer qu'ils sont aimés et appréciés, ce qui est l'une des conditions du respect de soi. Seule cette conviction intérieure permet aux enfants de se forger une armure pour résister au matraquage de la culture dominante, laquelle vise à annihiler l'estime qu'ils ont d'eux-mêmes et les encourage dans toutes sortes de pratiques nocives.

Pour inculquer de bons réflexes à vos enfants, vous pouvez jouer sur trois leviers. Premièrement, apprenez-leur à se respecter physiquement ; sans une bonne santé, rien n'est possible. Plus facile à dire qu'à faire, tout leur environnement les poussant à considérer leur corps comme une poubelle, et non comme un bien précieux ! Dans notre société, l'obésité est l'un des grands maux de la jeunesse. Malbouffe et boissons sucrées sont omniprésentes ; les enfants, affalés dans leur canapé, manient la télécommande plus volontiers que la raquette de tennis ; et le temps accordé au sport fond inexplicablement dans les programmes scolaires (alors que les bienfaits de l'activité physique sur la concentration, le comportement, la mémorisation et les notes sont connus). Encouragez vos enfants à mieux se nourrir en leur donnant l'exemple et en leur proposant des menus sains et équilibrés. Incitez-les à pratiquer de l'exercice en gardant vous-même la forme et en restant actif. Éjectez-les du canapé et envoyez-les jouer dehors, ou inscrivez-les à des activités sportives.

De récentes études ont également montré que les enfants ne dorment pas assez, ce qui nuit à leurs performances. Cet état de fatigue permanent est dû à la consommation de boissons caféinées ou énergisantes, même chez les petits, ainsi qu'à la présence de télévisions dans les chambres. Insistez sur l'importance du sommeil en limitant (ou en interdisant) les boissons stimulantes et en proscrivant la télévision dans la pièce où ils dorment. Vérifiez aussi qu'ils se couchent à des heures raisonnables.

Mais la prévalence de la drogue et de la sexualité sont sans doute l'expression la plus dangereuse du manque de respect pour le corps qui envahit notre société. Et même les plus jeunes y sont exposés. C'est triste, mais vos enfants entrent dans un monde où ils seront constamment soumis à ces messages destructeurs. Vous devez les bombarder, très tôt et par tous les moyens, de messages positifs qui renforcent l'estime qu'ils ont d'eux-mêmes. C'est leur seule chance. Donnez-leur accès, entre autres, à des informations honnêtes et sérieuses afin de les aider à prendre de bonnes décisions et de leur permettre de résister aux incitations dangereuses.

Le second levier sur lequel vous pouvez agir concerne l'attitude de vos enfants vis-à-vis de la réussite. En menant à bien une activité, ils reçoivent un message extrêmement positif qui stimule leur estime personnelle et le sentiment de leur compétence. Ils vont se donner du mal pour obtenir de bons résultats et seront fiers de ce qu'ils font. L'adhésion plus ou moins forte à ce message déterminera, dans une certaine mesure, leur succès dans les activités scolaires, sportives ou artistiques. Des études ont en effet démontré que la réussite dépend en grande partie du nombre d'heures qu'on y consacre.

Ce message passera d'autant mieux que vous travaillerez dur et vous montrerez fier de vos propres succès. Vous pouvez aussi renforcer votre propos en leur proposant des exemples de réussite conquise à la force du poignet. Récompensez leurs efforts en les félicitant comme il se doit et insistez sur le rapport entre le travail accompli et le résultat obtenu. Quand ils ont mené à bien une tâche, faites-leur prendre conscience des émotions qu'ils ressentent (satisfaction, fierté, enthousiasme).

Enfin, le dernier levier sur lequel agir concerne l'attitude de vos enfants vis-à-vis des autres. L'estime de soi étant facteur de confiance et de sécurité, les enfants qui en sont dotés sauront se comporter avec gentillesse, considération et compassion ; de vrais adeptes du « Ne fais pas aux autres… » Et ils apprendront d'autant mieux ce respect d'autrui que vous leur transmettrez les bons messages évoqués plus haut.

En revanche, des jeunes qui ne s'estiment pas sont généralement malheureux, frustrés et agressifs. Ces sentiments négatifs vont se répercuter sur leur comportement vis-à-vis des autres. Cette question est d'ailleurs devenue préoccupante ces dernières années. La fréquence et l'intensité des violences sont en constante augmentation chez les enfants (même à l'école maternelle !), avec parfois des conséquences tragiques. À l'analyse, ces faits divers révèlent d'ordinaire deux causes principales : des parents qui n'imposent pas de limites ou qui déresponsabilisent leurs enfants, et une culture de la brimade doublée d'une admiration déplacée pour les « petits leaders ».

Le phénomène de persécution par Internet a suscité un intérêt croissant de la part des médias et des chercheurs. Ces dernières années, certains cas conduisant à des suicides d'enfants ont défrayé la chronique. Des études, analysant l'impact de ces persécutions sur les jeunes, ont révélé un taux plus élevé de dépression chez eux que chez les victimes de harcèlement « classique ». Internet provoque des effets particulièrement dévastateurs, dans la mesure où aucune protection n'est possible. L'information se répand rapidement tous azimuts et les harceleurs peuvent facilement cacher leur identité, ce qui rend toute riposte vaine.

Les enfants qui ont une bonne estime d'eux-mêmes n'ont pas besoin de dominer ou d'humilier les autres pour exister. Ayant suffisamment confiance en eux pour résister à ces petits caïds de cours d'école (qui, généralement, reculent devant l'affrontement) ou les éviter, ils ne se laisseront pas brimer. En revanche, les enfants qui ne s'aiment pas font souvent partie des victimes, à moins qu'ils ne se rangent parmi les harceleurs. En effet, soit ils veulent s'imposer par la violence pour se sentir plus forts, validant ainsi la mauvaise opinion qu'ils ont d'eux-mêmes, soit ils laissent transparaître leur vulnérabilité, ce qui les expose aux exactions.

Les petites phrases pour le respect

Dans la famille nous n'avons pas de petite phrase pour le respect, mais seulement une expression due à Catie : « Le gros œil ». Je m'explique. Quand notre fille avait environ 2 ans et demi et qu'elle s'énervait ou menaçait de faire une scène, sans m'en rendre compte, j'inclinais la tête en haussant un sourcil, ce qui voulait dire : « Tu passes les bornes, et si tu continues, ça va mal aller ». Un soir, au dîner, alors que notre petit ange envisageait de jeter sa nourriture par terre, elle a vu mon expression et s'est écriée : « Papa, ne fais pas ton gros œil ! » Je ne comprenais pas de quoi elle parlait et elle a dû m'expliquer. Depuis, chaque fois que les filles (Gracie a saisi le message dès qu'elle a été en âge) vont trop loin, je hausse légèrement le sourcil ou je dis : « Vous voulez le gros œil ? » En général, elles se calment, sachant ce qui va suivre. Mais c'est aussi devenu un jeu. Quand Sarah ou moi faisons quelque chose qui ne leur plaît pas, par exemple leur donner un ordre (habituellement, nous demandons gentiment), ou si j'oublie de remercier leur mère après le repas (l'un de nos rituels), nous avons droit à leur version du gros œil. Elles adorent me demander « de faire le gros œil pour rire » et se mettent à glousser comme des folles dès que je m'exécute. Mais le message est passé : si elles se conduisent mal, il y a des conséquences.

Sandrine considère que la coopération de ses enfants au moment du coucher est une marque de respect. Or, à ce moment-là, ils sont souvent surexcités ou traînent les pieds, que ce soit pour se laver les dents ou enfiler leur pyjama. Leur mère prononce alors la formule magique : « Ça peut bien ou mal se passer ». Pour les enfants, le message est clair : qu'ils le veuillent ou non, ils ont plusieurs choses à faire avant d'aller au lit. Soit ils s'exécutent de bonne grâce et tout va bien, soit ils font leur mauvaise tête et le coucher tourne au pugilat. Et dans ce cas, ils doivent s'attendre à en subir les conséquences. En général, les enfants de Sandrine choisissent la manière douce.

Les petites phrases

- « Le gros œil »
- « Ça peut bien ou mal se passer »
- « Parlez bien, tout ira mieux »
- « Tout est dans la manière de le dire »
- « Respecte ton corps »
- « Prends soin de toi »

Jade et Franck sont convaincus que le respect passe d'abord par les mots et le ton employé. Leurs deux enfants, Paul et Emma, ont l'habitude de réclamer de manière très désagréable. Inutile de préciser que cette stratégie ne donne pas d'excellent résultat. Immédiatement, les parents dégainent leur formule magique : « Parlez bien, tout ira mieux ». Du coup, les enfants reformulent leur demande et… obtiennent le plus souvent ce qu'ils désirent.

Olivier a une attitude assez proche avec ses deux filles, mais il a choisi comme petite phrase, « Tout est dans la manière de le dire ». Si elles veulent quelque chose, elles doivent commencer par dire le nom de la personne, puis leur requête précédée de « S'il te plaît ». Une fois obtenu ce qu'elles désirent, elles remercient en répétant le nom de la personne.

Céline est professeur de yoga et pratique des massages thérapeutiques. Du fait de son métier, elle est très à l'écoute du corps (le sien et celui des autres). Elle s'est aperçue que, parmi ses clients, ceux qui avaient une bonne estime d'eux-mêmes respectaient aussi leur corps. Mais elle sait aussi que l'image des filles n'est guère valorisée par la société actuelle. Elle veut donc que sa petite Amanda reçoive des messages différents. Sa formule fétiche, « Respecte ton corps », peut s'entendre de plusieurs manières. Cette injonction signifie qu'il faut prendre soin de soi en mangeant sainement et en faisant de l'exercice, mais elle indique aussi que chacun est maître de son corps. Par exemple, quand la mère et la fille se livrent à une « bataille de chatouillis », la première qui en a assez dit : « Respecte-moi » et l'autre doit s'arrêter. Céline pense que ce réflexe peut donner à sa fille l'autorité nécessaire pour se protéger des gestes déplacés d'un adulte ou, plus tard, pour résister aux avances trop pressantes d'un petit copain.

Pierre et Carine se sont rencontrés lors d'une épreuve de course à pied ; partageant la même philosophie de la vie, ils se sont tout de suite plu. Tous deux font quasi quotidiennement du sport, surveillent ce qu'ils mangent et veulent que leurs enfants, Juliette et Océane, les imitent. « Prends soin de toi », leur formule fétiche, dit bien ce qu'elle veut dire. Avant chaque repas, parents et enfants répètent cette petite phrase et racontent les activités qu'ils ont pratiqués et qui leur ont fait du bien.

Les routines et rituels pour le respect

La pause (nous parlons d'« arrêt de jeu ») est l'un des moyens que nous utilisons pour rappeler à l'ordre Catie ou Gracie. Aujourd'hui, les parents ont fréquemment recours à cette méthode pour calmer les enfants ou sanctionner une bêtise (pour nous, il s'agit d'un moment pédagogique), mais leurs détracteurs sont nombreux. Certains spécialistes de l'éducation infantile considèrent que ce type de punition provoque un sentiment de rejet et d'isolement. Pour ma part, je pense que ces minutes de pause permettent d'inculquer le respect et le sens des responsabilités. Encore faut-il les justifier en les accompagnant d'une explication et réaffirmer votre amour (nombre d'études constatent les bénéfices de cette réponse si elle est utilisée à bon escient).

Routines et rituels

- Arrêt de jeu
- Capter le regard
- Le « rencontré/salué »
- Partager des activités sportives
- Préparer ensemble des repas sains et équilibrés

L'« arrêt de jeu » transmet trois messages importants : premièrement, les adultes sont aux commandes ; deuxièmement, il y a certaines choses que les enfants doivent faire et d'autres qui ne leur sont pas permises ; troisièmement, les bêtises entraînent des conséquences. Malgré ce qu'on peut entendre de la part des opposants, ce genre de punition n'a rien de sévère. Les enfants vont s'ennuyer, puisqu'on restreint leur liberté et ne seront pas très contents. Mais ils vont se calmer, réfléchir à ce qu'ils ont fait et aux répercussions de leurs actes.

Quand l'une de nos filles ne se conduit pas bien, nous lui offrons d'abord la possibilité d'arranger les choses. Si elle persiste, nous l'envoyons au coin ou dans une autre pièce. Mais nous lui expliquons pourquoi elle est punie (tu as frappé ta sœur, tu n'as pas fait ton travail ou tu as jeté ta nourriture par terre) et comment elle peut réparer (en s'excusant, en faisant ce qu'elle doit faire ou en nettoyant ses saletés). Dès qu'elle est calmée, nous lui réexpliquons les raisons de cette mise à l'écart, la remercions (si elle a remédié au problème), lui faisons un câlin et répétons que nous l'aimons.

Pour Ève et Mathieu, écouter les autres est une forme élémentaire de politesse. Or, chaque fois qu'ils s'adressaient à leurs enfants, ils avaient l'impression de parler dans le vide. Il leur arrivait de leur demander à plusieurs reprises de faire quelque chose sans aucun résultat ! C'était très frustrant. Ils se sont même parfois mis en colère, persuadés que leurs enfants se moquaient d'eux. Or, ils ont récemment appris que ceux-ci ne font pas la sourde oreille par provocation, mais tout simplement parce qu'ils sont tellement absorbés dans leur monde qu'ils n'entendent rien. Pour remédier à ce problème de communication, quand Ève et Mathieu veulent quelque chose, ils demandent d'abord à leurs gamins de les regarder. Dès qu'ils lèvent les yeux vers eux, ils savent qu'ils peuvent parler. Les enfants ont appris à écouter et les parents sont sûrs d'être entendus, ce qui leur évite de répéter cent fois les choses (du moins, c'est à espérer !).

Delphine et Gregory tiennent à ce que leurs trois filles fassent bonne impression quand elles rencontrent des gens. Dès leur plus jeune âge, ils ont insisté pour que Lisa, Justine et Annie serrent la main de la personne à qui elles étaient présentées, la regardent dans les yeux et lui disent « Bonjour ». Ce rituel n'a pas été facile à apprendre, surtout pour Justine qui était très timide. Mais les parents n'ont pas cédé. Ils les ont fait répéter. Leurs filles leur serraient la main et les regardaient dans les yeux en leur disant « Bonjour ». Ils ont même inventé un jeu, le « rencontré/salué », que les petites adoraient. Les parents inventaient des histoires compliquées dans lesquelles les gamines (parfois déguisées) jouaient un rôle. Elles étaient, par exemple, des princesses et devaient saluer des « étrangers » (leurs parents) et se présenter à eux. Delphine et Gregory ont joué à « rencontré/salué » des milliers de fois, mais la récompense a été à la hauteur ! À 5 ans, chaque fillette se sentait suffisamment à l'aise, quand elle rencontrait une personne inconnue, pour lui serrer la main, la regarder dans les yeux et la saluer en disant « Bonjour ».

Quant à Pierre et Carine, ils ont voulu que Juliette et Océane apprennent à respecter leur corps dès leur plus jeune âge. Tout en leur répétant leur formule fétiche, « Prends soin de toi », ils les ont associées à leurs exercices quotidiens. Quand leurs filles étaient bébés, Pierre les a emmenées chacune leur tour dans la poussette de course, pendant son jogging matinal. Carine leur a donné des haltères jouets et les petites l'imitent quand elle fait sa culture physique à la maison (trois fois par semaine). Juliette et Océane participent depuis toujours aux promenades à vélo familiales, d'abord dans une petite remorque, puis sur leur propre bicyclette. Elles aident aussi leurs parents dans la préparation des repas, ce qui leur permet de découvrir les aliments et leurs propriétés.

Le respect en action

Comme la plupart des jeunes enfants, Catie et Gracie ont la mauvaise (et gênante) habitude de réclamer (« Je veux plus de corn flakes ! ») ou, pire encore, d'exiger (« Va me chercher ma poupée », hurlé à la cantonade). Quand cela arrive, nous nous contentons de les regarder en attendant que la formulation change. Si rien ne se passe, nous disons : « Vous savez ce qui vous reste à faire si vous voulez des corn flakes ? » En l'absence de réaction, on ajoute : « La maison n'accepte que les requêtes précédées d'un s'il vous plaît ». Quand elles demandent enfin leurs céréales dans les règles, nous répondons : « Mais avec plaisir ! C'est étonnant ce qu'on obtient avec un peu de politesse, non ? » Ensuite, il faut encore attendre le merci, et s'il ne vient pas, ajouter : « Est-ce qu'on ne dit pas quelque chose en échange d'un service ? » Une fois que nous leur avons extorqué ces fameux remerciements, nous concluons par « De rien ».

Les parents de Virginie étaient très attachés aux bonnes manières. Fidèle à une éducation dont Virginie a pu apprécier les avantages, elle a décidé d'inculquer cette même politesse à son fils Thomas. La mère a trois exigences. S'il veut parler, il doit dire : « Excuse-moi », avant de l'interrompre et il ne quitte pas la table sans lui demander la permission. Dernièrement, Virginie a remarqué que tous les amis de Thomas appelaient les adultes par leur prénom. Elle demande donc à son fils d'utiliser leur nom de famille précédé de Monsieur, Madame ou Mademoiselle. Quand elle était enfant, la question ne se posait même pas ! Elle considère que cette familiarité entraîne du laisser-aller dans les rapports. Le formalisme instaure une distance et rappelle aux jeunes que les gens plus âgés ne sont pas des camarades et qu'un certain respect leur est dû.

Un jour, Vanessa et Fabrice ont remarqué que leurs trois enfants se parlaient de plus en plus grossièrement. Ce n'était pourtant pas faute de les avoir encouragés à se comporter avec civilité, mais le message n'était manifestement pas passé. Or, après une journée stressante, juste avant de dîner, Vanessa et Fabrice ont eu une douloureuse piqûre de rappel ; ils se sont vus tels qu'ils étaient et se sont rendu compte qu'ils offraient de piètres exemples à leurs enfants. Ils aboyaient des ordres, se parlaient durement sans jamais un « S'il te plaît » ni un « Merci ». Pas étonnant que leurs enfants soient si mal embouchés ! Les parents se sont donc fait la promesse de changer de manières pour le bien de leurs enfants (et peut-être de leur mariage).

Les actions

- Demander poliment
- S'excuser quand on coupe la parole
- Demander la permission de sortir de table
- S'adresser aux adultes par leur nom de famille et leur titre de civilité
- Aux parents de donner l'exemple
- S'excuser quand on a mal agi

Au prix d'attention et d'efforts soutenus, leurs échanges sont devenus plus calmes et policés (la plupart du temps, personne n'est parfait !). Et ils n'oublient plus les « Excuse-moi », « S'il te plaît », « Merci » et « Pas de quoi », ces indispensables petits rouages de la conversation. Figurez-vous qu'après seulement quelques mois, ils ont noté que le comportement de leurs enfants avait changé !

S'excuser quand on a mal agi, voilà pour Olivier et Alicia la plus grande marque de respect qu'on peut donner et recevoir. Celui qui s'excuse montre qu'il s'estime et se respecte suffisamment pour reconnaître ses torts, ce qui, d'ordinaire, n'est pas très agréable. Mais il fait aussi preuve de considération vis-à-vis de son interlocuteur. Les excuses ne sont guère prisées dans la société actuelle. Généralement, elles interviennent après que quelqu'un a été pris « la main dans le sac » et elles manquent souvent de conviction.

Pour enseigner cet art difficile à leurs filles, Olivier et Alicia se sont penchés sur la question et ont appris comment bien s'excuser. Ils ont découvert que l'efficacité de la démarche dépend de plusieurs paramètres. Il ne suffit pas de dire qu'on est désolé en précisant pourquoi, encore faut-il que le ton soit probant, la réaction immédiate et que le comportement change ensuite. Dès que leurs filles ont été en âge de comprendre, ils leur ont appris à demander pardon après une bêtise. Olivier et Alicia sont devenus des spécialistes en excuses ! Par exemple, si l'aînée frappe sa jeune sœur, elle doit dire : « Je suis désolée de t'avoir frappée » (avec le plus de conviction possible), faire amende honorable avec une petite caresse ou un câlin et ajouter qu'elle ne la tapera plus. Comme elles sont sœurs, elles ont évidemment du mal à se supporter et les exercices pratiques ne manquent pas !

Message 8

« On doit pouvoir compter sur toi, sois responsable »

Le sens des responsabilités, ça s'apprend

« On doit pouvoir compter sur toi, sois responsable »

Dans le cadre des relations sociales, le sens des responsabilités est aussi essentiel que le respect. Qu'évoque pour vous l'expression « personne responsable » ? Quelqu'un d'honnête et de fiable, quelqu'un qui peut se tromper, mais qui en accepte les conséquences. En un mot, le genre de personne qu'on aime avoir dans son entourage, l'ami ou le collègue de travail idéal. Celui ou celle que vous souhaitez que vos enfants deviennent !

Malheureusement, pour les enfants d'aujourd'hui, cette valeur morale n'a pas bonne presse. Nous vivons dans une société qui tend à nous faire croire qu'on peut obtenir tout ce qu'on veut sans effort, ni lutte, ni sacrifice. La victimisation est de mise et personne ne veut accepter la responsabilité de ses actes. La faute est toujours celle des autres. Mais comme il faut des coupables, on intente des procès pour que « justice » soit faite.

Les parents ne sont pas étrangers à cet état d'esprit. Combien craignent de saper l'estime de leurs enfants en les tenant pour responsables de leurs actes ! Quand leurs rejetons se conduisent mal ou qu'ils ont de mauvais résultats, ils les excusent et accusent la terre entière. Si Pauline ne réussit pas à l'école, c'est la faute des professeurs. Si Océane ne gagne aucune compétition, l'entraîneur est mauvais. Ces parents ont pourri leurs enfants en comblant tous leurs désirs sans rien leur demander en échange, ni obligation, ni respect, ni travail. Ce faisant, ils les privent des bénéfices de la responsabilité. Il faut accepter ses erreurs et ses échecs pour apprécier les réussites. En outre, si les jeunes ne prennent pas leur vie en charge, ils sont incapables d'en modifier le cours. C'est alors qu'ils deviennent de vraies victimes, à la merci des parents, professeurs et entraîneurs, des médias ou de la publicité.

Votre objectif est que vos enfants deviennent des adultes responsables. Bien sûr, ils connaîtront les désillusions, la frustration et la tristesse, c'est la vie ! Mais ils éprouveront aussi de l'enthousiasme, de la fierté et de la joie, car les succès comme les échecs seront vraiment les leurs. Et votre tâche consiste à leur adresser des messages qui les sensibilisent à la valeur fondamentale de la responsabilité. La fonction parentale repose, en grande partie, sur la capacité à aider les enfants à développer cette faculté, afin qu'ils comprennent qu'ils sont maîtres de leur vie. Mais pour ce faire, vous devez rejeter tout un pan de la société actuelle basée sur le bon droit et la victimisation.

Faire ce qu'il y a à faire

La culture populaire abreuve les jeunes esprits de messages toxiques qui tendent à dévaloriser la responsabilité. Médias et publicité ne parlent que de l'existence dorée des gens riches et célèbres, et présentent la vie comme une fête perpétuelle. De quelles illusions bercent-ils les enfants ? Que la vie doit être fun, facile et excitante ; qu'on peut zapper ce qui est fatigant, ennuyeux ou déplaisant ; que la responsabilité, ce n'est pas cool. Tout va dans ce sens : les messages de rébellion véhiculés par la musique pop et hip-hop, comme l'attitude de certaines stars à l'ego démesuré, se vantant de mépriser des obligations que le commun des mortels considère comme normales.

Tôt ou tard, vos enfants vont pourtant devoir apprendre que, pour la plupart des gens, les choses ne marchent pas comme ça. Comment les préparer au monde réel ? En leur adressant un message simple : dans une famille, chacun a un job à faire et chacun doit faire ce job. C'est la base indispensable au bon fonctionnement du groupe. Avoir le sens des responsabilités signifie qu'on accepte des tâches pas forcément plaisantes, parce qu'il le faut. Pensez à toutes ces corvées auxquelles vous vous astreignez pour vos enfants. Je parie que, bien des fois, vous n'avez pas envie de préparer le repas, de faire la lessive ou de les coucher. Et pourtant, vous vous exécutez ; c'est inscrit dans le cahier des charges que vous avez accepté en devenant parent. Vos enfants doivent apprendre qu'ils ont, eux aussi, un travail à faire et que la vie (maintenant et plus tard) est pleine d'obligations assommantes.

Le bénéfice de ces messages de responsabilisation est immédiatement perceptible dans une famille qui fonctionne bien. En outre, les tâches dont vous chargez vos enfants véhiculent quelques méta-messages importants. C'est le moyen de leur faire acquérir des compétences utiles pour l'avenir (cuisiner, faire le ménage ou la lessive) qui améliorent aussi leur estime personnelle. C'est également la possibilité de les intégrer aux activités quotidiennes, ce qui les valorise et leur confère le sentiment de leur utilité. En exécutant certaines tâches nécessaires, vos enfants s'apercevront qu'ils sont indispensables au bon fonctionnement de la famille.

Main de fer et gant de velours

Responsabiliser vos enfants tient de l'exercice de funambule. Vous devez leur imposer des obligations dont ils ne veulent généralement pas, tout en leur faisant comprendre que vous agissez dans leur intérêt. Et plus le poids des responsabilités augmente avec l'âge, plus il vous faut maintenir cet équilibre subtil entre fermeté et souplesse.

Détermination et cohérence sont indispensables dans le suivi des opérations. Vos enfants doivent voir qu'ils n'ont pas d'autre choix que de faire le boulot. Cela va engendrer des conflits. Pour quantité de raisons (fatigue, désir d'indépendance, manque d'envie ou pur entêtement), vos chères têtes blondes ou brunes vont parfois résister bruyamment à vos injonctions. Ces batailles, vous devez les remporter si vous voulez que vos messages de responsabilisation soient clairs. Cette intransigeance se révélera souvent frustrante et épuisante ; les enfants sont très obstinés et se fatiguent moins vite que les parents. Ils s'imaginent qu'il est possible de vous avoir à l'usure. Or, si vous leur permettez de gagner, ils en déduiront que ce que vous leur demandez n'est pas vraiment important et qu'ils peuvent vous obéir uniquement quand ça les arrange (malheureusement, les choses ne fonctionnent pas ainsi dans la vraie vie). Restez ferme. Ne cédez pas, malgré les cris, les larmes et le temps que vous y passez. Si vous réussissez à garder le cap en envoyant des messages cohérents, vos enfants finiront par comprendre et accepteront de faire ce qu'ils ont à faire.

Parallèlement, sachez aussi vous montrer souple et laissez-les choisir (dans certaines limites) le moment où ils peuvent remplir leurs obligations. Autorisez-les, par exemple, à décider dans quel ordre accomplir leur petit rituel avant d'aller au lit ou permettez-leur de jouer un moment avant de ranger leur chambre. Cette stratégie peut affaiblir leur résistance (et éviter les crises de nerfs !). Vos enfants auront l'impression d'avoir remporté une bataille (alors que vous leur avez laissé la victoire) et d'avoir choisi ce qu'ils devaient faire. Vous trichez un peu, mais c'est de bonne guerre dans un face-à-face entre parents malins et enfants naïfs. Courage, et tout ira pour le mieux dans le meilleur des petits mondes !

Si vos enfants sont trop fatigués ou qu'ils ne peuvent pas, pour une raison ou une autre, faire ce qu'ils ont à faire, vous allez les aider ou les remplacer. Cette flexibilité permet d'envoyer plusieurs méta-messages. Premièrement, quand il le faut, les membres de la famille se soutiennent et unissent leurs efforts pour que le travail soit accompli. Deuxièmement, la souplesse est souvent préférable à la rigueur. Et troisièmement, vous montrez à vos enfants que vous comprenez leurs besoins et savez y répondre.

La microgestion n'a qu'un temps

Je m'explique : quand vos enfants sont petits, vous êtes contraint à la microgestion, pour la simple raison qu'ils sont incapables de se débrouiller seuls. Des bébés ne peuvent ni se déplacer, ni se nourrir, ni changer leurs couches par eux-mêmes. Mais des enfants de 2 ans sont parfaitement aptes à se charger de certaines tâches et leurs compétences vont se développer de manière exponentielle en grandissant. Or, vous risquez d'avoir des difficultés à passer de la microgestion à la gestion normale et ce, pour plusieurs raisons. Si vous considérez toujours vos enfants comme des bébés, vous ne réaliserez pas qu'ils sont maintenant capables de beaucoup plus. Comme tout parent, vous avez l'habitude de faire certaines choses pour eux et vous continuez. Et puis, il est souvent plus facile et plus rapide d'accomplir les tâches à leur place. C'est, par exemple, le cas quand il s'agit d'habiller les petits le matin. Or, si vous empêchez vos enfants de se prendre en charge, vous leur adressez des méta-messages nuisibles, entre autres qu'ils sont incapables de se débrouiller seuls et que c'est inutile puisque vous êtes là.

En grandissant, vos enfants acquièrent de nouvelles compétences, mais ne sont pas encore vraiment capables de gouverner leur propre vie. C'est à ce stade que vous devez passer graduellement de la microgestion à la bonne gestion pour préparer l'avenir. Laissez-leur prendre des décisions, tout en établissant des limites et en les aidant dans leurs choix. Si vous persistez à agir à leur place quand ils n'en ont plus besoin, vous risquez d'entraver leur aptitude à gérer leur vie de plusieurs manières. Vous les empêcherez d'acquérir les capacités leur permettant de se débrouiller seuls. Ils peuvent d'ailleurs finir par vous reprocher ce dévouement intrusif. Enfin, plus longtemps vous exercez ce type de dirigisme, plus vous retardez leur développement et moins ils seront prêts à assumer leurs responsabilités à l'âge adulte.

Donnez-leur des responsabilités !

Pour responsabiliser vos enfants, confiez-leur des responsabilités ! Cette prise en charge peut concerner leur santé physique ou leur bien-être (sport, nourriture), leurs études ou leurs affaires personnelles. Mais vous pouvez aussi les engager à collaborer aux activités familiales en leur demandant de débarrasser la table ou de ranger leur chambre.

Pensez aussi aux responsabilités sociales, intéressez-les à la vie de leur quartier ou au sort du monde ; poussez-les à participer à des activités scolaires, à s'impliquer dans des œuvres caritatives ou à se consacrer à la protection de l'environnement. Songez à toutes ces obligations qui leur incomberont plus tard. Préparez-les aux difficultés de la vie d'adulte en les entraînant à exercer des responsabilités correspondant à leur âge, puis élargissez peu à peu l'éventail des possibilités en adaptant leurs tâches à leur maturité et à leurs capacités.

Des engagements à respecter

Ces messages de responsabilisation passent par la définition de vos attentes et des conséquences qui en découlent. Expliquez clairement à vos enfants ce qu'ils doivent faire et ce qui se passera dans le cas contraire. Vous leur montrez ainsi que ces responsabilités sont importantes pour vous et que vous comptez sur eux. Il est essentiel qu'ils répondent à vos attentes, c'est le méta-message que vous devez faire passer. Si vous leur demandez d'apprendre leurs leçons avant d'aller jouer, ils doivent comprendre qu'il s'agit d'une tâche prioritaire. Libre à eux d'obéir et d'en récolter les bénéfices (votre approbation, le plaisir du devoir accompli, d'autres responsabilités, plus de liberté) ou de vous ignorer et d'en accepter les conséquences (votre mécontentement, un sentiment de culpabilité, moins de responsabilités ou de liberté).

Voici quelques conseils pour renforcer les messages de responsabilité à l'adresse de vos enfants :

- Expliquez-leur ce qu'est la responsabilité et pourquoi c'est important.
- Soyez précis dans vos demandes (« J'aimerais que tu ranges ta chambre avant d'aller au lit »).
- Encouragez-les à donner leur avis et acceptez de modifier vos attentes en fonction de leurs réponses. Ils accepteront d'autant mieux leurs responsabilités si vous les engagez à participer et les impliquez dans les décisions.

Quand les enfants sont petits, ils ne comprennent pas forcément l'intérêt de faire ce que vous leur demandez. Ils obéissent ou désobéissent en raison des conséquences prévisibles, généralement votre plaisir ou votre mécontentement. En grandissant, ils réaliseront le sens de ces obligations. Ils intérioriseront vos messages, y obéiront et se les approprieront. Voici deux erreurs que beaucoup de parents commettent et qu'il convient d'éviter à tout prix :

- Menacer les enfants de conséquences disproportionnées s'ils désobéissent.
- Ne pas appliquer les sanctions établies au préalable.

Les conséquences peuvent être implicites (« Si tu ne débarrasses pas la table, nous ne serons pas contents ») ou plus explicites (« Si tu ne fais pas ton lit, tu iras au coin »). Ces répercussions probables donnent à vos enfants ce petit élan qui les pousse à faire ce que vous demandez et à accepter leurs responsabilités. Je ne vais pas vous fournir un barème de punitions au cas par cas, il est préférable de s'adapter aux habitudes familiales et au caractère de chaque enfant. Néanmoins, vous devez trouver des réponses suffisamment dissuasives, mais pas trop sévères, pour qu'ils adhèrent à vos propositions. S'ils vous trouvent injuste, ils vont se mettre en colère et se buter. Une sanction impliquant de s'ennuyer un peu est motivante pour les enfants qui détestent cette perspective. Vous pouvez aussi les priver de quelque chose qu'ils aiment (un jouet favori) et conditionner sa récupération à l'accomplissement de leur travail. C'est encore une manière de les responsabiliser. Ils vous ont certes déçu, mais ils ont le pouvoir de réparer et d'en tirer un bénéfice. Les punitions les plus efficaces sont celles qui sont directement liées à leurs actions et à vos attentes. Par exemple, s'ils lambinent avant d'aller se coucher, ils n'auront plus le temps de lire au lit. Vous connaissez bien vos enfants, à vous d'imaginer des sanctions qui produisent vraiment de l'effet.

Un conseil : évitez les récompenses matérielles. Vous risquez de transformer vos enfants en « accros du cadeau » qui exigeront constamment une gratification avant d'obéir à la moindre de vos requêtes. Pour gagner leur adhésion, aidez-les plutôt à prendre conscience des bénéfices personnels que procure le sentiment du devoir accompli : plaisir, réactions positives de l'entourage. N'hésitez pas à valoriser cette connexion entre conduite appropriée et sentiment de satisfaction.

Des conséquences dérisoires ou nulles risquent de s'avérer contre-productives. L'urgence, le stress, la fatigue ou les circonstances aidant (en un mot, la vie !), vos résolutions les plus fermes peuvent fondre comme neige au soleil. Or, si vous ne réagissez pas, vos enfants ne seront guère motivés pour répondre à vos attentes. Sans l'élan initial procuré par l'application ferme et cohérente de petites sanctions, ils n'intérioriseront jamais les messages sous-jacents de responsabilité que vous cherchez à leur transmettre par le biais de ces tâches. Si les conséquences sont dérisoires, vous envoyez également des méta-messages contradictoires quant à l'importance que vous accordez à la notion de responsabilité. D'un côté, vos enfants vont penser que désobéir n'est pas très grave, sinon votre réponse serait plus sévère. De l'autre, même si vos exigences sont vraiment justifiées, ils n'obéiront pas dans la mesure où ils ne risquent rien.

Dans ce domaine, il n'y a pas de formule magique. Quand vous demandez à vos enfants de faire quelque chose, vous devez les avertir de ce qui leur en coûtera s'ils ne répondent pas à vos attentes (des exigences sans conséquence manquent de « mordant »). Si une situation appelle une sanction, rappelez-vous qu'elle est indispensable et que, malgré la fatigue, le stress et toutes les excuses possibles, vous devez réagir dans l'intérêt de vos enfants.

Les petites phrases pour la responsabilité

Depuis que Catie et Gracie sont assez grandes pour comprendre, nous leur serinons notre formule fétiche : « Y a pas le choix ». Nous avons tous des tâches à accomplir et même si elles ne nous plaisent pas toujours, nous nous y mettons parce que… eh bien, « Y a pas le choix ! » Sarah n'a pas toujours envie de faire la cuisine ou la lessive, mais « Y a pas le choix ». Moi, je n'aime pas laver la vaisselle et, certains jours, j'ai des velléités de ne pas aller travailler, pourtant je m'exécute parce que « Y a pas le choix ». Nos filles ont donc appris qu'elles avaient des obligations, pas toujours amusantes, mais « Y a pas le choix » ! Chaque fois qu'elles regimbent, Sarah ou moi y allons de notre petite phrase pour leur rappeler quelles sont leurs responsabilités.

Les petites phrases

- « Y a pas le choix »
- « On prend, on range »
- « Dans la famille, tout le monde participe »
- « On le fait maintenant et on le fait bien »
- « Le travail d'abord, le jeu après »
- « Écoute ta conscience »

Avec deux garçons débordants d'énergie et une maison pleine de leurs affaires, Christelle ne peut pas se permettre de laisser le chaos s'installer. Seule au foyer et sans aide extérieure, cette maman qui travaille n'a pas le temps de ramasser derrière ses fils. Sa formule, « On prend, on range », a le mérite de la simplicité. Dès qu'Enzo ou Jules ont fini de se servir d'un jeu, ils doivent le remettre en place avant d'en sortir un autre. S'ils oublient (ce qui arrive fréquemment), Christelle leur demande de stopper ce qu'ils font et de ranger avant de reprendre le cours de leurs activités.

Philippe et Sonia mènent des vies trépidantes. Ils ont trois enfants et travaillent tous les deux, autant dire que chacun

doit mettre la main à la pâte pour que les choses fonctionnent. Leur formule, « Dans la famille, tout le monde participe », le dit bien. Évidemment, la notion de coopération n'a pas bonne presse auprès d'enfants qui veulent tout, tout de suite, et qui se butent quand ils n'ont pas envie de faire quelque chose. Pourtant, dès que leurs enfants ont été en âge de comprendre, Philippe et Sonia leur ont expliqué en quoi consistait cette participation et ils leur ont donné des exemples (aider à faire le dîner, préparer leurs sacs pour un week-end…). Ils ont même trouvé une botte secrète qui paraît assez efficace. Quand ils veulent que les enfants se lavent les dents ou rangent leurs chambres, ils leur demandent d'abord s'ils sont prêts à coopérer. Ils sont généralement d'accord. Alors, les parents insistent pour qu'ils promettent et, le plus souvent, ils disent à nouveau oui. Philippe et Sonia se sont aperçus qu'en amorçant ainsi la pompe, les enfants étaient davantage disposés à collaborer, un peu comme s'ils se sentaient engagés par leur promesse.

Anne et Christian veulent transmettre deux messages à leurs filles : il faut faire les choses quand on le demande et le travail ne doit pas être bâclé. Les parents espèrent que ces injonctions porteront leurs fruits plus tard, quand Noémie et Alicia iront à l'école ou qu'elles travailleront. Leur petite phrase, « On le fait maintenant et on le fait bien », vise à leur inculquer la fierté du devoir (bien) accompli. Anne et Christian sont réalistes, ils savent que les gamines n'auront pas toujours envie de se conformer à ce modèle idéal. Mais ils s'aperçoivent qu'en réitérant ces messages, elles font le travail en temps voulu et du mieux possible. Quand elles ont terminé, les parents disent toujours : « C'est du bon boulot ! » (sur un ton enthousiaste et avec un large sourire).

Chez Laure et Fabrice, c'est presque toujours la même scène après dîner. La dernière bouchée à peine avalée, le frère et la sœur se précipitent pour aller jouer, même quand ils ont autre chose à faire. Pour éviter que ce comportement devienne une habitude, les parents ont trouvé une formule : « Le travail d'abord, le jeu après ». Au moment du dessert, ils prononcent cette petite phrase pour rappeler aux enfants qu'ils ne peuvent pas jouer tout de suite.

Ils l'utilisent aussi au moment du coucher, pour les recentrer sur leurs activités du soir alors qu'ils ne pensent qu'à courir autour de la chambre et à sauter sur les lits.

Caroline est convaincue que le sens des responsabilités s'acquiert, en partie, en prenant de bonnes décisions. Et elle répète à son fils Théo, « Écoute ta conscience », sa phrase fétiche. Elle lui a expliqué que la conscience est cette petite voix qu'on entend dans la tête chaque fois qu'il faut faire un choix. Quand son garçon regimbe devant une corvée, Caroline lui demande ce que sa conscience lui dicte. Théo s'arrête, prétend écouter une voix intérieure et, généralement, prend la décision qui répond aux attentes de sa mère.

Les routines et rituels pour la responsabilité

Comme la plupart des petites filles, Catie et Gracie raffolent des stickers, perles et autres babioles. Elles adorent en recevoir en récompense pour un oui ou pour un non. Au fil des années, nous avons testé toutes sortes de systèmes incitatifs pour les engager à remplir leurs diverses obligations. Quand Catie a eu 4 ans, nous lui avons acheté un tableau faisant office d'emploi du temps pour qu'elle y note tout ce qu'elle a à faire et a fait dans la journée (on peut aussi le fabriquer soi-même). Sur ce tableau figurent de nombreuses propositions, comme dire « S'il vous plaît » et « Merci », sortir la poubelle, se laver les dents ou partager.

Une de ses responsabilités consiste à sélectionner ce qu'elle décide de faire. Dernièrement, elle a choisi : être gentil, ranger ses jouets, s'habiller et faire son lit (avant le petit déjeuner), arrêter de pleurnicher, être poli et ranger ses vêtements (avant d'aller au lit). C'est devenu une habitude : tous les soirs, elle colle un magnet en face de chacune des obligations remplies dans la journée. Nous lui demandons, en plus, de noter ce qu'elle a fait exactement. Par exemple, pour « être gentil », nous voulons qu'elle précise quand et avec qui elle s'est montrée gentille. Nous nous doutons bien qu'elle ne va pas réussir un sans-faute tous les jours (même si elle est très fière quand elle « rafle la mise », une expression de billard que je lui ai apprise). En revanche, nous lui imposons une petite sanction, une retenue sur son argent de poche, quand elle est vraiment très en dessous de la moyenne. La tenue du tableau responsabilise Catie de plusieurs manières : en voyant les obligations affichées, en y pensant, en écrivant ce qu'elle fait, en plaçant des magnets en face des tâches accomplies et en recevant une récompense quand elle a bien travaillé.

Nous l'admettons volontiers, cette routine n'est pas très amusante, du coup nous lui permettons de gagner un répit temporaire. En récompense des énormes efforts que ce tableau l'oblige à fournir, nous la laissons libre tout le week-end. Et quand elle rafle la mise deux semaines de suite, nous l'autorisons à arrêter aussi longtemps qu'elle en a envie. Étant entendu que, si elle oublie ses responsabilités, le tableau est remis en service.

Avec quatre enfants, Patrick et Denise doivent avoir une discipline de fer s'ils veulent que les petits se couchent à l'heure, soient prêts le matin pour l'école et qu'eux-mêmes ne soient pas en retard au travail. Le soir, comme le matin, ils ont donc mis au point une routine rigoureuse. À deux contre quatre, les parents ne peuvent s'en sortir que si les enfants sont autonomes dès leur plus jeune âge. À 2 ans et des poussières, tous savaient déjà se laver les dents (avec l'aide des parents), se brosser les cheveux, ranger jouets, livres et vêtements, et préparer leurs affaires pour le lendemain. Patrick et Denise se sont aperçu que forcer ou presser les petits était généralement contre-productif. Ils leur permettent donc de décider dans quel ordre accomplir leurs tâches. Le matin, ils doivent, entre autres, s'habiller, faire leur lit avant de prendre leur petit déjeuner, se

Routines et rituels

- Faire un tableau des obligations
- Instaurer des habitudes pour le coucher
- Instaurer des habitudes pour le départ à l'école
- Donner des responsabilités pour la préparation du déjeuner
- Instaurer des « rythmes familiaux » et des tâches propres à chacun

laver les dents après avoir mangé, enfiler leurs chaussures et se retrouver devant la porte à 7 h 30. Cette discipline ne s'est pas imposée sans peine, mais maintenant que les enfants ont 6 ans et plus, la routine familiale est parfaitement rodée.

Gabriel, le fils de Gaëlle, est âgé de 8 ans. Tous les matins avant de partir à l'école, il se charge de mettre son déjeuner (préparé par sa maman) dans sa boîte repas. Comme toute la famille est très concernée par la protection de l'environnement, son fils garde ce qu'il n'a pas mangé et le rapporte chez lui. Quand il revient après l'école, il lave et essuie la boîte et les couverts, et les dispose sur l'étagère pour le lendemain.

Catherine et Damien sont des adeptes convaincus des « rythmes familiaux », qu'ils définissent comme le tempo naturel de leur quotidien. Le couple s'appuie sur une succession d'habitudes bien ancrées qui les aident à préserver un certain ordre face aux inévitables imprévus de l'existence. Cette routine est particulièrement utile pour leur permettre de retrouver le calme après de trépidantes journées consacrées à l'école, au travail et à toutes sortes d'activités annexes.

En fin d'après-midi, tout le monde est rentré et chacun sait ce qu'il a à faire. Catherine commence à préparer le dîner avec l'aide de sa fille Mélanie, 5 ans. Damien et Éric, leur fils de 7 ans, rangent un peu la maison, sortent la poubelle et accomplissent diverses tâches ménagères. Au moment du dîner, Éric et Mélanie mettent la table. Le garçon apporte les assiettes et les verres, et la fille s'occupe des sets de table, serviettes et couverts. Après le repas, le frère et la sœur débarrassent, puis ils rangent leurs jouets ; le père fait la vaisselle et nettoie la cuisine, pendant que la mère défait les lits. Ensuite, les enfants vont se coucher et lisent un peu avant de s'endormir.

La responsabilité en action

Nous avons décidé d'apprendre à nos filles à devenir financièrement responsables. Tout nous y pousse : que ce soit la crise économique qui continue à faire des ravages ou la société actuelle qui nous incite à consommer au-delà de nos moyens. Charles Dickens avait bien raison, lui qui écrivait autrefois : « Revenu annuel : vingt livres ; dépenses annuelles : dix-neuf shillings six pence ; résultat : le bonheur. Revenu annuel : vingt livres ; dépenses annuelles : vingt livres, zéro shilling, six pence ; résultat : la misère ». Quand Catie a eu 4 ans, nous avons commencé à lui donner une petite somme pour qu'elle comprenne le mécanisme des dépenses et des recettes, et qu'elle sache gérer son argent.

Nous nous sommes d'abord demandé combien lui allouer. Le bon chiffre dépend de la situation financière de la famille, du coût de la vie et des besoins de vos enfants, mais les spécialistes que j'ai interrogés m'ont indiqué quelques pistes. Débutez par une somme hebdomadaire qui équivaut à la moitié de leur âge (2 euros pour un enfant de 4 ans). Augmentez en moyenne de 1 euro ou dollar par an et par semaine. Vers 16 ans, quand ils commencent à sortir et à avoir des besoins, calculez leurs dépenses et accordez-leur une somme raisonnable pour couvrir leurs besoins. Généralement, mieux vaut donner peu au début et augmenter progressivement, plutôt que de leur offrir tout de suite un pactole. Ils ne vont pas, non plus, commencer tout en haut de l'échelle !

Nous avons aussi décidé que nous ne rétribuerions pas Catie pour des tâches spécifiques (faire son lit ou ranger sa chambre), mais pour l'ensemble de ses contributions. En même temps, comme je l'ai dit plus haut, cet argent de poche est supprimé quand elle ne s'acquitte pas de ses tâches. Cette approche lui inculque les notions

Les actions

- Enseigner quelques préceptes financiers
- Donner de l'agent de poche
- Être responsable de son temps
- S'occuper d'un animal de compagnie
- Apprendre à faire des choix

de travail et d'échange de biens et services contre de l'argent. Elle s'aperçoit également que si elle ne fait pas son boulot, elle n'est pas payée, comme dans la vraie vie !

Nous avons trouvé une grande tirelire à quatre compartiments avec les inscriptions : Garder, Dépenser, Donner et Investir. Nous demandons à Catie de déposer un quart de ses gains dans chaque fente. L'aider à choisir entre dépense immédiate et économie implique plusieurs méta-messages de planification à long terme, de patience et de gratification retardée. Nous espérons qu'en lui apprenant à épargner, elle résistera mieux au matraquage consumériste du « tout, tout de suite » et que nous la préparons à devenir une adulte financièrement responsable. En lui demandant de conserver un quart de ses gains pour un organisme caritatif de son choix, nous lui parlons de compassion et de générosité. Nous lui avons aussi promis, dès qu'elle aura rempli le compartiment Investir, qu'elle pourra ouvrir un compte épargne dans notre banque, juste comme papa et maman.

Mais nous voulons par-dessus tout que Catie comprenne que, comme dit le proverbe, « L'argent ne pousse pas sur les arbres » (du moins pas dans la famille). Si elle dépense tout son argent de poche de la semaine, nous ne lui accordons aucune avance. En même temps que la responsabilité financière, elle apprend ce qu'il en coûte de vivre au-dessus de ses moyens.

Estelle tient énormément à ce que ses deux filles sachent s'occuper par elles-mêmes. Quand elle était jeune, son frère et elle meublaient leurs loisirs comme ils l'entendaient. S'ils s'ennuyaient, leurs parents disaient : « Eh bien, trouvez quelque chose pour vous distraire ». Aujourd'hui, les enfants ont des vies tellement programmées qu'ils n'ont plus un moment de libre. Entre le sport, les cours de musique et les études, la plupart des gosses qu'elle rencontre ont rarement un instant à eux. Et dès qu'ils s'ennuient, ils se précipitent sur la télévision ou les jeux vidéo.

C'est ce qu'elle ne veut pas pour ces filles. Elle a réduit au minimum leurs activités extrascolaires et s'arrange pour leur laisser beaucoup de temps libre. Se sentent-elles désœuvrées, Estelle leur rétorque qu'elles sont responsables de leur temps et que c'est à elles de trouver comment le remplir (elles n'ont pas le droit de regarder beaucoup la télévision et n'ont pas de console de jeux, ces options sont donc exclues). Mais leur mère a acheté du matériel pour peindre et dessiner, des instruments de musique et plein de jeux. À l'occasion, elle leur suggère quelques idées pour s'occuper. Dans l'ensemble, les deux fillettes ne manquent pas de distractions, mais quand elles n'ont aucun plan ou qu'elles s'ennuient, c'est à elles de se débrouiller pour trouver quelque chose à faire.

Henri et Annie ont tous deux grandi avec des animaux. Chats, chiens, tortues ou cochons d'Inde, les compagnons à quatre pattes ne manquaient pas dans leurs familles et ils les aimaient tous. Ils voulaient que leurs enfants partagent cette passion pour les bêtes et qu'ils trouvent là l'occasion de développer leur sens des responsabilités. Dès que leurs trois enfants ont su marcher, Henri et Annie les ont entraînés dans des animaleries. Ils ont d'abord ramené un poisson rouge, des tortues, une perruche et finalement un, puis deux chiens.

Les parents ont institué une règle : avant de prendre un nouveau pensionnaire, les enfants doivent s'engager à s'en occuper. Chacun des trois se voit assigner une tâche correspondant à son âge. C'est ce qui s'est passé à l'arrivée de Dex, leur premier chiot, un bâtard adopté dans un refuge (méta-message de compassion et d'intérêt pour les moins favorisés). Jacques, 3 ans, était chargé de renouveler son eau tous les jours. Carla, 6 ans, devait remplir la gamelle et Yanis, 9 ans, nettoyer les saletés. En outre, ils avaient l'obligation de promener le chien à tour de rôle.

Comme c'est le cas pour la plupart des enfants qui veulent des animaux, ces trois-là ont beaucoup promis et peu tenu. Mais les parents se sont montrés fermes et les ont (raisonnablement) récompensés ou punis en fonction de ce qu'ils faisaient ou ne faisaient pas. Avec persévérance et patience, ils ont continué de leur transmettre des messages de responsabilisation. Progressivement, les enfants ont fini par remplir leurs obligations. Et cette ménagerie procure tant de plaisir à toute la famille que les parents acceptent volontiers de prendre le relais quand il le faut.

Si Aaron n'a pas toujours fait les bons choix dans sa vie, adopter Marie s'est avéré la meilleure décision qu'il n'ait jamais prise. Son parcours chaotique lui a appris combien il est important de savoir décider pour devenir quelqu'un de responsable. Il a donc voulu que Marie s'exerce très tôt à faire de bons choix. Aaron est persuadé qu'on peut apprendre à devenir un parfait décideur. Il faut simplement prendre beaucoup de décisions, bonnes, mauvaises et parfois même désastreuses. Avant que la fillette sache parler, il la laissait déjà choisir ses vêtements, ses livres ou ses jouets. Quand Marie a été plus grande et en âge de comprendre, son père lui a expliqué que, dans certains cas, les enfants font de mauvais choix simplement parce qu'ils ne prennent pas le temps de réfléchir ou parce qu'ils s'ennuient, ou parce qu'ils imaginent qu'ils vont s'amuser. Aaron veut également que sa fille se rende compte des conséquences qu'entraînent ses décisions et qu'elle en assume la responsabilité.

Chaque fois que Marie est confrontée à un choix, son père lui demande : « Pourquoi veux-tu le faire ? Quelles sont tes options ? Quelles sont les conséquences ? Est-ce que c'est ce qu'il y a de mieux pour toi ? » Il travaille à établir une relation de confiance avec sa fille, de manière à ce qu'elle lui demande conseil et qu'il puisse la guider toutes les fois qu'elle aura une décision importante à prendre (du moins selon ses standards). Il espère surtout qu'elle continuera à le faire quand elle sera plus grande et que ses choix seront déterminants !

Message 9

« Les émotions, c'est normal, c'est la vie ! »

Lui apprendre à maîtriser ses émotions

« Les émotions, c'est normal, c'est la vie ! »

Bien que le message sur les émotions arrive en neuvième et dernière position, il n'en est pas moins crucial. Si je conclus cet ouvrage par celui-ci, c'est justement parce qu'il s'agit d'un aspect vital, et pourtant négligé, du développement des enfants. Ce que j'appelle la maîtrise des émotions est essentiel pour leur bien-être futur. Les premiers messages que vous leur transmettez vont déterminer leurs expériences initiales (l'acquis) et modeler leur tempérament (l'inné). Dans une certaine mesure, les habitudes qui vont en résulter influenceront leur vie affective. Or, malgré l'importance des émotions, les enfants doivent généralement naviguer à vue et au jour le jour dans ce maelström de sentiments. Les parents fournissent rarement les bons outils pour s'en sortir. Si j'aborde ce message pour finir, c'est aussi parce qu'il transcende et influe sur les huit précédents.

Il faut avouer que le sujet est difficile et délicat pour beaucoup de parents (et pour la plupart des gens). Dans les générations précédentes, on conseillait de réprimer les émotions (c'était le cas dans les années 1950), puis de les extérioriser pour le meilleur et pour le pire (dans les années 1960-1970). De ce fait, les parents actuels n'ont pas eu beaucoup de modèles auxquels s'identifier (quand ils étaient enfants, la maîtrise des émotions n'était guère à la mode). Pour guider leur progéniture, ils doivent donc s'en remettre à leur propre expérience, ce qui n'est pas très sain.

Quant à la culture populaire, elle n'est certainement pas d'un grand secours. Que ce soit à la télévision, au cinéma, dans les jeux vidéo ou sur Internet, la modération et le réalisme ne sont pas de mise. On y voit des gens dont les émotions sont totalement maîtrisées ou parfaitement débridées ! Mais ces représentations médiatiques n'ont qu'un but, le spectacle. Elles ne peuvent, en aucun cas, jouer le rôle d'outils éducatifs pour de jeunes esprits aux prises avec des affects qu'ils ont le plus grand mal à gérer.

La surprotection émotionnelle

Ces dernières années, les experts en parentalité ont recommandé d'éviter toute émotion négative aux enfants, sous prétexte qu'elles seraient une source potentielle de frayeur. Du coup, de nombreux parents ont surréagi. Ils sont sortis de leur rôle en tentant de supprimer ces « mauvaises » émotions. Ils ont apaisé, distrait ou consolé leurs bambins sans leur permettre d'éprouver ces hauts et ces bas riches d'enseignement. Trop souvent, j'entends des parents dire à leur enfant « Tu n'as pas à avoir peur », quand il est effrayé, ou « Tu n'as aucune raison de te mettre dans cet état », quand il est en colère. Ces messages dénigrent la réalité des sentiments ressentis et ignorent la profonde complexité et le sens de ce qui se cache derrière ces manifestations. Mais ils leur dénient aussi le droit d'éprouver cette peur ou cette colère (qu'ils éprouvent pourtant intensément). Et, comme si cela ne suffisait pas, ces messages inutiles ne leur offrent même pas le moyen de mieux comprendre et dominer leurs émotions.

Contrairement à la croyance très répandue, en interdisant aux jeunes esprits de ressentir des émotions prétendument mauvaises, on leur inflige une double peine. Les émotions négatives et positives sont comme les deux faces d'une même médaille : il faut que les enfants éprouvent les unes pour apprécier les autres. Enfin, s'ils n'apprennent pas à connaître les émotions négatives, ils seront incapables de les maîtriser. En surprotégeant vos enfants, vous ne les aidez pas à affronter le « vrai » monde, où la violence, la peur et le chagrin sont monnaie courante.

Les choix émotionnels par défaut

J'explique dans la première partie ce concept de « choix par défaut » ; il s'agit des réponses automatiques que les enfants apportent à certaines situations. Cette notion se révèle particulièrement opérante dans le cas présent. En effet, les choix émotionnels par défaut, mis en place dès le plus jeune âge, vont dicter la nature de leurs émotions et les grandes lignes de leur comportement futur. Or, ces choix par défaut sont déterminés par les messages précoces dont vous inondez vos enfants. Observez vos bambins. Quand ils sont en colère, est-ce qu'ils réagissent en agressant les autres ou en allant se calmer dans un coin ? Quand ils ne réussissent pas à faire quelque chose, est-ce qu'ils abandonnent ou est-ce qu'ils recommencent ? Quand ils ont peur, est-ce qu'ils s'enfuient ou vont-ils chercher de l'aide ? Autant de situations et autant de choix par défaut possibles qui peuvent être influencés par vos messages émotionnels.

Êtes-vous maître de vos émotions ?

Vos enfants vous observent et ajustent leur comportement au vôtre. Cela n'a rien de surprenant, sachant que vous êtes pratiquement leur seul modèle pendant leurs premières années de vie. Le développement de leur maîtrise émotionnelle se trouvera donc grandement facilité si vous possédez déjà ces qualités qu'il leur faudra cultiver.

Un collègue remarquait un jour, non sans perspicacité, que « l'inconscient des parents est la réalité de l'enfant ». Je frémis chaque fois que je prononce cette phrase, car ce message, dans sa concision, est fort déstabilisant pour les malheureux géniteurs. Effectivement, j'en ai déjà parlé, la plupart des parents traînent un lourd bagage émotionnel (manque d'estime personnelle, perfectionnisme, besoin de tout contrôler), qui vient de leur enfance, et qu'ils repasseront, s'ils n'y prennent garde, à leurs propres enfants. Par exemple, si vous êtes très émotif, il est probable que vous adresserez à vos bambins des messages leur signifiant qu'ils sont incapables de gérer leurs émotions, et que vous leur communiquerez du même coup vos difficultés.

À l'inverse, si vous maîtrisez bien vos sentiments, vous leur insufflerez sans doute cette assurance. En s'inspirant de ce que vous leur transmettez consciemment et inconsciemment, ils apprendront tout ce qu'ils doivent savoir pour devenir à leur tour des experts en la matière. De nombreuses recherches ont confirmé l'importance de ces messages émotionnels, ainsi que la valeur d'un bagage parental débarrassé de tout poids superflu. Si j'avais un seul conseil à vous donner, ce serait de vous livrer à un examen personnel approfondi afin de vous assurer que vous envoyez des signaux positifs à vos enfants.

Les moyens ne manquent pas pour sonder ce passé émotionnel. Des professionnels, psychiatres, psychologues ou conseillers, peuvent vous apporter des points de vue objectifs et des aperçus éclairant sur votre vie intérieure. Les stages ou les ateliers de coaching comportemental et de développement personnel sont également intéressants. Si vous préférez vous débrouiller par vous-même, de nombreux livres traitent de ces questions et de toutes les névroses imaginables. La méditation ou d'autres formes d'introspection ouvrent aussi des portes vers l'inconscient. En fait, peu importe la méthode, ce qui compte c'est que vous compreniez et maîtrisiez vos émotions. Vous éviterez ainsi de léguer un héritage encombrant à vos enfants (comme tout le monde, ils se constitueront le leur bien assez tôt !), et c'est en soi un fantastique cadeau à leur faire.

Le coaching émotionnel

Maîtriser les émotions ne veut pas dire les supprimer. Au contraire, il faut que les enfants soient capables d'identifier le sentiment qu'ils ressentent, de comprendre ce qui le provoque et de l'exprimer de manière appropriée.

Vous pouvez leur faciliter la tâche en mettant en place une sorte de « coaching émotionnel » pour les guider dans l'exploration de leur monde intérieur. Selon certaines études, ce type de soutien permettrait d'amortir l'impact de nombreux problèmes psychologiques. Les enfants qui en bénéficient seraient plus concentrés, apprendraient mieux et auraient de meilleurs résultats scolaires.

Quand ils sont submergés par des émotions négatives, les enfants n'ont aucun recul et ne se rendent pas compte de l'effet pernicieux de leurs réactions. À ce stade, il est inutile de leur demander d'analyser leurs sentiments, car ils sont généralement incapables de penser clairement. Quand ils sont dans cet état de « surchauffe », la meilleure chose que vous ayez à faire est de calmer le jeu et de les tranquilliser. Offrez-leur le réconfort et la sécurité de vos bras (les caresses soignent toutes les blessures). Votre sérénité et quelques mots gentils les rassureront (« Je sais bien que tu es triste maintenant. C'est tout à fait normal, mais ça va bientôt aller mieux. En attendant, je suis là »). Ils se consoleront à leur rythme, mais grâce à votre soutien, ils auront eu la possibilité de ressentir pleinement leurs émotions.

Une fois la crise passée, quand ils ont retrouvé leur équilibre, vous pouvez commencer votre travail de coach. Les enfants font facilement la différence entre émotions positives et négatives, mais ce n'est qu'avec l'expérience qu'ils apprennent à faire le tri entre les nuances de « négatif ». Quand ils sont malheureux, ils ont besoin de votre aide pour savoir si ce qu'ils éprouvent est de la crainte, de la colère, de la frustration, de la tristesse ou une blessure d'amour-propre. Demandez-leur ce qu'ils ressentent. S'ils ont des difficultés à l'expliquer, suggérez-leur quelques possibilités. Poussez-les à décrire leurs sensations physiques (« C'était comme si j'avais un monstre dans le ventre »). Cet exercice rend l'émotion plus tangible et plus contrôlable. Ensuite, examinez ce qu'il est possible de faire pour éviter cette situation qui les a rendus malheureux. Par exemple, si leur frère ou sœur refuse de partager, faites-leur comprendre qu'ils peuvent lui redemander, vous appeler ou prendre un autre jouet. Évidemment, il faut adapter vos questions à l'âge et à la maturité de vos enfants. Un petit de 4 ans sait dire qu'il est fâché et à cause de qui, mais il est incapable de définir la nature exacte de son émotion. Par contre, un autre de 7 ans arrivera probablement à préciser s'il se sent frustré, en colère ou triste. Même si, au début, vos enfants ne réussissent pas à cerner vraiment leurs sentiments, c'est l'occasion pour vous de commencer à leur transmettre ces messages de maîtrise. En grandissant, ils en comprendront mieux le sens et la valeur. Vous leur permettez ainsi d'expérimenter ce coaching émotionnel dont ils développeront plus tard tout le potentiel.

Vos enfants vont s'identifier à votre comportement et, guidés par vous dans les méandres de leurs émotions, ils vont également apprendre à les reconnaître et à les caractériser. Ils se constituent une base de données qui leur permettra de mieux saisir le comment et le pourquoi de leurs réactions. En comprenant la cause de ce qu'ils ressentent, ils engrangent des informations qui leur sont utiles pour mieux gérer leurs sentiments. Grâce à ce processus, vos enfants peuvent prendre du recul, ce qui affaiblit d'autant l'intensité et l'impact de leurs émotions. C'est aussi l'occasion, pour eux, d'arriver à exprimer ce qu'ils éprouvent d'une manière appropriée et qui va dans le sens de leurs intérêts.

Un peu de patience !

En tant que parent, vous devez faire face à un énorme défi : savoir répondre aux débordements émotionnels et aux réactions souvent incontrôlables de vos enfants, aux prises avec un monde intérieur apparemment chaotique. Pour être honnête, ces comportements provoquent fréquemment en nous une exaspération intense, de la frustration et même du désespoir, au point qu'on a parfois envie de baisser les bras et de jeter l'éponge. Le développement de la maîtrise émotionnelle est le voyage d'une vie et vos enfants n'en sont qu'au début. Vous, parents, avez le pouvoir de leur transmettre des messages positifs, en guettant les créneaux les plus favorables à ces moments pédagogiques. L'avantage avec la maîtrise des émotions, c'est que le retour est immédiat. Quand vos enfants prennent une mauvaise décision, ils sont malheureux. À l'inverse, quand ils font un bon choix, ils se sentent mieux. Chaque succès remporté va les aider à surmonter l'obstacle suivant. En outre – nouveau méta-message – en vous montrant patient à leur égard, vous leur signifiez qu'eux aussi peuvent l'être. Pour vos enfants, le but ultime de ce travail est de réussir à expérimenter et dominer tout le spectre émotionnel, en adhérant aux sentiments positifs et en gérant les négatifs comme il convient.

Les petites phrases pour les émotions

L'existence est faite de hauts et de bas, et nos émotions reflètent ces fluctuations. S'il est une leçon importante que les enfants doivent apprendre, c'est bien celle-là ; Sarah et moi en sommes persuadés. Ils vivront des moments extraordinaires et des moments où rien ne va, qui les rendront très malheureux. Ils connaîtront des pics de bonheur, de joie et d'excitation, et des abîmes de déception, de colère et de tristesse. Quelle leçon en tirer ? Que rien ne dure, le meilleur comme le pire.

Les petites phrases

- « Ça va mal, ça ira mieux »
- « Pas hurler, pas taper, pas griffer, pas pousser, pas donner de coups de pied et pas mordre »
- « Sois gentil, sois calme, sois doux »
- « Ressentir, c'est vivre ! »
- « Calme et cool »
- « C'est pas la joie à Chouville ! »
- « Choisis comment tu réagis »

« Ça va mal, ça ira mieux ». Voilà la petite phrase que nous répétons à nos filles pour qu'elles comprennent qu'à certains moments, elles seront heureuses et à d'autres non : c'est la vie. Quand Catie ou Gracie (ou les deux) sont tristes, nous ne nous précipitons pas pour les consoler ; nous leur disons simplement, « Ça va mal, ça ira mieux », tout en leur montrant que nous sommes là pour elles. Nous avons découvert que cette petite phrase leur permet d'entrevoir le bout du tunnel si elles sont, pour une raison ou une autre, bouleversées. Régulièrement, quand Catie est en plein désarroi, elle hoquette (entre deux sanglots) qu'elle voudrait bien arrêter de pleurer, mais qu'elle ne peut pas et qu'elle ne pourra plus jamais. C'est effrayant de la part d'un enfant ! Notre petite phrase vient lui rappeler que, même si elle se sent très malheureuse, cela ne va pas durer et elle ira bientôt mieux. Généralement, dans les minutes qui suivent, elle retrouve le sourire et son chagrin n'est plus qu'un lointain souvenir.

Emma, la fille de Sandra et Cédric, est une petite boule de nerfs. Depuis sa naissance, elle pique des colères incontrôlables. Les parents tentent de maintenir un équilibre entre l'expression de ces sentiments explosifs et des limites à ne pas dépasser. S'ils acceptent qu'Emma extériorise (même bruyamment) chagrin, frustration ou rage, ils refusent qu'elle fasse preuve d'irrespect ou qu'elle les frappe. Sandra a inventé ce refrain : « Pas hurler, pas taper, pas griffer, pas pousser, pas donner de coups de pied et pas mordre », qui est devenu leur formule fétiche. Chaque fois que leur fille oublie les conventions, Sandra ou Cédric lui chantonne ce couplet. Emma continue, évidemment, de piquer des crises, mais elle a appris à respecter le cadre mis en place par ses parents. Ces derniers sont persuadés qu'il s'agit d'un petit pas vers une plus grande maîtrise émotionnelle.

Rose a également un problème de limites (un peu différent) avec son fils Michel. Une chose la désespère, sa petite phrase à elle semble se résumer à « NON ! » Elle a l'impression de passer son temps à dire à son fils ce qu'il ne doit pas faire, plutôt que ce qu'il peut faire. Mais elle a trouvé une petite formule qui lui paraît propre à engager son fils dans la bonne direction. « Sois gentil, sois calme, sois doux » est le moyen de suggérer à Michel comment se comporter quand il est énervé ; au besoin, Rose peut renforcer le message par des câlins et des compliments.

Frank et Lila sont extravertis et désinhibés, autant dire qu'ils ne manifestent guère de retenue dans l'expression de leurs émotions. Ils s'aiment et se disputent énormément. Ils n'imaginent pas l'existence autrement qu'en vivant à fond leurs émotions, persuadés que les bons moments s'apprécient à l'aune des mauvais. En tant que parents, ils sont convaincus que leurs trois enfants doivent tâter de ces tumultes émotionnels pour apprendre à les maîtriser.

Ils leur répètent que « Ressentir, c'est vivre ! », formule visant à leur faire comprendre que toute émotion doit s'éprouver intensément. Il faut admettre que la maisonnée ressemble souvent à un chaudron en ébullition. Mais ces parents ont découvert qu'en laissant leurs enfants exprimer librement leurs émotions, ils réussissaient à mieux se dominer et avaient gagné en maturité affective.

Amanda, la fille de Céline, est très nerveuse et particulièrement réceptive aux variations d'humeur de sa mère. Du coup, dès que celle-ci est stressée ou contrariée, la fillette explose. Mais quand Céline est détendue et lui prête attention, Amanda se calme rapidement. Dans un souci de tranquillité, Céline a donc adopté la formule : « Calme et cool ». Dès que l'une des deux (ou les deux) commence à s'énerver, Céline dit d'un ton apaisant « Calme et cool » et elle a remarqué que la température baissait immédiatement. Mais pour ramener vraiment le sourire sur ses lèvres, il suffit que sa fille lui répète leur petite phrase quand elle est dans l'un de ces jours de galère que connaissent tous les parents ! Impossible de continuer à ronchonner en entendant ces mots, frappés au sceau du bon sens, sortir de la bouche d'Amanda.

Quand il était petit, Jérôme était fan du conte du Dr Seuss, *Comment le Grinch a volé Noël*. Jeune, il adorait les personnages et l'histoire, mais maintenant qu'il est père de trois enfants, il voit aussi dans ce récit un formidable moyen de faire passer des messages sur les émotions. Jérôme et sa femme, Rachel, ont donc fait découvrir ce classique très tôt à leurs bambins.

Les parents savent bien que la vie de famille ne va pas sans cris ni sans larmes, particulièrement quand les enfants sont petits.

Cela fait tout simplement partie de leur apprentissage émotionnel. Or, Jérôme et Rachel veulent que leurs bambins voient que le contexte familial est aussi favorable à de belles expériences. Ils ont donc inventé deux formules, inspirées du Dr Seuss, pour illustrer les hauts et les bas de la vie en commun. Quand les enfants sont au creux de la vague, les parents disent : « C'est pas la joie à Chouville » (la ville du conte), pour se mettre au diapason de leur humeur. Mais dès qu'ils vont mieux, ils constatent : « La joie est revenue à Chouville ! » afin que les enfants reconnaissent que tout s'est arrangé.

Pour Éric et Lise, il est essentiel que leur fille Lina apprenne qu'elle peut maîtriser ses émotions. Leur petite phrase ? « Choisis comment tu réagis ». Chaque fois que Lina est confrontée à une situation potentiellement explosive, les parents la répètent gentiment. Quand leur fille était petite, elle était loin de dominer ses réactions, mais grâce à la formule et à leur soutien indéfectible, elle a progressivement appris à contenir ses émotions et à gérer les contrariétés.

Les routines et rituels pour les émotions

Un des jeux préférés de Catie et Gracie s'appelle « drôles de bobines ». Au moins une fois par semaine, après dîner, nous nous asseyons tous les quatre autour de la table de la cuisine et nous choisissons une émotion à tour de rôle. Ensuite, chacun doit mimer l'expression correspondante. Nous parcourons ainsi tout le spectre émotionnel, de la tristesse à la peur, en passant par la colère, la déception le dégoût, la joie, l'excitation, la satisfaction ou la fierté. Et quand nous mimons des sentiments très moches, cela ne dure jamais très longtemps, parce que nous faisons des grimaces tellement drôles que nous éclatons de rire immédiatement.

Mais ce rituel va au-delà du fou rire. Des recherches ont montré que les enfants réagissent aux expressions faciales. Grâce à la pratique, ils développent leur sens de l'empathie et la compréhension des émotions, ils apprennent aussi à décrypter l'expression des sentiments que ce soit chez eux ou chez les autres. Quant à Catie et Gracie, ce jeu leur permet d'étendre leur vocabulaire émotionnel, il les aide à connecter expression faciale et émotion, et leur fait expérimenter le making of de ces bobines.

Isabelle et Lionel sont adeptes du bouddhisme zen. Ils méditent tous les jours et pratiquent des week-ends et des soirées de retraite, le moyen pour eux d'accéder à la paix intérieure et à l'harmonie familiale. La méditation qui fait appel, entre autres, à des exercices de respiration profonde et de centrage, est indissociable de leur vie quotidienne. Avant le dîner, parents et enfants se tiennent par la main, ferment les yeux, prennent plusieurs inspirations profondes et centrent leur attention sur leur cœur. Les parents partagent aussi ces exercices avec leurs deux filles avant la sieste, quand ils leur lisent un livre ou le soir au coucher.

Routines et rituels

- Jouer à « drôles de bobines »
- Respirer profondément
- Se recentrer sur le cœur
- Graduer les situations perturbantes
- Repérer le bon moment pédagogique après une crise
- Parlez émotions avec vos enfants

Chaque fois qu'ils sont surmenés ou stressés, Isabelle et Lionel ont recours à leur mantra favori, respiration profonde et centrage, pour retrouver le calme et rester dans l'instant. Quand leurs filles sont énervées, ils les encouragent à pratiquer ces exercices pour se détendre. Les parents en ont fait un rituel intégré à la vie de Sami et Lucie. Ils sont convaincus qu'en les accoutumant à cette discipline, ils leur fournissent un moyen efficace de se maîtriser sur le plan émotionnel et physique quand elles se sentent sur le point de perdre le contrôle.

Lou, la fille de Sébastien, est une fillette extrêmement sensible. Il suffit d'une broutille pour la bouleverser. Quand elle a eu 4 ans, son père s'est dit que le moment était venu de commencer à lui apprendre à faire la différence entre les événements graves et les choses futiles. Dans un ouvrage, il a découvert une stratégie consistant à graduer les problèmes selon leur importance. Il a donc proposé à Lou de noter les situations selon les inquiétudes qu'elles lui causent sur une échelle de 1 à 5 (1 pour anodin, 5 pour sérieux). Après avoir expliqué à sa fille comment se servir de cette « échelle des perturbations », il l'a ajoutée à la liste des rituels destinés à maîtriser son hypersensibilité. Ce n'est pas un remède miracle, mais Sébastien a remarqué qu'au cours des mois suivants, Lou était moins souvent bouleversée et que, si elle l'était, elle retrouvait son calme plus rapidement grâce à l'« échelle des perturbations ».

Sylvie et Armand sont partisans des moments pédagogiques. En ce qui concerne les émotions, ils ont eu maintes fois l'occasion d'en tester l'efficacité avec Noah et Sacha, leurs fils de 4 et 8 ans. L'expérience leur a enseigné (dans les larmes) qu'il était inutile de chercher à raisonner des enfants surexcités ou en colère. En revanche, ils se sont aperçus que les garçons, une fois calmés, étaient beaucoup plus réceptifs à leurs arguments. C'est donc devenu une sorte de rituel familial : ils parlent à leurs fils après chaque épisode critique. Au cours de ces discussions, Sylvie et Armand leur demandent de réfléchir aux émotions qu'ils ont éprouvées et à ce qui les a provoquées. Ils explorent ensemble les raisons de l'amélioration et font en sorte que les enfants se souviennent de ce qui a marché. Plus important, les parents discutent des moyens pour éviter de nouvelles crises et leur proposent des stratégies à utiliser dans ce genre de situation.

Des activités pour les émotions

Nous nous demandons souvent comment nos filles (et tous les autres enfants) peuvent s'expliquer ce qui leur arrive sur le plan émotionnel. Leur cœur, leur corps et leur esprit sont en proie à une myriade de sentiments intenses, mais elles n'ont ni l'expérience ni le recul leur permettant de les comprendre et encore moins de stratégie pour les affronter. Cet apprentissage se fait par tâtonnements. Étant donné la violence de ces affects, ce n'est manifestement pas la meilleure tactique.

Concernant Catie et Gracie, nous avons mis au point deux techniques pour les aider à contextualiser leurs émotions et à trouver des stratégies pour les gérer. En premier lieu, nous établissons des connexions avec des situations de notre quotidien. Quand une activité provoque une émotion positive ou négative dans la journée, nous nommons ce sentiment et nous en parlons sur un ton approprié. Par exemple, si les filles prennent du bon temps à vélo, nous leur disons : « Vous avez l'air de bien vous amuser sur vos vélos ! » (ou quelque chose d'approchant), avec une voix qui reflète cette joie. Nous procédons de même quand une situation provoque en nous une réaction négative. Admettons que je tente de réparer une fuite dans le système d'arrosage du jardin, je vais ronchonner (d'un ton consterné et irrité), « Je me sens vraiment frustré quand les choses ne marchent pas comme elles le devraient ! » Ces exercices pratiques leur font voir qu'on peut ressentir toutes sortes d'émotions dans une même journée et leur révèlent en même temps que leurs parents éprouvent des sentiments semblables aux leurs.

Les activités

- Reliez les émotions à votre vie quotidienne
- Proposez des manières constructives d'exprimer les émotions
- Demandez à vos enfants ce qui les fait se sentir mieux
- Gardez votre calme quand vos enfants piquent une colère
- Compatissez, mais restez ferme
- Ne hurlez pas
- Comprenez les causes sous-jacentes de ces crises
- Apprenez à vos enfants à nommer leurs émotions
- Félicitez-les quand ils réagissent bien
- N'oubliez pas les émotions positives

En second lieu, nous apprenons à nos filles à dominer leurs émotions. Surtout quand il s'agit de sentiments négatifs, comme la colère ou la tristesse, qui les rendent malheureuses et s'expriment dans la douleur. Nous leur proposons des moyens de les affronter de manière constructive. Si elles ont du chagrin, leur mère ou moi disons : « Quand je suis triste, j'aime bien m'asseoir au calme pendant un petit moment jusqu'à ce que ça aille mieux, et puis je reviens avec les autres, parce que c'est plus gai » ou « Je n'aime pas être triste, alors je cherche une activité qui me rend heureux, comme de courir. Qu'est-ce que tu as envie de faire quand tu as du chagrin ? Qu'est-ce qui peut te soulager ? » Ou, pour reprendre l'exemple de la réparation de la fuite d'eau, « Si un truc m'énerve, je m'arrête, je respire un grand coup et je demande de l'aide ». Nous interrogeons aussi nos filles afin de connaître leurs activités favorites pour aller mieux quand elles se sentent malheureuses. Catie aime bien peindre, dessiner, se déguiser, lire et sauter sur son lit. Gracie préfère courir dehors, jouer avec sa sœur et faire des câlins avec sa maman et son papa.

Pour Pierre et Carine, la partie la plus difficile se joue chaque fois que l'une de leurs filles pique une colère. Les parents sont toujours partagés quant à la réponse à apporter à ce type de comportement. D'un côté, ces colères peuvent vouloir dire que quelque chose ne tourne pas rond ; que les petites sont tristes, frustrées, effrayées, fatiguées, qu'elles ont faim ou sont malades. Dans ce cas, ils sont enclins à les écouter et à les aider. Mais ces crises sont parfois des provocations d'enfants gâtés en quête de gratification immédiate ou qui cherchent à manipuler leurs parents. S'ils cèdent, elles vont en conclure qu'il leur suffit de virer au rouge écarlate pour obtenir ce qu'elles veulent. Or, il est souvent impossible de distinguer le vrai du faux !

Leur stratégie consiste donc à éviter d'entrer dans ce jeu dangereux. Si Pierre ou Carine commence à s'énerver, la situation risque de virer au pugilat et personne n'y gagne. En restant zen, les parents évitent d'envenimer les choses et leur calme peut même déteindre sur leurs enfants. Leur attitude implique une dose d'empathie (« Je sais que tu as de la peine ») et de fermeté (« Non, tu n'auras pas ce cookie »). Quand les gamines piquent une crise, les parents souhaitent envoyer des messages signifiant qu'ils respectent leurs émotions et qu'ils les comprennent, sans préjuger de la cause éventuelle. En même temps, s'il s'agit d'un caprice, ils leur montrent qu'ils n'ont pas l'intention de céder à leurs manipulations.

Claire a un tempérament volcanique. Par le passé, quand elle se mettait en colère, elle explosait sans chercher à se refréner. Son mari, Antoine, comprenait et acceptait ses coups de sang. Il avait remarqué que ses emportements se calmaient aussi vite qu'ils éclataient. Claire sait que ce comportement lui vient de sa mère. Elle hurlait sur ses enfants sans raison et chacun a eu à souffrir de ces accès de rage. Mais la jeune femme refuse qu'Alexis et Valentin (ses fils) puissent croire que les cris sont une réaction acceptable, elle s'applique donc à se contrôler. Cela ne va pas sans mal, étant donné ses antécédents et sachant que l'impatience, la frustration et l'irritation semblent indissociables du métier de parent. Dès que ses enfants commencent à faire des caprices, elle surveille ses émotions comme le lait sur le feu. Instinctivement, Claire réagit en s'emportant ; réussir à dominer son tempérament est sans doute le plus grand combat qu'elle a eu à mener. Mais elle peut apprécier le résultat de ses efforts chaque fois que ses fils résistent à la frustration ou à la colère sans exploser. En tant que mère, épouse et femme, elle se sent beaucoup mieux depuis qu'elle se sait capable de canaliser sa colère et de l'exprimer de manière plus adéquate.

Avec leur premier enfant, Thierry et Fanny ont découvert que les crises de rage et les pleurnicheries pouvaient facilement provoquer frustration et irritation (et colère !). Leurs réactions ne leur ont d'ailleurs pas valu le prix de Parent de l'Année. Il leur a fallu plusieurs enfants pour comprendre que, quel que soit le motif de la colère, l'émotion la plus apparente n'est généralement pas à l'origine du problème. Quand des enfants piquent une colère, la rage est rarement la cause sous-jacente. En réalité, il s'agit d'une émotion défensive qui vise à les protéger (c'est aussi valable pour les adultes) d'affects plus douloureux, comme la tristesse, les blessures d'amour-propre ou l'humiliation. Quant aux pleurnicheries, elles résultent souvent d'un sentiment de frustration s'ils n'obtiennent pas ce qu'ils veulent ou ne réussissent pas à se dominer (ce qui fait partie, dois-je le dire, de la condition enfantine) ; à moins qu'elles ne traduisent des sensations plus physiques, comme la faim, la fatigue, le froid ou la chaleur. Chaque fois que Thierry et Fanny prennent le temps de décrypter les émotions sous-jacentes ou les problèmes de leurs enfants, ils font preuve de plus d'empathie et sont dans de meilleures dispositions pour leur adresser des messages de compréhension et de soutien.

Christine est persuadée que les mots ont le pouvoir d'influencer la façon de penser et de ressentir. Forte de cette conviction, partagée par son mari Pascal, elle a décidé de développer le potentiel émotionnel de leurs trois enfants en enrichissant leur vocabulaire. L'idée ? Leur permettre d'identifier et de décrire les sentiments qu'ils éprouvent. Christine et Pascal ont d'abord établi une liste de toutes les émotions qui leur venaient à l'esprit, mais sans arriver à sortir des plus banales, comme l'amour, le bonheur, la tristesse, la colère, l'excitation, la joie et la déception. Quelques recherches en ligne ont suffi à leur faire découvrir une véritable mine de sentiments (courage, confusion, curiosité, désappointement, enthousiasme, soulagement, solitude, impatience, bêtise, inquiétude, timidité, satisfaction, compassion, empathie, amitié, ennui, anxiété ou fierté) qui leur a fait penser : « Bon sang, mais c'est bien sûr ! Comment ne les avons-nous pas trouvés ! » Plusieurs soirs par semaine, pendant le dîner, ils présentent une émotion différente aux enfants et leur expliquent comment la définir, ce qu'on ressent, comment elle se traduit et montrent les expressions faciales correspondantes.

Pour Estelle, la clé de la maturité émotionnelle réside dans la capacité de chacun à exprimer les émotions négatives de manière constructive. Le problème est que les enfants ne semblent pas naturellement pourvus de cette faculté et son fils Arthur moins que tout autre. Elle pourrait lui dire ce qui ne va pas (de même qu'il est facile de dire aux enfants ce qu'il ne faut pas faire), mais elle préfère qu'il se concentre sur ce qui va. Aussi, chaque fois qu'Arthur réagit avec calme et retenue à une situation potentiellement explosive, elle le félicite (« Tu aurais pu t'énerver ou te mettre en colère, mais tu as préféré bien réagir et ça a marché ! »).

Julie a grandi dans une famille où le pessimisme, la négativité, la critique et le conflit étaient de mise. L'atmosphère était irrespirable ! Une fois mariée et mère de famille, elle s'est juré de vivre différemment. Même s'il lui reste un fond de défaitisme, elle entend que la confiance et l'ouverture deviennent la « marque de fabrique » de sa petite tribu.

Pour ce faire, Julie et son mari Denis (un type très optimiste) privilégient dans leur vie quotidienne les bonnes émotions, comme la joie, l'enthousiasme, la fierté, la gratitude et l'empathie. Et ils tiennent à ce que leurs enfants en soient conscients. Aussi, quand les bambins sont d'humeur joyeuse, les parents enfoncent le clou en constatant : « On dirait que vous vous êtes amusés comme des fous » ou « Ce projet à l'école a l'air de vraiment te plaire ». Julie et Denis souhaitent aussi donner l'exemple et, quand ils se sentent particulièrement heureux, ils le partagent avec leurs enfants. Ainsi, après une journée de travail bien remplie, Julie remarque : « J'ai fait du bon boulot aujourd'hui, je suis vraiment contente de moi ». Et quand Denis se sent satisfait, il exprime son contentement en observant : « Assis là, avec les gens que j'aime le plus au monde, je suis un homme vraiment heureux ! »

Conclusion

Cet ouvrage contient une série de messages essentiels à mes yeux dont l'un, extrêmement important, qui est que *les enfants deviennent les messages qu'ils reçoivent le plus souvent*. Aujourd'hui, davantage que par le passé, les parents doivent communiquer de manière cohérente et réfléchie. Pourquoi ? Parce que la prolifération des nouvelles technologies et des médias expose les jeunes esprits à l'influence de forces vraiment nocives. Si vous n'êtes pas clair et logique dans la transmission de vos valeurs et que vous n'avez pas une idée nette de ce que vous voulez pour vos enfants, ils se conformeront aux modèles les moins recommandables de notre société. Mais cette réflexion impose de comprendre, en partie, par quels moyens faire passer vos messages et d'identifier les blocages qui sont susceptibles de les entraver.

J'explore également neuf messages (amour, sécurité, confiance dans ses capacités, compassion, gratitude, respect, responsabilité, émotion, respect de la nature) qu'il me paraît indispensable de faire passer le plus tôt possible à vos enfants, avant que votre influence faiblisse et que les pressions extérieures augmentent. Ils se concentrent sur la vision que les jeunes ont d'eux-mêmes, celle qu'ils ont des autres et celle que les autres ont d'eux. Je vous encourage également à réfléchir aux messages, différents des miens, que vous souhaitez transmettre.

Enfin, je m'attarde sur les bénéfices immenses que vos enfants retireront des messages positifs qui leur sont adressés très souvent et très tôt. Ils procurent la base indispensable qui leur permettra de devenir des adultes ouverts, responsables, impliqués et soucieux des autres ; tout ce dont vous rêvez pour eux ! Vous préparez le terrain pour qu'ils se bâtissent une vie heureuse et pleine de sens, riche de relations constructives et de succès. Vous leur fournissez les moyens, une fois sortis du cocon familial, de s'engager et de réussir dans une société qui peut être à la fois sombre et lumineuse, inhospitalière et accueillante, frustrante et fascinante. Grâce à vos leçons, ils sauront écouter les messages bénéfiques et rejeter les inévitables tentations nocives, à un moment où les limites de leur monde sont constamment repoussées. Vous leur apprendrez également à transmettre de bons signaux à leur entourage.

Si vous lisez cet ouvrage, vous avez sans doute des enfants très jeunes, comme nos filles. Il nous reste encore une longue route pour élever Catie et Gracie. Le chemin est parfois si difficile que nous sommes accablés, frustrés, épuisés, troublés et tout simplement… terrifiés ! Un de mes amis qui a des enfants plus âgés m'a dit une fois : « Les années sont courtes, mais les journées sont longues ». Il y a effectivement beaucoup de jours où nos filles semblent totalement imperméables à nos messages. Sarah et moi, nous nous contemplons atterrés en nous demandant si cela va jamais s'arranger. Et puis, tout à coup, il y a un déclic miraculeux. Nos filles disent ou font une chose qui nous révèle qu'elles ont, en fait, capté nos messages. Alors, nous nous regardons avec un mélange de fierté et de soulagement et nous soupirons : « Nos enfants écoutent ! »

Index

A

B

F

G-H

I-J

L

M

N-O

P

R

T-V

Photogravure IGS-CP, l'Isle d'Espagnac

Imprimé en Espagne par Cayfosa Impresia Iberica
Dépôt légal : janvier 2014
311821/01 – 11023545 – décembre 2013